2,50

Originalausgabe
Ein Band in der Reihe
»Informationen zur Zeit«

Über dieses Buch

Terroristische Anschläge, Flugzeugentführungen, Geiselnahmen, die sogenannte Tendenzwende, die 14. Strafrechtsänderung, die inflationäre Verwendung des Begriffs Ausgewogenheit, versuchte und durchgesetzte Zensureingriffe und die berüchtigte ›Schere im Kopf‹ sind Stichworte einer Veränderung im geistig-politischen Klima der Bundesrepublik, die im Deutschen Herbst 1977 ihren vorläufigen Höhepunkt gefunden hatte und bis heute nachwirkt. Der Zorn richtete sich damals gegen alles, was mit dem Stempel ›links‹ geächtet werden konnte – vor allem gegen Intellektuelle, die sich bemühten, in dem Wust von Verallgemeinerungen, Simplifizierungen, Phrasen und Drohungen noch eigene differenzierende Meinungen zu formulieren, die es in dieser Situation wagten, abweichende Stellungnahmen und Petitionen der Öffentlichkeit vorzutragen.

In diesem Band sind Beiträge zusammengefaßt, die sowohl einzelne Fälle von Zensureingriffen schildern, als auch Grundsätzliches reflektieren und der Frage nachgehen, in welchem historisch-politischen Zusammenhang so etwas geschehen kann und gesehen werden muß. Die Autoren zeigen, daß und wo vor allem die Freiräume, die Bedingungen für die Möglichkeit kritischer geistiger Auseinandersetzung fehlen. Sie zeigen, daß die vielzitierte Ausgewogenheit nicht etwa gefährdet ist, sondern erst einmal hergestellt werden muß.

Die Herausgeber

Ingeborg Drewitz, geboren 1923 in Berlin, Dr. phil. Schriftstellerin. Mitbegründerin des VS in der IG Druck und Papier, Vizepräsidentin des P.E.N.-Zentrums der Bundesrepublik. Mitarbeiterin vieler Zeitschriften im In- und Ausland. Lebt in Berlin.

Sie veröffentlichte Dramen, Romane, Erzählungen, Essays und Hörspiele sowie die erste umfassende Biographie über Bettina von Arnim. In den letzten Jahren erschienen ihre Romane ›Das Hochhaus‹ (1975) und ›Gestern war heute. Hundert Jahre Gegenwart‹ (1978). – Im Fischer Taschenbuch Verlag liegt vor: ›Wer verteidigt Katrin Lambert?‹ (Bd. 1734).

Wolfhart Eilers, geboren 1939 in Isfahan/Iran. Publizist und Herausgeber. Leiter des Relief Verlages und Herausgeber der Autoren-Fachzeitschrift *Publikation*. Lebt bei München.

Mut zur Meinung

Gegen die zensierte Freiheit

Eine Sammlung von Veröffentlichungen zum Thema Zensur und Selbstzensur

Mit Beiträgen von
Wolfgang Bittner, Heinrich Böll, Manfred Bosch,
Peter O. Chotjewitz, Christa Dericum, Ingeborg Drewitz,
Axel Eggebrecht, Bernt Engelmann, Dieter Fringeli,
Martin Gregor-Dellin, Anton-Andreas Guha, Gert Heidenreich,
Frederik Hetmann, Harald Irnberger, Uwe Kammann,
Ulrich Klug, Dieter Lattmann, Egon Lutz,
Angelika Mechtel, Reinhold Neven Du Mont, Luise Rinser,
Hella Schlumberger, Wolf Peter Schnetz, Eckart Spoo,
Klaus Staeck, Klaus Stiller, Klaus Völker,
Ulrich Walberer, Carna Zacharias

Mit Karikaturen von Marie Marcks

Herausgegeben von
Ingeborg Drewitz und Wolfhart Eilers

Fischer
Taschenbuch
Verlag

Lektorat: Walter H. Pehle

Originalausgabe
Fischer Taschenbuch Verlag
Februar 1980
Umschlagentwurf: Jan Buchholz/Reni Hinsch
Fischer Taschenbuch Verlag GmbH, Frankfurt am Main
Für die Zusammenstellung:

Gesamtherstellung: Hanseatische Druckanstalt GmbH, Hamburg
Printed in Germany
680-ISBN-3-596-24202-9

Inhalt

Mut zur Meinung
Zur Einführung

Die Aufsätze, Reden und Berichte, die in diesem Buch vorgelegt werden, sind zumeist unter dem Eindruck des »Deutschen Herbstes 1977« entstanden, in dem das 14. Strafrechtsänderungsgesetz seine ersten entscheidenden Auswirkungen hatte, oder genauer: in dem die terroristischen Aktivitäten in der Bundesrepublik die öffentliche Meinung beeinflußten und das so scharf kritisierte 14. Strafrechtsänderungsgesetz zur Anwendung kam. Aber anders als etwa in der tages-aktuellen Berichterstattung oder in der tagesaktuellen Polemik wird hier versucht, die historischen und politischen Voraussetzungen zu analysieren, die einer zensurähnlichen Praxis längst vor dem Jahr 1977 Vorschub geleistet und so die Verabschiedung der neu ins Strafrecht aufgenommenen Zusatzparagraphen und zusätzlichen Bestimmungen ermöglicht haben. Das 14. Strafrechtsänderungsgesetz wird erkennbar als ein Instrument zur Minderung demokratischer Grundrechte, als Ausdruck des Trends, die Mitverantwortung des Bürgers der Bundesrepublik Deutschland durch Kontrolle einzuengen, ihn zu ängstigen, d. h., ihm die Selbstzensur aufzunötigen.

Der Begriff *Zensur*, gemeinhin als Vorzensur verstanden (so wie ihn das Grundgesetz der Bundesrepublik in dem Satz verwendet: »Eine Zensur findet nicht statt«), hat sich in der Praxis der informations- und meinungsbildenden Medien – und das zeigen die Autoren in ihren Beiträgen deutlich auf – in den dreißig Jahren seit 1949 wesentlich verändert. Er hat sich als »machbare« Vorsteuerung der öffentlichen Meinung erwiesen sowohl in der Konsequenz der Marktanteiligkeit großer Medienkonzerne als auch in einer latenten Bereitschaft der Öffentlichkeit zur Maulkorbideologie, die nicht nur ein Überbleibsel des Faschismus in Deutschland ist, sondern in der deutschen Geschichte spätestens im 19. Jahrhundert (im europäischen Vergleich) negativ ausfällt.

Nun ist es nicht etwa so, daß die Fälle von praktischer Zensur, von denen in dem Buch zu lesen ist, inzwischen als Folgen öffentlicher Hysterie einzugrenzen sind und als abgetan gelten dürfen, dieses Buch also nur als Resümee einer fatalen Entwicklung anzusehen wäre. Im Gegenteil hat eine Gewöhnung zur Vorsicht, zum »Lieber-nicht-Sagen« eingesetzt, die mit der Formulierung von der »Schere im Kopf« zwar benannt ist, in ihrer Wirkung auf die Entwicklung der Gesellschaft in der Bundesrepublik aber kaum schon abzusehen ist.

Daß es des Mutes bedarf, um seine Meinung zu sagen, also Kritik als einen selbstverständlichen Bestandteil der öffentlichen Diskussion zu begreifen, politische Gegenvorstellungen, Ideologien, die nicht in den Parteiprogrammen der im Bundestag vertretenen Parteien abgebildet sind, zu vertreten, öffentlich zu machen, Zusammenhänge zwischen innenpolitischen Maßnahmen und außenpolitischen Verbindlichkeiten aufzuzeigen, die sich nicht mit der Beurteilung durch die Regierungssprecher decken, ist das Fazit, das in den Beiträgen zu diesem Buch gezogen wird. Mut also, die selbstverständlich gewordene Indifferenz aufzubrechen, Fragen zu stellen, Nein zu sagen. Mut, das bedeutet: ein Risiko auf sich zu nehmen, steht also im Widerspruch zur garantierten Freiheit der Meinung und des Wortes.

Denn – und das muß aus dem Abstand zum Jahr 1977 in der Bundesrepublik gesagt werden – die »Schere im Kopf« hat sich längst (in den Universitäten, den Schulen, der Öffentlichkeit, im Gerangel um die politische Ausgewogenheit jeder einzelnen Rundfunk- und Fernsehsendung – nicht mehr nur des demokratisch kontrollierten Gesamtprogramms – im Bereich der Anstalten öffentlichen Rechts, in Jugendorganisationen, Gewerkschaftsgruppen und der innerparteilichen Diskussion) als ein gar nicht mehr spürbares Instrument erwiesen. Statt des Schmerzes, den der Schnitt verursacht, nur noch das Achselzucken und das Augenzwinkern der Verständigung. (»Es ist eben so, aber was soll man machen?«) Ein Vorgang, gegen den die Autoren dieses Buches aufbegehren, Hinweise geben, wie dieser Mut abgestützt werden kann: durch Öffentlichkeit, durch das Füreinander-Einstehen, durch Protest. Die Unlust an der Demokratie, die im Klima der Hysterie im Herbst 1977 laut geworden ist, hat ja die Lust an der perfektionierten Ordnung zutage gefördert, die faschistoid zu nennen einen Sachverhalt klärt. Und gerade deshalb ist äußerste Aufmerksamkeit geboten: Weil die Zerstörung der Demokratie leichter ist als ihre Erhaltung. Weil die industriegesellschaftliche Entwicklung zur perfektionierten Ordnung drängt, die den Menschen zur passiven Aktivität reduziert, während anders die Demokratie den Menschen die aktive Mitleidensfähigkeit, Mitverantwortung abfordert.

Mut zur Meinung, das ist eine Aufforderung an uns alle, die heute fast noch präziser gilt als im Augenblick des Inkrafttretens des 14. Strafrechtsänderungsgesetzes, weil die Gewöhnung an die »Schere im Kopf«, an Prozeßverläufe, Abschottung von Informationen, den scheelen Blick auf die übergeordnete Instanz, den Nebengedanken an die Karriere, schon eingetreten ist. Aber noch sind die Warner vor dem Demokratieverschleiß nicht mundtot, gruppiert sich Widerstand gegen Entmündigung. Noch hat die Aufforderung, Mut zur Meinung zu zeigen, die Chance, auf das politische Klima in der Bundesrepublik einzuwirken.

Mut zur Meinung als eine Hoffnung, die noch gilt – das sei diesem Buch und seinen Lesern auf den Weg gegeben. Denn wer sich ans Schweigen gewöhnt, wer sich lieber auf die Zunge beißt, statt etwas zu riskieren, gibt den Verordnern die Macht über sich und den Staat.

Ingeborg Drewitz
Berlin, 30. September 1979

Wolfhart Eilers
Einsbach, den 30. September 1979

CHRISTA DERICUM

Kulturzensur

I.

Kultur ist nicht von sich aus da. Kultur bedarf der Anstrengung von einzelnen, von Gruppen, aller, die daran teilhaben wollen. Kultur lebt von Mitteilung.

Der Dichter, der seine Gedichte nicht unter die Leute bringt, der Schriftsteller, dessen Bücher niemand druckt, der Filmemacher, der seinen Streifen nicht zeigen kann, der Liedersänger, der nicht singen darf, der Instrumentalist, dessen Instrument verboten ist, der bildende Künstler, dessen Werk keiner sieht, der Dirigent, dessen Interpretation dem Publikum nicht zu Gehör kommt, der Journalist, dessen Meinung nicht veröffentlicht wird, sie sind in der allgemeinen Kultur nicht vorhanden. Nur das *Vermittelte,* das *allgemein Zugängliche* macht Kulur aus. Das Verbotene, Verhinderte, Verdrängte, Abgesetzte, nicht Genehmigte ist zwar Bestandteil des Kulturprozesses, nicht aber wahrnehmbare Kultur, die alle etwas angeht und mit der alle sich auseinandersetzen können.

Es gab in der letzten Zeit viele Fälle von *Vermittlungsbehinderungen* im kulturellen Bereich. Urheber von Botschaften an ein Publikum, wie immer es beschaffen sein mag, konnten ihre Adressaten nicht erreichen, weil ihnen die Vermittlungsmöglichkeit genommen wurde: Interviews werden nicht gesendet, Filme nicht ausgestrahlt, Druckschriften gelangen nicht zu den Lesern usw. Helmut Kohl beklagte sich, die SPD/FDP-Koalition übe »Zensur« aus, weil sie das Weißbuch der CDU über Menschenrechtsverletzungen im Ostblock nicht als Bundestagsdrucksache erscheinen lassen will. In Chile wurden bestimmte Musikinstrumente verboten, weil sie offenbar zu aufregend für die Leute sind. Wir haben viele andere Beispiele überall auf der Welt, auch bei uns. Immer trug die *Verhinderung der Vermittlung* kulturellen Ausdrucks den Urhebern solcher Verhinderung den Vorwurf der »Zensur« ein.

II.

Die Geschichte der Zensur ist vor allem eine Geschichte der Proteste gegen sie. Der Begriff selbst war immer vieldeutig und ist bis heute unbefriedigend definiert.

Proteste gegen Zensur kennen wir schon aus der Antike. Aber es fehlen die Zeugnisse, die uns sagen, was die überlieferten Proteste wirklich bedeuten, für das verbotene Produkt wie für die Allgemeinheit. Erst nach der Erfindung des Buchdrucks mit beweglichen Lettern, die die massenhafte Vervielfältigung einzelner Texte ermöglichte, wird Zensur zu einem allgemeinen Begriff für Kontrolle und Verhinderung von Reproduktion. Zensur verfolgt nicht mehr Einzelexemplare, sondern Auflagen von Texten. Die Wahrscheinlichkeit wächst, daß von vielen Exemplaren *eines* vor der Zensur gerettet und als neue Druckvorlage unter anderen Herrschaftsbedingungen dienen kann.

Die Autoren rechnen mit der Zensur. Im 17. Jahrhundert beschreibt in England John Milton die sozialen Konsequenzen von kultureller Vielfalt und Zensur:

»Wenn wir meinen, durch Regulierung des Druckens die Sitten bessern zu können, so müssen wir auch alle Erholung und Kurzweil regulieren, alles, was für den Menschen ergötzlich ist. Keine Musik darf gehört, kein Lied in Noten gesetzt oder gesungen werden, sie seien denn ernst und dorisch. Es muß Tanz-Zensoren geben, damit man unsere Jugend nur solche Gebärden, Bewegungen und Haltungen lehrt, die von ihnen als anständig anerkannt werden; dafür trug Plato Vorsorge. Es wird der Arbeit von mehr als zwanzig Zensoren bedürfen, um alle Lauten, Geigen, Gitarren in jedem Hause zu visitieren. Man darf die Leute nicht wie jetzt dahinschwatzen lassen, sondern muß ihnen Lizenzen erteilen für das, was sie sagen dürfen. Und wer soll all die Melodien und Madrigale verstummen lassen, die in den Kammern erklingen? Auch an die Fenster und Balkone muß gedacht werden; schlimme Bücher mit gefährlichen Titelbildern werden feilgeboten; wer soll sie verbieten, zwanzig Zensoren? Auch die Dörfer müssen ihre Visitatoren haben ... Sodann unsere häusliche Gefräßigkeit: wer soll über unsere täglichen Schwelgereien richten? ... Wer soll all die gemischten Gespräche regulieren, die unsere jungen Leute führen, Männer und Frauen zusammen? ... Wer soll festsetzen, was erörtert werden darf und was nicht?«

John Milton schrieb dies 1630, etwa zwanzig Jahre vor dem regelmäßigen Erscheinen der frühen Zeitungen. Miltons Protest gegen die Zensur war der Versuch, die sozialen Konsequenzen in die *Definition von Zensur* mit hineinzunehmen und damit das ganze Phänomen ad absurdum zu führen: Wenn schon Zensur, dann konsequent, und das geht nicht.

Wir haben in der Massenregie unseres Jahrhunderts erlebt, daß es sehr wohl geht!

III.

Miltons Zensurbegriff ist weit gefaßt. Seine Vision einer totalen Kulturzensur entspricht dem Absolutismus der Epoche. Man wird ihm entgegenhalten, das sei übertrieben, und die ausgeübte Zensur betreffe nur gewisse Druckerzeugnisse und habe doch insgesamt positive Auswirkungen, weil sie zum Besten aller stattfinde. Bis in unsere Tage spielt die Begründung der Abwehr von Sittenwidrigkeit zum Wohl und Besten aller eine Rolle bei der Definition von Zensur.

Das Wort »Zensur« hängt mit dem römischen Censor zusammen. Dessen Befugnisse umfaßten um 400 vor Christi Geburt das Erstellen der Bürgerverzeichnisse, die Vermögensschätzung, die sittenrechtliche Aufsicht. Zu späteren Zeiten veranlaßten die Censores durch ihre Beurteilung den Ausschluß angeblich unwürdiger Männer aus dem römischen Senat. Im Laufe der Zeit nahmen sie Staatsaufträge entgegen, verpachteten Staatsland, verfügten über staatliche Einkünfte. Als die Censores den Kaisern zu mächtig wurden, übernahmen diese selber die Funktionen des Censors. Damit erlosch im 3. vorchristlichen Jahrhundert das Amt.

In Anlehnung an die römischen Censores führte die katholische Kirche Jahrhunderte später die »censura« als Kirchenstrafe ein. Zensoren erhielten die Aufgabe, Abtrünnige oder Ungehorsame in den kirchlichen Gehorsam zurückzuführen. Papst Gregor X. bestimmte in der Bulle vom 17. April 1231 an die Studenten und Professoren der Universität Paris, daß alle ketzerischen Schriften überprüft werden müßten. Die damit offiziell eingeführte Bücher*zensur* zog das Bücher*verbot* nach sich. Von nun an mußten alle Schriften vor der Abschrift eigens dafür benannten Professoren, Kardinälen, Erzbischöfen oder Prälaten vorgelegt werden. Die Durchführung dieses päpstlichen Gebotes ist in einem Schreiben 1239 erwähnt. Der Papst war streng, seine Sittenaufseher nicht minder. Die damals noch handgeschriebenen Bücher hatten sowieso kein allgemeines Publikum, sondern kursierten in Klöstern, an den Universitäten, allenfalls noch bei einigen Adligen. Es entwickelte sich eine Meldepflicht für ketzerische Bücher, falls sie nicht schon vor ihrer Vervielfältigung (Abschrift) verboten waren; Reglements für Herstellung und Verkauf von Handschriften wurden eingeführt.

Zensoren waren auch in späteren Jahrhunderten meistens Professoren an den Universitäten. Die inhaltliche Prüfung geschah unter dem unbestimmten Gesichtspunkt der Gelehrsamkeit; denn es waren vor allem angehende Magister oder Doktoren, die ihre Arbeiten vorlegten. Man nimmt an, daß sich hieraus die heute noch übliche Prozedur der Annahme oder Ablehnung einer Dissertation durch einen Professor oder ein Gremium von Professoren einer Universität, die Annahme oder Ablehnung von Magister-, Diplom- oder Staatsexamensarbeiten ableiten. Nach wie vor hat die Fakultät über ihre Professoren die *Druckerlaubnis* für Dissertationen zu erteilen.

Komplizierter wurde die Bücherzensur, als mit der Erfindung der Buchdruckerkunst 1450 die Bücher weite Verbreitung fanden. Die Zahl der Lesenden wuchs sehr rasch. Die Herstellung von Büchern entglitt der kirchlichen Aufsicht. Nicht nur die Verbreitung, sondern allein schon der Besitz eines verbotenen Buches wurde geahndet. Die Autoren und die Hersteller von Büchern versuchten, die Zensur zu umgehen. Es handelte sich ja auch jetzt nicht mehr nur um gelehrte und die Religion betreffende Schriften. Auch die Bürger fingen an, sich um Gedrucktes, um Literatur zu kümmern. Auf dem Höhepunkt der Stadtherrschaft richtete Venedig »censori« ein, die auf »gute Sitten« zu achten hatten, was immer man darunter verstand. In Deutschland brachten Reformation und Gegenreformation eine Fülle von Schriften hervor. Die Gegenreformation übte strenge Zensur. Weltliche Herrschaften übernahmen die Zensurtätigkeit und ergänzten die kirchliche Bücheraufsicht. Das Kurfürstentum Mainz und die Freie Reichsstadt Frankfurt hatten schon 1486 aus Anlaß der Buchmesse eine weltliche Zensurbehörde eingesetzt. England hatte strikte staatliche Zensur, in anderen Ländern wurden Listen verbotener Bücher aufgestellt, noch ehe 1559 der päpstliche *Index librorum prohibitorum* erschien.

Der Index galt nur in katholischen Ländern. Zensur wurde unterschiedlich gehandhabt, je nach Glaubenszugehörigkeit und je nach der politischen Situation. Die Verbreitung des Buchdrucks, die Entwicklung der Post brachten internationale Verbindungen zustande, ohne die die intellektuelle Entwicklung der Aufklärungszeit nicht verstehbar wäre. Rousseaus *Gesellschaftsvertrag* wurde in Amsterdam gedruckt, Montesquieus *Geist der Gesetze* in Genf, Beaumarchais' Ausgabe der Werke Voltaires im badischen Kehl am Rhein.

Miltons Protest gegen die Zensur macht die Widersprüche

deutlich, die sich wenige Jahre später mit dem Beginn der periodischen Berichterstattung in den Zeitungen verstärken sollte: Der Anspruch der Zensoren, angeblich schädliche oder sittenwidrige Einflüsse durch Druckerzeugnisse vom Volk fernzuhalten, ist unvollständig zumindest, denn Bücher sind nur kleine Teile eines Ganzen. Milton hält Zensur prinzipiell für undurchführbar, weil sie nur durch Eingriffe in den kulturellen Bestand *aller Ausdrucksweisen* (Lieder, Bilder, Gespräche, Bräuche, Eßgewohnheiten etc.) wirksam wäre, eine allgemeine Überwachung der Sitten also, wie die Antike sie kannte (Sparta). Die Nationalsozialisten haben getan, was Milton für absurd hielt: Sie entzogen der Jugend von 1935 bestimmte Musikinstrumente. Der Gebrauch der Zupfgeigen wurde verboten wie »westliche dekadente Musik«, der Jazz, und die ihm nahen amerikanischen Tänze.

Miltons Umschreibung der Zensur ist zugleich eine *erste umfassende Definition.* Die Verbindung gedruckter Publizistik mit musikalischen Ausdrucksweisen, die Frage, »wer die gemischten Gespräche« regulieren solle, deutet einen wichtigen Zusammenhang an: den zwischen alltäglicher Unterhaltung und Schriftenverbot. Wie für Milton konsequente Zensur dazu führen muß, Musikalien und Tänze, Kleider und Körperschmuck unter Kontrolle zu stellen, so verlangt sie die Kontrolle der Gespräche.

»Man darf die Leute nicht wie jetzt dahinschwatzen lassen, sondern muß ihnen Lizenzen erteilen für das, was sie sagen dürfen . . .«, schreibt Milton. Wie kann man kontrollieren, was die Leute schwatzen? Man muß sie abhören. Wie kann man sie abhören? Man muß die Zensur in ihre Gespräche einschalten.

Wie geschieht das? Indem man mit ihnen schwatzt und vermerkt, was sie reden. Mit anderen Worten: Lauscher, Schnüffler müssen eingeschaltet werden. Tatsächlich führt konsequente Zensur von Druckschriften auf das *gesprochene Wort* zurück. Druckschriften wirken erst, wenn *über* sie gesprochen wird, wenn ihre Botschaft ausgetauscht und hineingenommen wird ins Gespräch. Umgekehrt entsteht das, was in den Schriften gedruckt wird, nicht allein im Kopf eines einsamen Denkers. Auch der Schriftsteller und der Journalist sind schon Instrumente der Wiedergabe. Sie geben von sich, was sie gesehen und gehört haben, sofern es sie bewegt. Insofern unterschlägt die Regulierung von Druckschriften, was die Gesellschaft umtreibt und die Autoren dazu bringt, es schriftlich zu fixieren.

John Milton hat auch recht, wenn er Tanz-Zensoren und Musik-Zensoren und Gesprächs-Zensoren anrücken sieht im Gefolge der Druckzensur. Das 20. Jahrhundert spätestens sollte dies alles effektiv machen und im Zuge der Massenbewegung durch Indoktrination des Bewußtseins die Leute dahin bringen, daß sie nur noch tun, was ihre Führer erlauben. Ehe es soweit kam, mußte freilich das Netz der Kommunikationsmittel verdichtet und durch neue Techniken ergänzt werden.

IV.

Das entscheidende Ereignis zu dieser Entwicklung war die periodische Presse. Gutenbergs Druck mit beweglichen Lettern hatte die Bücher billiger gemacht und ihre Zahl vervielfacht. Autoren der Renaissance und Reformation wußten das neue Medium zu nutzen. So brachten Erasmus von Rotterdam und Martin Luther ihre Ideen in vielen kleinen Schriften unter die Leute. Flugschriften und Kampfblätter werden bis heute nach diesem Prinzip verfaßt, in vielen Einzelschriften dasselbe zu sagen.

Die Wirkung des wiederholten Wortes und Bildes ist die Wirkung der periodischen Berichterstattung. Hier wird nicht nur vervielfältigt, sondern durch die rhythmische Wiederholung gesammelt und zugleich eine neue Bindung geschaffen, die *Bindung an die Periodik* des Erscheinens.

Der Bremer Zeitungsforscher Elger Blühm hat für das 17. Jahrhundert annähernd 50000 Zeitungsnummern festgestellt. Das heißt: Schon vor Beginn der Aufklärung war der lesekundige Teil der Bevölkerung, vorwiegend das Bürgertum, nicht so sehr der Adel und nicht das Proletariat, an periodische Berichterstattung gewöhnt. Als die Zeitungen begannen, regelmäßiger zu erscheinen, weil die Vertriebsmöglichkeiten sich verbesserten, wurde die periodische Presse zu einem wichtigen Faktor der gesellschaftlichen Integration. Sie vermittelte in einem bestimmten, durch die Verkehrsverhältnisse beschränkten Raum zu ungefähr derselben Zeit dieselben Texte an Leute, die sonst nichts oder wenig miteinander zu tun hatten. Gleiche und gleichzeitige Mitteilungen hatte es in früheren Zeiten in diesem Umfang nur in mündlicher Übermittlung von seiten der kirchlichen oder weltlichen Obrigkeit gegeben: Predigten, Aufrufe. Die Zeitungen schufen gemeinsamen Gesprächsstoff, und sie dressierten die Leser auf das Ritual der Erscheinungsweisen.

Damit war eine neue *soziale* Macht *vor* der *politischen* entstanden. Kommunikation geht der Politik voraus. Die Verbindung der

Presse mit dem Kalender und dem kalendarischen Ritual hatte rationalisierenden und zugleich mythisierenden Effekt (Harry Pross). Rational war die Aufteilung der gesellschaftlichen Geschehnisse in Berichtsfolgen, weil sie den Lesern ermöglichte, ihr Verhalten danach einzurichten. Mythisch war und ist die damit geschaffene Verbindung des Alltags mit der Welt außerhalb dieses Alltags. Schon bald, nachdem sie die Presse durchgesetzt hatte, war sie irrational besetzt: So bekannte der junge Friedrich von Preußen, der spätere Friedrich der Große, im Jahr 1740 seinem Kammerherrn v. Natzmer: »Der Ehrgeiz, in die Zeitungen zu kommen, hat mich veranlaßt, in Schlesien einzufallen.«

Man kann sagen, daß mit dem Niedergang des absolutistischen Königtums das Verlangen nach Selbstdarstellung in Bild, Presse und Körpersymbolik auf die Völker übergegangen ist. Ganze Industrien dienen der Selbstdarstellung in der Demokratie. Unter diesen Voraussetzungen der periodischen Berichterstattung steht – auch seit der Einführung von Radio und Fernsehen, die denselben Prinzipien folgen – alles, was seitdem an Rufen nach Zensoren einerseits und nach Pressefreiheit und Abschaffung der Zensur andererseits gefordert worden ist und umgesetzt wurde.

V.

Vor zweihundert Jahren verbriefte die *Bill of Rights* von Virginia in Artikel 12 die Freiheit der Presse als eines der größten Bollwerke. Niemals außer durch despotische Regierungen könne sie eingeschränkt werden.

Die in der Französischen Revolution erklärten Menschen- und Bürgerrechte wurden in die Verfassung von 1791 einbezogen, allerdings mit gewisser Einschränkung:

> »Jeder kann mithin frei sprechen, schreiben, drucken, mit Vorbehalt der Verantwortlichkeit des Mißbrauchs dieser Freiheit in den durch Gesetz bestimmten Fällen.«

Damit war erstmals in Europa die Zensur als juristisch möglicherweise nicht haltbar bezeichnet und in einem Atemzug der Vorbehalt gemacht. Die Freiheit des Sprechens und Schreibens und des Druckens ging vor, soweit sie nicht irgendwelchen Gesetzen zuwiderlief.

Die Frage blieb, wie Gesetze beschaffen und ob sie nicht geeignet waren, den vorigen Zustand der Zensur aufrechtzuerhalten.

Am Vorabend der Französischen Revolution hatten Zensurbestimmungen vorwiegend auf sittliche Grundsätze verwiesen. Die Zensur wurde von Staat zu Staat verschieden gehandhabt, das Interesse des jeweiligen Landesherrn hatte immer Vorrang. So traf zum Beispiel das »Erneuerte Censur-Edikt für die Preußischen Staaten« von 1788 Verfügungen über die Zensierung von Wochen- und Monatsschriften vermischten Inhalts, über gelehrte Zeitungen sowie politische Zeitungen und beschuldigte die Presse, »gemeinschädliche Irrtümer über die wichtigsten Angelegenheiten der Menschen zu verbreiten; die Sitten zu verderben; öffentliche Anstalten und Verfügungen boshaft zu tadeln; niedrige Privatangelegenheiten zu befriedigen und die Ruhe guter und nützlicher Staatsbürger zu stören.«

Solche und ähnliche Bestimmungen ließen sich nach einer Revolution nicht einfach durch Abschaffung aus dem Gedächtnis ehemaliger und potentieller Aufseher tilgen. Die politischen Unruhen des beginnenden 19. Jahrhunderts brachten dann ja auch ständig wechselnde Beaufsichtigungsmethoden, die der vorher gehabten Zensur gleichkamen.

Napoleon erkannte die Möglichkeit der Presse. Nach dem Staatsstreich 1799 entwarf er eine gezielte Pressepolitik. Sein Polizeiminister Fouché ließ Journalisten und Bücher überwachen. Es entstand ein Pressebüro beim Polizeiministerium, Zeitungen wurden verboten, das Nachrichtenwesen zentralisiert. Eine Staatszeitung mit Nachrichtenmonopol übernahm die Vermittlung des Wissenswerten, scheinbar unzensiert. Auch in den von ihm besetzten Gebieten betrieb Napoleon eine streng geregelte Pressepolitik:

> »Wir haben es den Verhältnissen angemessen gefunden, die Verbreitung politischer Neuigkeiten auf dem Wege der Zeitungen durch Herabsetzung der Menge derselben auf eine einzige unter einer von uns besonders angeordneten Aufsicht herauszugebende zu zentralisieren.«

Es existiere keine Zensur, sagte Napoleon. Aber die Herabsetzung der Zahl der Zeitungen auf eine einzige, die unter zuverlässige Aufsicht gestellt war, bedeutete vollkommene Sprachregelung.

Die Bewegung und die geistigen Auseinandersetzungen nach der Französischen Revolution und nach den napoleonischen Kriegen suchten das gedruckte Wort als Mitteilungsmöglichkeit. Die Zahl der damals verbotenerweise gedruckten Schriften, Zeitungen, Flugblätter ist enorm. Sobald Napoleon verschwunden war, sprossen die Zeitungen wie Pilze aus dem Boden.

Während des Kampfes gegen Napoleon brauchten die beteiligten Mächte die Presse und unternahmen wenig gegen sie. Es blieb der Willkür der Beamten überlassen, die Presse zu maßregeln oder nicht. Der Restauration ging es dann im Schutz der Heiligen Allianz aber doch sehr darum, »dem subversiven bürgerlichen Element« Einhalt zu gebieten.

Die Karlsbader Beschlüsse von 1819 unterwarfen die Presse – das hieß, alle Schriften unter 20 Bogen – der Zensur.

Das »subversive bürgerliche Element« jedoch ruhte nicht. Es forderte Pressefreiheit. Seine Vorkämpfer fochten mit der Feder, mit dem Wort. Durfte es nicht gedruckt werden, so sprach man es in den Salons, an Leseabenden, in Zirkeln, die die Mündigkeit des Bürgers propagierten. Die Zensur des gedruckten Wortes reichte nicht aus. Die *Kommunikationszentren*, wie Clubs, Salons, Gemeindeversammlungen, Wirtshäuser, Universitäten setzten Ideen in Umlauf. Spitzel und Provokateure gesellten sich zu den Lesenden, Diskutierenden, Musizierenden, Badenden und Tanzenden.

In Frankreich war die Julirevolution von 1830 entscheidend für die Auflockerung der Zensurausübung. Die deutschen Länder reagierten unterschiedlich. Das parlamentarisch orientierte Großherzogtum Baden beschloß 1831, »alle Zensur von Druckschriften, welche im Großherzogthume herauskommen und verbreitet werden, aufzuheben«. Freilich mußte dieser Beschluß wegen des heftigen Protestes der anderen deutschen Länder, vor allem Preußens selber, aufgehoben werden.

Der Kampf um die Pressefreiheit in den ersten Jahrzehnten des 19. Jahrhunderts war allenthalben der Kampf um die Möglichkeit der Selbstdarstellung von Gruppen, die ihre gemeinsamen Interessen gegen die Obrigkeit allmählich zu verstehen anfingen. Die Wirtschafts- und Kapitalentwicklung brachte veränderte Arbeits- und Lebensweisen. Der alte Staat paßte nicht mehr auf die sich umbildenden Strukturen der Gesellschaft. Die Freiheit der Presse – und darauf konzentrierten sich im allgemeinen die Forderungen nach Abschaffung der Zensur – sollte zum Gradmesser der Freiheit der Individuen und Gruppen werden. Der junge Marx sah das 1842 so:

»Die Freiheit der Presse ist das überall offene Auge des Volksgeistes, das verkörperte Vertrauen eines Volkes zu sich selbst, das sprechende Band, das den einzelnen mit dem Staat und der Welt verknüpft, die inkorporierte Kultur, welche die materiellen Kämpfe zu geistigen Kämpfen verklärt und ihre rohe stoffliche Gestalt idealisiert. Sie ist die rücksichtslose Beichte eines Volkes vor sich selbst, und bekanntlich ist die Kraft eines Bekenntnisses erlösend.«

Marx kritisiert an der geübten Zensur, daß sie nicht Vergehen, sondern Meinung strafen wolle und daß die Zensur nicht von Gerichten, sondern von der Polizei gehandhabt werde. Ähnliche Kritik übten 1848 die Mitglieder der verfassungsgebenden Versammlung in der Paulskirche. Die liberalen Reformer befürworteten die Abschaffung der Zensur, zugleich aber Sonderbestimmungen der Gesetze, die etwa *Preßvergehen* ahnden konnten. Eine Fülle von Presseprozessen in den folgenden Jahrzehnten spiegelten die Entwicklung. Das Entstehen der Geschäftspresse und die Veränderung der Kulturbedingungen im beginnenden industriellen Zeitalter veränderten die Handhabung der Bestimmungen, je nach Interessen der Obrigkeiten. Selten fand eine Zensur im Sinne von *vorheriger* Genehmigungspflicht für Manuskripte statt; aber es war ja auch seit der Französischen Verfassung von 1791 im demokratischen Denken ein Vorbehalt zur Meinungsfreiheit latent, der zur Selbstzensur anhielt: Jeder darf ... vorbehaltlich der durch Gesetz bestimmten Fälle. Das war gegenüber den angelsächsischen Vorstellungen von Meinungs- und Pressefreiheit ein Rückfall, der die kontinentale Entwicklung von der Englands und Nordamerikas getrennt hat.

VI.

Das 20. Jahrhundert kennt immer wiederkehrende Phasen strenger Kulturzensur. Deren Umfang wird erst deutlich werden, wenn man die Aufführungsvorschriften für Theater und Film, die anhaltende Kriminalisierung obszöner Literatur und Graphik und die auf dem Verwaltungsweg ausgeschalteten Veröffentlichungen in ihrem ganzen Umfang erforscht haben wird. In autoritären Verfassungen, wo eine kleine Gruppe die Massen gängelt, wird der Zensureingriff mit Sitte und Anstand, »deutscher Ehre«, »sozialistischer Moral« offensiv begründet. In liberalen Verfassungen dient das Verbot, das »Empfinden anderer« zu verletzen, als immer griffiger Hebel, unliebsame Veröffentlichungen abzuwürgen.

Wo politische Propaganda – ob konservativ oder revolutionär – den Anspruch auf den ganzen Menschen erhob, hat sie notwendig die diesem Anspruch innewohnenden Zensurbefugnisse durchzusetzen versucht und sich dadurch in permanente Ketzerverfolgungen und Kämpfe gegen Abweichler und Dissidenten verwickelt. Die Gesamtregie des öffentlichen Lebens erwies sich in jedem Falle als absurde Konsequenz vorangetriebener Zensur. Mussolinis »totaler Staat«, Hitlers »totaler Krieg« endeten im Nichts. Die kommunistische Politbürokratie kämpft hoffnungslos gegen systemimmanente Mängel, die sich aus der Unterdrückung von Meinungs- und Pressefreiheit ergeben – wie Rosa Luxemburg vorausgesagt hat.

In Deutschland erlangte in der Weimarer Verfassung das Zensurverbot von 1848 endlich Gesetzeskraft. Damit waren die Gegenkräfte der Pressezensur nicht ausgeschaltet. Die obrigkeitliche Denkweise lebte in den Menschen fort. Noch 1930 zierte den großen Schwurgerichtssaal des Kriminalgerichtes Berlin-Moabit der schöne Spruch »An dem starken Gericht erkennt man des Kaisers Gerechtigkeit« und »Ein jeder Richter sitzt an des Kaisers Statt«. Die Preßvergehen, die unter solchen »Leitmotiven« zu richten waren, nahmen denn auch die Qualität von »Staatsaktionen« an, wie die Verfahren gegen Carl von Ossietzky und andere bewiesen. In nur vierzehn Jahren, die der ersten Republik gegeben waren, konnte das Zensurverbot der Verfassung sich nicht voll auswirken.

VII.

In seiner Studie über die Zensur im deutschen Verwaltungsrecht aus dem Jahr 1938 stellt Olaf von Kruedener fest, daß unter Zensur immer noch verstanden wird, was bis 1848 als solche galt, nämlich »*Äußerungszensur*«. Hier liegt nicht etwa der Miltonsche Begriff von Zensur zugrunde, der *alle* kulturellen Äußerungen einschließt, sondern der traditionell auf Druckwerke beschränkte Zensurbegriff. Das bedeutete aber, daß Zensur eben auf Druckwerke angewendet werden konnte oder – falls man an die Weimarer Verfassung dachte – nicht angewendet werden sollte. Für die neuen Medien, die in der nationalsozialistischen Regie des öffentlichen Lebens eine so große Rolle spielten, für Bild, Lichtspiel und Radio, für Kommunikationsveranstaltungen jeglicher Art, wandten die Juristen Begriffe an, die schon beim Theater imstande gewesen waren, den Zensurtatbestand zu umgehen. Es hieß nämlich nicht Theater*zensur*, sondern Theater*aufführungsverbot*, was etwas ganz anderes war. Schon in der Weimarer Zeit, als Zensur grundsätzlich verboten war, stellten Juristen sich die Frage, welche allgemeinen Befugnisse trotz der grundsätzlich verbürgten Zensurfreiheit der Polizeigewalt, besonders gegenüber Theateraufführungen, noch verblieben waren.

Entsprechend wurde Lichtspielzensur definiert als »Polizeiverbot mit Erlaubnisvorbehalt«.

Polizeiverbot mit Erlaubnisvorbehalt erwies sich als Polizeierlaubnis nach Gutdünken. Das an sich Verbotene wird polizeilich geduldet. Der Jurist Olaf von Kruedener erkannte 1938 die Zensur durchaus als unzulässig an. Da sie jedoch sehr eng definiert ist, trotz sehr verschiedener Vorkommensformen wie Präventivzensur, Nachzensur, läßt sich der als Zensurakt angesehene Tatbestand leicht als *Nicht*zensur, als eben etwas anderes, nachweisen (»Ein Zensurakt der Polizeibehörde kann sich als Polizeiverfügung darstellen«).

Im Dritten Reich ersetzte der Begriff »allgemeines Verbot mit Erlaubnisvorbehalt« den Begriff Zensur. Verbote mit Erlaubnisvorbehalt sind nach der damaligen Auffassung weder Prozeßverfahren nach Art des Zivil- oder Strafrechtsprozesses noch quasigerichtlich, noch ein Verwaltungsstreitverfahren im Sinne der Verwaltungsrechtspflege, sondern ein reines *Verwaltungsverfahren*. Ein Verwaltungsakt also.

Die ungeheuerliche Reglementierung des öffentlichen Lebens, die das Dritte Reich seinen Staatssubjekten zumutete, brauchte den Begriff der Zensur nicht mehr. Das generelle Verbot mit Erlaubnisvorbehalt war total, es ergriff alle kulturellen Äußerungsformen. Da alles verboten war, was nicht erlaubt wurde, fand eine Zensur in der Tat nicht statt.

VIII.

Die Entstehungsgeschichte des Artikels 5 I 3 GG zeigt, wie Bernd Rieder in seiner vergleichenden Untersuchung des Zensurbegriffs in der Weimarer Verfassung und des Bonner Grundgesetzes nachweist (1970), daß die Diskussion des Zensurbegriffes seit Weimar nicht vorangekommen ist. Das Grundgesetz übernimmt die Weimarer Definition. Die Interpretation des Begriffs Zensur ist eng. Rieder sagt, es sei davon »auszugehen, daß nur solche Vorschriften oder Maßnahmen faktisch eine Zensurmaßnahme darstellen können, die – wenn auch nur faktisch – unter den Begriff der Zensur zu subsumieren sind. Unter Zensur ist in Artikel 118 II der Weimarer Reichsverfassung wie in Artikel 5 I 3 des Grundgesetzes nur eine generelle Genehmigungspflichtigkeit in Form des ›allgemeinen Verbots mit Erlaubnisvorbehalt‹ zu verstehen. Eine faktische Zensurmaßnahme ist nur dann gegeben, wenn alle Momente des formellen Zensurbegriffes gegeben sind.«

Demnach sind in vielen Fällen *nicht* alle Momente des formellen Zensurbegriffs gegeben. Zum Beispiel nicht, wenn Privatpersonen oder der Staat in den Formen des Privatrechts – als Fiskus – *zensurähnliche* Maßnahmen treffen. Privatrechtliche Pachtverträge, die abgeschlossen werden mit der Bedingung, daß die zum Verkauf gelangenden Bücher oder Schriften vom Vertragspartner bestimmt oder genehmigt werden, waren weder in der Weimarer Zeit noch heute »faktische Zensur«. Denn solche Verträge beruhen auf bürgerlichem Recht und der Vertragsfreiheit, die auch ein Grundwert ist.

Auch eine richterliche Maßnahme ist nicht Zensur nach Auffassung der Gesetzesinterpretation, weil sie einen konkreten Einzelfall betrifft. Zensur ist also *nicht*

- ein Ermittlungsverfahren und Strafurteil wegen Verbreitung unzüchtiger Schriften (§ 184 StGB),
- eine einstweilige Verfügungsentscheidung eines Gerichts,
- ein Vertriebsverbot durch Stattgeben einer – auch vorbeugenden – Unterlassungsklage gegen den Vertrieb eines Buches,
- die Beschlagnahme einer Zeitschrift durch die Staatsanwaltschaft.

Als zensurelle Eingriffe werden nach herrschender Auffassung *nur* die Maßnahmen angesehen, die *vor* der ersten Veröffentlichungsmöglichkeit erfolgen. Eingriffe, die die Verbreitung einer schon veröffentlichten Meinung zu verhindern suchen – also Beschlagnahme unmittelbar nach Erscheinen des Buches –, gelten als mit dem so definierten Wesen der Zensur als unvereinbar, weil sie der zeitlichen Bestimmung, »vorher«, nicht entsprechen.

Eine Zensur findet nicht statt . . .

IX.

Die juristische Interpretation von Zensur stimmt mit der politischen selten überein. Man muß hier bedenken, daß Politik und Recht verschieden sind und deshalb auch verschieden interpretieren. Das Recht hat das Streben nach Gerechtigkeit und die Gesetze als Sollensvorschriften zum Gegenstand. Die Politik ist darauf aus, partikulare Interessen zu allgemeinen zu machen. Politisch gesehen, ist der Zensurbegriff ganz unzureichend definiert, weil er die politischen Einflüsse nicht ausschalten kann, die sich als Verhinderung, Unterdrückung und als Erlaubnisvorbehalt bzw. Verbotsvorbehalt auswirken. Diese Einflüsse sind subtil und durch den juristischen Zensurbegriff keineswegs erfaßt. Lew Kopelews Aufruf »Verbietet die Verbote!« zeigt diese Problematik deutlich.

Es ist notwendig, den Zensurbegriff, der Artikel 5 I 3 GG zugrunde liegt, neu zu durchdenken und neu zu definieren. Die Juristen sollten dabei einige Positionen aus der Geschichte der Zensur im Gedächtnis behalten: den weitgefaßten Begriff des John Milton, der alle kulturellen Äußerungen einbezog, und zumindest die tastenden Definitionsversuche von 1848.

Hätten wir einen weiter gefaßten Zensurbegriff, so wäre uns politisch wohler. Es wären dann jene Formen der Unterdrückung ohnmächtig, die heute erlaubtermaßen geübt werden können, weil sie nicht unter den Begriff Zensur fallen.

INGEBORG DREWITZ

Nachdenken über Verstörungen
*Nach Verabschiedung der 14. Strafrechtsreform**

Die Prozesse, bei denen die Zusatzparagraphen zum Strafrecht, die das 14. Strafrechtsänderungsgesetz (in Kraft seit 1. Mai 1977) geschaffen hat, zur Anwendung gekommen sind, lassen sich noch abzählen. Aber sie zeigen – denkt man nur einmal an den AGIT-Drucker-Prozeß in Berlin –, was mit dem 14. Strafrechtsänderungsgesetz bezweckt worden ist: Diskriminierung von kritischen Meinungsäußerungen, Einschüchterung in einer zumindest im westlichen Europa offen geführten politischen Diskussion. Darum besteht kein Anlaß zur Verharmlosung der neu geschaffenen Paragraphen und ihrer Folgen. Ihre Wirkung zu messen ist viel schwieriger, als die Fälle erkennen lassen, die den Einbruch in die Grundrechte der Bundesrepublik verdeutlichen. Denn wenn auch dort, wo Ausladungen von Schriftstellern, Boykottierung von Ausstellungen Furore machen, die Kritik noch hörbar, noch nachlesbar wird, demokratisches Verhalten also noch zu funktionieren scheint, so bleibt diese Kritik doch oft genug ohne Konsequenzen, wird demokratischer Meinungsaustausch zum Schattenboxen degradiert.

Was aber spielt sich ohne Kulissen und Öffentlichkeit ab? Welche Einladungen werden gar nicht erst genehmigt? Über wen wird in verschlossenen Amtszimmern befunden? Welche Bücher werden nicht in die öffentlichen Büchereien übernommen? Über wen wird hinter der Hand gemunkelt, sei es in Jurys, in denen die wichtigen Preise vergeben werden, sei es in Zuwahlgremien für Akademien, literarische Clubs oder bei Stipendienvergaben? Wem werden Sendungen gar nicht erst anvertraut? Wo werden Texte und Textstellen unter Vorgabe ästhetischer Kriterien gestrichen oder gar nicht erst publiziert? Und welches sind denn die Kriterien, die vorgeschoben werden? Links, linksverdächtig, verfassungsfeindlich, kryptokommunistisch, der Verbindung zum Terrorismus verdächtig. Die Vokabeln geistern ungeprüft in den Gehirnen, der Verfassungsschutz ist ja aufmerksam auf die kritische

* Betrifft die §§ 86b, 88a, 126a und 140 StGB

Intelligenz, und seine Erkenntnisse lassen sich noch von dem biedermännischsten Kulturfunktionär oder Kulturbeamten abrufen.

Die Fälle, die im letzten Jahr durch die Presse gegangen sind – sei es die Absetzung von Camus vom Theaterspielplan, seien es Claus Peymanns Schwierigkeiten, sei es die Absetzung eines Böll-Interviews oder des Wallraff-Films, sei es die Ausladung Luise Rinsers oder die Absetzung von Peter O. Chotjewitz' Lesung in Berlin, die nach einer breiten Gegenaktion doch an einem anderen Ort durchgeführt werden konnte und einmal mehr die vorgeschobenen, falschen Argumente entlarven half (um nur einige wenige zu nennen!) – haben schildbürgerhafte Züge der deutschen Kulturverwalter sichtbar gemacht. Und wir müßten eigentlich dafür dankbar sein, weil Schildbürger doch nach Schilda zurückverwiesen werden können.

Aber läßt sich Schilda noch lokalisieren?

Die Auseinandersetzungen um die sogenannten Sympathisanten, zu denen viele bekannte deutsche Schriftsteller erklärt wurden, gewannen zeitweilig Züge einer Hexenjagd; der Rufmord war mit einemmal wieder gang und gebe. Die neudeutschen Schildbürger wollten partout nicht in Schilda bleiben, sondern ihr Kulturverständnis möglichst mit dem Stempel »Ausgewogenheit« versehen zum Allgemeingut machen.

Dieses Kulturverständnis kommt uns bekannt vor. Die Bücherverbrennung 1933, der Exodus der deutschen Schriftsteller und Künstler oder ihre Flucht ins Schweigen, sind ein Stück beschämender deutscher Kulturgeschichte. »Das gesunde Volksempfinden«, ein damals erfundener Slogan, gehört nach Schilda und hat noch einmal, großmannssüchtig, nicht nur Existenzen vernichtet, sondern das Ansehen der Deutschen in der Welt zutiefst beschädigt. Doch sicher, wir haben nicht 1933 ff. Dieselben Schildbürger, die sich heute als heimliche Zensoren aufspielen und als öffentliche Biedermänner in die Brust schlagen, feiern die einst von ihresgleichen verpönten, verhöhnten Schriftsteller und Künstler, die ja nun zum kulturellen Kapital gehören, ob sie nun George Grosz oder Bert Brecht oder Tucholsky heißen. Schon bei Heinrich Mann, bei Carl von Ossietzky, bei Ernst Toller, bei Erich Mühsam wird's schwieriger. Genaue Kriterien sind nicht auszumachen, tragische Schicksale zählen nicht; die deutschen Schildbürger lieben ihre Kritiker nicht, es sei denn, ihr Erfolg in der westlichen Welt – und bitte nur dort! – ist so groß, daß sie sich dem nicht entziehen können.

Doch Ironie beiseite! (Ist es eigentlich noch Ironie?) Der Antikommunismus ist der Bundesrepublik als Patengeschenk (Stichwort MacCarthyismus) beigegeben worden und bestimmt denn auch die Kulturarbeit seit den 50er Jahren. Er wird bestärkt durch den Funktionärskommunismus in der DDR, der die Ausreise von Schriftstellern, Künstlern und Intellektuellen in die Bundesrepublik seit Mitte der 50er Jahre veranlaßt und jedenfalls das kreativkritische Potential in der DDR geschwächt hat, in der Bundesrepublik aber der Absage an den Kommunismus zugute gekommen ist.

Das heißt, der politische Alltag hat die zu späte Auseinandersetzung mit dem Marxismus an den Universitäten der Bundesrepublik veranlaßt; und so erklärt sich denn auch, warum die wissenschaftliche Auseinandersetzung mit dem dialektischen Materialismus nicht gegriffen hat, auch innerhalb der SPD nicht, die, nach dem Zweiten Weltkrieg als Volkspartei angetreten, der Auseinandersetzung mit ihren Vätern ausgewichen war.

»Links« zu sein ist also fast ohne Unterbrechung seit 1933 ein Makel und eignet sich perfekt zur Verteufelung der Schriftsteller und Künstler, für die Marx kein falscher Prophet ist, sondern ein Diagnostiker der Industriegesellschaft, der ihre innergesellschaftlichen Erfahrungen bestärkt.

Nun ist ja die 14. Strafrechtsreform mit dem Hinweis auf den Terrorismus publikumswirksam gemacht worden, ohne auf vorher abgeschlossene rechtliche Auseinandersetzungen wie z. B. die zwischen F. C. Delius und dem Siemenskonzern, die ironische Festschrift *Unsere Siemenswelt* betreffend, auch nur hinzuweisen. Die anti-gesellschaftskritische Tradition in der Bundesrepublik wurde also bei Verabschiedung des Zensurgesetzes öffentlich verschwiegen. Der Fraktionsdruck bei Verabschiedung des Gesetzes im Bundestag ließ erkennen, auf welch' unsicherem Fundament die Demokratie in der Bundesrepublik steht. Und das trotz der nachweislich besten Verfassung in der deutschen Geschichte!

Hier weiterzufragen hieße, die Geschichte der Bundesrepublik aufrollen; hieße nachzuweisen, wie rasch die Ansätze zu einem gemäßigten Sozialismus vergessen wurden; hieße, daran zu erinnern, wie unvollkommen die Nazi-Ideologie ausgerottet wurde, wie im Gegenteil die Erfahrungen des Kriegsendes und des Nachkriegs zu ihrer Mystifizierung beitrugen; hieße, an die Entpolitisierung der Deutschen in den 50er Jahren erinnern – Ursachen gab es genug: die Not, der Bevölkerungsdruck durch die notwendige Integration der mehr als 10 Millionen Flüchtlinge in ein seinen ökonomischen Strukturen versehrtes Land; die Angst vor dem dritten Weltkrieg, die seit dem Abwurf der ersten Atombomben akut blieb; die Spannung zwischen den beiden deutschen Nachkriegsstaaten und ihre Pufferfunktion zwischen den beiden Großmächten. Festzustellen bleibt die totale politische Abstinenz der deutschen Bevölkerung in jenem Jahrzehnt.

Stellt man daneben, daß heute die Generation regiert, die in der Nazizeit und in den Jahren des Nachkriegs sozialisiert wurde, so läßt sich die »Staatsräson« begreifen, ohne die die Demokratie einschränkenden Gesetze wohl kaum den Bundestag und Bundesrat passiert hätten. Und es erstaunt nicht, daß der Generationskonflikt, der sich in den späten sechziger Jahren abzeichnete, die nur auferlegte, nicht gewachsene Demokratie tief erschüttert hat. Die Sozialisation dieser, der vor zehn Jahren jungen Generation hatte in einem politischen Vakuum stattgefunden, fast im Niemandsland der Geschichtslosigkeit, während doch geschichtliche Ereignisse wie die Auseinandersetzung der beiden Großmächte USA und UdSSR an die Wände dieses Vakuums prallten, die Lüge also eine Früherfahrung dieser Generation war.

Wie schmerzhaft denn auch der Zusammenstoß dieser und der Kriegsgeneration war, läßt sich heute an einzelnen Dokumenten nachlesen, wird später auch einmal den Wahnwitz des Umkippens der Jugendopposition in den Terrorismus, in die Idealisierung des Anarchismus, erklären lassen, den Irrweg einiger weniger, der die Tragödie einer Generation verzerrt.

Im Augenblick macht sich niemand die Mühe, die Anfänge dieses Irrweges zu erkennen, weil er sich ja schon fast des Sympathisantentums verdächtig macht, wenn er an die offiziellen Beschimpfungen des Vietnamkongresses in Berlin im Februar 1968 erinnert, an die Wirklichkeit der zwei Wahrheiten, mit denen diese Generation konfrontiert wurde. Nur die Auswüchse der Opposition sind noch im Gespräch, die vielen fehlgeschlagenen, weil realitätsfernen Versuche, die Demokratie zu demokratisieren, das heißt, sie sich anzueignen.

Und so ist es leicht genug, die Jugendopposition von 1967 bis 1971 zu diskreditieren, erneut zur Staatsräson zu rufen, alle Ansätze einer Auseinandersetzung mit der Marxschen Gesellschaftsanalyse zu verteufeln, das Weiterdenken seiner kritischen Analyse abzuwerten und das uralte Schimpfwort »Kommunist«, das aus der Metternich-Ära stammt, noch immer als Schimpfwort (das politische Beobachtung einschließt) zu benutzen.

Sicher, im geteilten Land zwischen den Großmächten, zwischen den Ideologien, ist die Entwertung der jeweiligen Gegenideologie politische Alltagsarbeit. Der Begriff *Kommunismus* läßt sich durch die Praxis des Staatssozialismus in den Warschauer-Pakt-Staaten allzu bequem abwerten, ohne daß darüber nachgedacht wird, in welcher Tradition seine Abwertung in Deutschland steht. (Von den Jahren des Vormärz bis zum KPD-Verbot von 1956, von Metternich bis zur McCarthy-Ära ist mit denselben Argumenten gegen den Kommunismus vorgegangen worden, hat das Vorurteil die Menschen verhärten lassen und den Utopiegehalt des Begriffs: das Angebot der gleichen Chance für alle, immer wieder disqualifiziert.) Daß wir heute in einer Utopie-Leere leben – ohne Zukunftsentwurf –, weil der Mehrwert als Meßwert der Zukunft nicht taugt, ist nur eine Konsequenz der verstummten Sozialismus-Diskussion. Wem da die Rechts-Links-Konfrontation nicht überholt erscheint, der muß schon einen Computer statt des Menschenverstandes in seinem Kopf haben!

Wohl deshalb sind die Schriftsteller, die Künstler, die sich ja als Außenseiter gegen die Zwänge, die die humane Substanz bedrohen, noch zu wehren vermögen oder einfach den Mut haben, sich zu wehren, links (eingefärbt mit Stempelfarbe); weil sie noch immer an eine Gesellschaftsordnung der Gleichen, Gleichberechtigten glauben müssen, ohne die ihre Arbeit funktionslos wäre. Hoffnungslos auch.

Es ist also kaum verwunderlich, daß gerade sie angegriffen werden, gerade ihre Freiheit zu reden überprüft wird; gerade sie, weil sie ja die Sprache jedermanns zu reden vermögen und die Öffentlichkeit von Predigern und Beichtvätern haben, unliebsam geworden sind. Schriftsteller sind keine Politiker, die ihre Sätze abwägen, ob sie fraktionsgerecht sind. Schriftsteller wagen zu sagen, was öffentlich nicht gesagt wird.

Günter Eich sprach vom »Sand im Getriebe«. Ein frühindustrielles Bild, das noch immer trifft, die Notwendigkeit des Störens artikuliert. Kein Stören um des Störens willen; aber das Getriebe, auch das einer Gesellschaftsordnung, läuft fast blind, bindet die Menschen in seine Abläufe, entpersonifiziert sie weitgehend, schränkt ihre persönliche Entscheidungsfreiheit, ihre *humanitas* ein.

Das Grundgesetz gewährte die Freiheit, »Sand im Getriebe« zu sein, und die Schriftsteller nahmen sie in Anspruch. Aber nur Böll erregte in den 50er Jahren innerhalb des Katholizismus Ärgernis. Koeppens scharfe Kritik an der Routine-Demokratie und Wirtschaftswundergesellschaft wurde als Kunstwerk, also als ästhetisch gewertet. Enzensbergers Kleinbürgerkritik erging es nicht anders. Erst der Generationskonflikt hat die Schriftsteller den Unbequemen zugeordnet. Erst seit ihrem Protest gegen die Notstandsgesetzgebung 1968 zählen sie politisch. Und wenn heute – und sicher nicht erst seit der Verabschiedung der 14. Strafrechtsreform – die Attacken gegen sie, so grotesk-schildbürgerhaft sie aussehen, gefährlich sadistische Züge haben, ist die Sorge um die Freiheit des Wortes akut, weil es ja nicht um die Freiheit des Wortes von Schriftstellern geht, sondern um die Möglichkeit, NEIN zu sagen, NEIN zu vermitteln gegenüber der Selbstherrlichkeit des Staates, NEIN zu sagen zur Staatsräson, die keine Kritik, keinen Zweifel mehr zuläßt.

Längst wissen wir, daß das »gesunde Volksempfinden« machbar ist, manipuliert wird, daß der Mißbrauch der Freiheit des Wortes also ganz üblich ist. Und nicht nur in der Bundesrepublik, nicht nur in Europa! Es gibt wenige Flecken auf dieser Erde, wo die Schreibenden, Sprechenden, die Filmemacher und Dramatiker noch ungehindert die Auswüchse der gesellschaftlichen Entwicklungen benennen dürfen, ohne zu Outcasts zu werden. Überall kämpfen die Schreibenden, Redenden für die Freiheit des Wortes, die in den meisten Verfassungen auch garantiert wird. (Denn die Freiheit des Wortes ist kein persönliches Prestige!)

Immer wieder werden wir denn auch gefragt, warum wir – ausgerechnet in der Bundesrepublik, dem Asylland für so viele Verfolgte – uns nicht zufrieden geben mit dem, was ist (was geworden ist), warum wir uns wehren, wenn Männer und Frauen ihren Beruf nicht ausüben dürfen, wenn Meinungsunterschiede zur Kriminalisierung taugen, sich die Angriffe auf einzelne richten, weil sie den Sozialismus für möglich halten.

Die Antwort kann nur heißen: weil wir Menschen denken müssen, um zu überleben. Weil wir uns den Zwängen des Produzierens um des Produzierens willen entziehen müssen. Weil wir der Eigengesetzlichkeit der weltweiten Industriegesellschaft die Zerstörung der *humanitas* entgegenhalten müssen, die sich im Entwurf der Demokratie manifestiert hat. Weil wir die Demokratie vor ihrer Aushöhlung schützen wollen.

Die eklatanten Zensurmaßnahmen, die Hetzkampagnen, denen Schriftsteller ausgesetzt sind, haben in der Bundesrepublik noch nicht unmittelbar mit Faschismus zu tun (auch wenn mehr und mehr neonazistische Aktivitäten in der Bundesrepublik zu registrieren sind, die in der Rechtsprechung und vom Staatsschutz verharmlost werden).

Aber die Einbrüche in die Rechtsordnung und die Diskriminierung der Kritik noch im Vorfeld der Gesetzgebung gehen uns an. Deshalb sind die noch zu zählenden, schon vor Gericht abgehandelten Fälle, in denen die 14. Strafrechtsreform wirksam geworden ist, so wichtig wie die Absetzung von Sendungen, Filmen, Theaterstücken, die Ausladung und Diffamierung von Schriftstellern, die Sympathisantenhetze gegen die, die sich für die unteilbare Menschenwürde eingesetzt haben, also auch für die Menschenwürde in den Haftanstalten.

Die Bundesrepublik ist als Demokratiemodell entworfen worden. Zu einem der reichsten Staaten der Erde geworden, zeigt sie bedenkliche Verschleißerscheinungen der Demokratie, die zu sehen, zu benennen, sich nicht gegen die Demokratie wendet, im Gegenteil!

Darum also NEIN zur 14. Strafrechtsreform! NEIN zur Hexenjagd auf Schriftsteller, NEIN zur Zensur unter der Oberfläche der Institutionen, NEIN zur Abwiegelung der Kritik. Aber JA zu den Artikeln 1, 2, 3, 4, 5 des Grundgesetzes, JA zur Demokratie, die sich an der Gerechtigkeit für alle messen läßt (getreu dem Namen: Volksherrschaft).

§ 88 a StGB
Zeichnung: Marie Marcks
Die Zeichnung wurde erst nach mehrmaligem Angebot von einer Wochenzeitung gedruckt, nachdem die aktuelle Diskussion beendet war.

ULRICH KLUG

§ 88a StGB – Ein Übergriff des Gesetzgebers
Juristisches für Nichtjuristen

Die Grenzen staatlicher Eingriffe in den Kulturbereich müssen diskutiert werden. Das Thema ist nicht neu, aber es ist immer wieder aktuell. Diese Grenzen kommen vor allem dort ins Spiel, wo sich die Strafrechtsordnung auswirkt. Gewiß ließe sich das Thema auf die gesamte Rechtsordnung beziehen, wenn nur von Gesetzgebung als solcher die Rede ist. Es sei aber das Thema hier auf das Strafgesetz konzentriert.

Anlaß für besondere Aktivitäten des Strafgesetzgebers war, wie man weiß, das, was man gemeinhin als Extremismus bezeichnet. Man stockt, wenn man über Extremismus sprechen muß. Warum sollte nicht jemand extrem anständig und friedlich sein können? Auch er wäre ein Extremist. Der Gesetzgeber jedoch, der Bundestag, benutzt eine andere Sprachregelung und versteht unter dem Extremismus ein Kriminalitätsphänomen.

In diesem Zusammenhang muß man sich zunächst an das politisch-historische Umfeld erinnern und darf sich ins Gedächtnis zurückrufen, daß die sozialliberale Koalition, als sie 1969 die Regierung bildete, das Strafrecht und das Strafverfahrensrecht weitgehend, und zwar an wichtigen Punkten, liberalisiert hat.

Eins der bekanntesten Beispiele, das von der Opposition immer wieder aufgegriffen wird, war das Demonstrationsstrafrecht. Die Tatbestände des einfachen und schweren Landfriedensbruchs sind stark verändert worden. Früher war es so, daß man – nach der Tradition des vorigen Jahrhunderts – davon ausging, daß immer dann, wenn die Polizei bei einer Demonstration die Anwesenden aufgefordert hatte, sich zu entfernen, und wenn sich die Teilnehmer der Demonstration trotz dreifacher Aufforderung nicht entfernten, und es nun im Rahmen dieser Demonstration zu Straftaten kam, daß dann auch ganz harmlose Demonstranten nach dem abgewandelten Uraltmotto »Mitgegangen – mitgefangen« strafrechtlich belangt wurden.

Es ist also die Auffassung, die etatistische Position, in diesem Bereich die gewesen, daß es auf jeden Fall rechtswidrig sei, sich dann nicht zu entfernen. An eine Abwägung war hier gar nicht zu denken. Die Entscheidungen der Gerichte waren erstaunlich: Sanitäter wurden bestraft, Journalisten, schreibende sowie fotografierende usw. Es ist nicht erforderlich, das hier zu vertiefen.

Übrigens wurde damals im Rahmen dieser Reform auch der Terminus *Rädelsführer* beseitigt. Schon der Gesetzgeber des vorigen Jahrhunderts wußte, wie sich an dieser Stelle zeigte, daß man auch mit Sprachzauber gesellschaftlich wirken kann. An sich ist der Ausdruck *Rädelsführer* völlig überflüssig in unserer Strafrechtsterminologie, denn wir haben Anstifter, Täter, Mittäter und Gehilfen. Man kann also durchaus das, was sicherlich kriminologisch richtig ist, berücksichtigen, daß es nämlich Täter gibt, die führen, und andere Täter, die nur mitlaufen. Man kann differenzieren. Aber es ist natürlich sehr verlockend, einen Verhafteten zunächst einmal als »Rädelsführer« durch die Institutionen gleiten zu lassen.

Es gibt übrigens noch heute den Terminus an anderer Stelle im Strafgesetzbuch, nämlich bei den Landesverratsbestimmungen. Dort hat er bisher noch nicht gestört. Das ist zwar reichlich antiquiert, aber das soll hier nicht weiter interessieren. Ferner sei noch daran erinnert, daß es eine sehr weitreichende und wichtige Reform gab, welche die – sogar auch von der Opposition noch heute akzeptierte – Liberalisierung des Widerstands – wie man früher sagte – gegen die Staatsgewalt, genauer: des Widerstands gegen Vollstreckungsbeamte, betraf.

Jene Reformen waren der erste Schritt. Der zweite Schritt war dann das Reagieren auf den Terrorismus, den man wieder mit Extremismus, jedenfalls aus kriminologischer Sicht, in Verbindung brachte, oder glaubte, in Verbindung bringen zu sollen. Nun war ein Zurückgehen, eine Antiliberalisierung, zu bemerken, obwohl sich die Koalition nicht geändert hatte. Man fühlte sich noch sozialliberal, wenn man weitergehende Forderungen der Opposition abwehrte. Ob das konsequente, liberale Haltung ist, das kann man in manchen Punkten bezweifeln. In einem Punkt muß man das sehr nachdrücklich bestreiten.

Gemeint ist eine besondere strafrechtliche Bestimmung. Ihre Zahl ist jetzt sogar in der Öffentlichkeit einigermaßen bekannt. So ähnlich, wie man früher den § 51 StGB kannte, kennt man heute, soweit man politisch engagiert ist, den § 88a des *Strafgesetzbuchs* (StGB), den Tatbestand, in dem die sogenannte verfassungsfeindliche Befürwortung von Straftaten unter Strafdrohung gestellt wird.

Dieser Straftatbestand ist ein wichtiger Fall, wo die Grenze zur

Kultur berührt wird, und wo man die Frage nach der Wahrung insbesondere auch politischer Kultur aufwerfen muß. Denn dort geht es in dem Hauptteil dieser Bestimmung um die Veröffentlichung und Verbreitung von Schriften, also von Werken der Literatur im weiteren Sinne einschließlich des wissenschaftlichen Schrifttums. Das führt zunächst zu einer Frage, auf die nur kurz eingegangen werden kann, nämlich zu der Frage, was man eigentlich unter Kultur zu verstehen habe. Immerhin seien dazu doch ein paar Sätze gesagt, um zu zeigen, wie schwer sich der Jurist in diesem Bereich tut.

Wenn er im Schrifttum nachforscht, dann wird er zunächst einmal eben nicht im juristischen Schrifttum nachsehen dürfen. Er wird interessante Definitionen finden: Es gibt beispielsweise den sauberen rationalen Ausweg, danach zu fragen, was versteht man eigentlich im modernen Sprachgebrauch unter der Kultur einer Gesellschaft. Man wird sagen können, daß unter der Kultur einer Gesellschaft zu einer bestimmten Zeit zu verstehen ist die Wissenschaft, die Kunst und die Religion dieser Gesellschaft. Nach dem üblichen Sprachgebrauch fehlt dabei einiges, wobei man sich dann im deutschen Sprachgebrauch streitet, ob das Strittige jeweils zum Kulturbereich oder zur Zivilisation zählt. Wo gehört z. B. das Recht hin, wohin die Technik, wohin die Sozialdienste? Nun, das sei hier nicht weiter vertieft. Man sollte dafür plädieren, den Kulturbereichsbegriff möglichst weit auszulegen, um dadurch zu erreichen, daß man die Grenze zum Strafrecht so zieht, daß möglichst viel aus dem Kriminalisierungsbereich herausbleibt nach dem Grundsatz: im Zweifel für die freiheitliche Regelung.

Im belletristischen Bereich gibt es gewichtige Definitionsbemühungen. Zu erinnern ist etwa an einige Äußerungen von Thomas Mann in seinem früh erschienenen Essayband *Rede und Antwort*. Allerdings wird man dort als Jurist trotz ästhetischer Reize solcher literarischer Formulierungen nicht sehr hilfreich unterstützt. Man liest bei Thomas Mann, daß es bei der Kultur um die menschliche Ganzheit und Harmonie gehe, um die Vergeistigung des Lebens und das Fleischwerden des Geistes. Um die Synthese von Seele und Geist ginge es.

Das ist sehr nachdenkenswert. Nur, wenn man Grenzen zum Strafrecht ziehen will, dann hilft dies nicht recht weiter. Jedenfalls hat man es mit einem sehr schillernden Begriff zu tun. Am einfachsten ist es für den Juristen, an einen Konsens zu appellieren und zu sagen, daß man doch eigentlich wisse, was man unter Kultur meint, um dann im Einzelfall zu prüfen, ob die jeweilige

Interpretation mit dem üblichen Sprachgebrauch in Einklang zu bringen ist. Da wird die Sache dann aber ziemlich schwierig. Man erinnert sich an gewisse Begriffskoppelungen. Natur und Kultur werden beispielsweise im Gegensatz gesehen. Da gibt es das Urwüchsige gegenüber dem Gepflegten, das Künstliche neben dem Künstlerischen, physische oder geistige Kultur, auch moralische Kultur, Sachkultur, personale Kultur, und dann, spezieller bezogen auf die juristische Perspektive, kann man ganz gewiß auch von einer Rechtskultur sprechen. In zutreffender Weise hat man von den Römern gesagt, daß ihr Recht ihre große kulturelle Leistung gewesen sei, zu der die Griechen, deren kulturgeschichtlicher Beitrag ansonsten viel größer gewesen ist als der der Römer, nichts oder doch so gut wie nichts beigetragen haben.

Es empfiehlt sich zuzulassen, daß man sich auf ein allgemeines Verständnis des Kulturbegriffs im heutigen Sprachgebrauch berufen darf, und dann, daß man sich im Streitfall einigt hinsichtlich derjenigen Bedingungen, die man als notwendig gegeben fordern muß, wenn man von Kultur sprechen will. Ganz sicher gehören Kunst und Wissenschaft zur Kultur und die Sozialstruktur mit dem Recht und den Sozialdiensten, mit dem Erziehungswesen usw. ebenfalls.

Und im übrigen sollte man sagen, daß jedenfalls die Freiheitsrechte, die im Artikel 5 GG angesprochen sind mit der Garantie für Meinungsfreiheit, mit Freiheit für Wissenschaft und Kunst zum Kulturbereich zu zählen sind.

Diese skizzenhaften Hinweise mögen auf die Schwierigkeiten vorbereiten, auf die man stößt, wenn man sich mit der Grenzziehung befaßt, die durch den § 88a StGB vorgegeben sein soll.

Da heißt es im § 88a StGB:

> »Wer eine Schrift (§ 11 Abs. 3), die die Befürwortung einer der in § 126 Abs. 1 Nr. 1 bis 6 genannten rechtswidrigen Taten enthält und bestimmt sowie nach den Umständen geeignet ist, die Bereitschaft anderer zu fördern, sich durch die Begehung solcher Taten für Bestrebungen gegen den Bestand oder die Sicherheit der Bundesrepublik Deutschland oder gegen Verfassungsgrundsätze einzusetzen,
>
> 1. verbreitet,
> 2. öffentlich ausstellt, anschlägt, vorführt oder sonst zugänglich macht oder
> 3. herstellt, bezieht, liefert, vorrätig hält, anbietet, ankündigt, anpreist, in den räumlichen Geltungsbereich dieses Gesetzes einzuführen oder daraus auszuführen unternimmt, um sie oder aus ihr gewonnene Stücke im Sinne der Nummern 1 oder 2 zu verwenden oder einem anderen eine solche Verwendung zu ermöglichen,
>
> wird mit Freiheitsstrafe bis zu drei Jahren oder mit Geldstrafe bestraft.«

Sicher ist: Wer diese Bestimmung noch nie gelesen hat, kann sie unmöglich bei erster Lektüre verstehen.

Und auf diese Bestimmung muß nun ein wenig genauer eingegangen werden. Es geht darum, daß man einen bestimmten literarischen Bereich, dem übrigens, das braucht man im einzelnen nicht auszuführen, selbstverständlich der Rundfunk und der Film gleichgestellt werden, daß man also hier ein bestimmtes Verhalten im literarischen Bereich für strafbar erklärt.

Es wird einleuchten, daß man diese Bestimmung sorgfältig erläutern muß. Sie überhaupt zu verstehen, ist eigentlich schon ein Problem der Rechtskultur. Eine rechtskulturelle Meisterleistung ist dieser Paragraph gewiß nicht. Man könnte alles auch ganz anders formulieren. Aber da muß sich der Schreiber dieser Zeilen an seine eigene Brust schlagen. Als Jurist hat man sich an diese Art der Gesetzgebungstechnik – nicht an diesen Gesetzesinhalt! – gewöhnt und den Bürger, der nicht Jurist ist, dabei ein wenig aus dem Auge verloren. So muß man ihn nun durch genauere Erläuterung und Analyse erst einmal informieren.

Was sagt nun die »herrschende Meinung«, wie die Juristen sich ausdrücken, zu dieser Bestimmung? Da wird in einem der verbreiteten Kommentare, etwa in dem von Lackner, gesagt:

»Im Hinblick auf ihre zum Teil schwer faßbaren normativen Merkmale erscheint zweifelhaft, ob sie überhaupt praktische Bedeutung für Taten erlangen wird, die nicht schon aus anderem Grunde mit Strafe bedroht sind.«

Das ist eine ganz einmalige Formulierung, wie Juristen bestätigen werden, für eine »moderne« Bestimmung, die erst jüngst ins Strafgesetzbuch eingeführt wurde. Hinzu kommt noch dies: Selbst aus der Sicht obrigkeitsstaatlichen Denkens des vorigen Jahrhunderts war nie die Notwendigkeit für einen solchen Tatbestand irgendwo behauptet worden.

Warum kommt man zu der Auffassung, das alles sei schwer faßbar? Das muß man untersuchen, denn es ist ja sehr gefährlich für die freie Betätigung im kulturellen Bereich, insbesondere im literarischen Bereich, wenn es strafrechtliche Bestimmungen, also im härtesten Bereich der Rechtsordnung angesiedelte Normen gibt, die unter Umständen die im Kulturbereich Tätigen treffen. Da ist es ganz gewiß schon ein schlechter Start, wenn man als Jurist zugeben muß, daß hier vieles schwer faßbar ist. Welche Konsequenzen daraus zu ziehen sind, das wird natürlich noch zu sagen sein. Zunächst aber ist auf Einzelheiten einzugehen.

Da ist im Gesetz zum Beispiel davon die Rede, daß die inkriminierte Schrift etwas befürwortet. Ferner wird dann, zunächst noch durchaus verständlich, gesagt, sie müsse die Befürwortung schwerer Gewalttaten, wie Mord, Totschlag, schwere Körperverletzung usw. enthalten.

Aber wenn man genauer zusieht, dann muß man sagen, daß dies bei Anwendung auf konkrete Fälle gar nicht so klar ist, wie es im ersten Augenblick zu sein scheint. Wie verhält sich das »Befürworten« z. B. zum »Auffordern« zu solchen Gewalttaten?

Nun, die Strafrechtler und auch die Richter sagen, selbstverständlich ist das »weniger« als eine Aufforderung. Wer zu Straftaten auffordert, der kommt schon in den Anstiftungsbereich des klassischen Strafrechts. Ja, wenn das nun weniger ist, wie wenig darf's dann sein, muß man fragen, und da läßt uns der Gesetzestext durchaus im Stich. Andererseits sagen die Kommentare: Es kann die Befürwortung in einer natürlichen Handlungseinheit mit der Aufforderung stehen. Dergleichen ist ja eigentlich auch als etwas Literarisches interessant, denn der Jurist bedient sich der Sprache und arbeitet auch »literarisch«. Da hat man also etwas, was gleichzeitig Befürwortung und Aufforderung ist und was man doch so aufspalten muß in diese beiden Begriffe. Diese Befürwortung, die soll also den Inhalt der bedenklichen, zur Bestrafung führenden literarischen Veröffentlichung charakterisieren.

Nun muß aber noch etwas hinzukommen. Die Schrift muß zusätzlich zu diesen Befürwortungsinhalten außerdem auch noch bestimmt und nach den Umständen geeignet sein, die Bereitschaft anderer zu fördern, sich durch die Begehung solcher Taten für Bestrebungen gegen den Bestand oder die Sicherheit der Bundesrepublik Deutschland oder – der Deutlichkeit halber sei es wiederholt – für Bestrebungen »gegen Verfassungsgrundsätze einzusetzen«.

Da muß man somit, wenn man als Richter einen Täter nach dieser Bestimmung verurteilen will, feststellen, daß mit der Veröffentlichung der Schrift ein bestimmtes Ziel verfolgt wird. Das muß natürlich ein vom Täter angestrebtes Ziel sein, das ihn bei der Veröffentlichung der Schrift bewegt. Und dieses Ziel soll sein, eine Bereitschaft anderer zu fördern.

Das ist ein völlig neuer Begriff im Strafrecht. Es gibt den Anstiftungsbegriff. Er gehört zum klassischen Instrumentarium des Strafrechts. Bei Anstiftung geht es darum, daß jemand einen anderen zur Begehung einer Straftat bestimmt – abkürzend formuliert. Das ist ein Begriff, den auch der Jurist sehr deutlich sieht, den er gut verstehen kann.

Hier im § 88a StGB geht es aber um die Förderung einer Bereitschaft. Es geht also einmal nur um Förderung und nicht um Bestimmung, um direkten Anstoß, um Verursachung, sondern nur um Förderung. Und diese »geförderte« Bereitschaft muß eine Bereitschaft sein, sich für bestimmte verfassungsfeindliche Bestrebungen einzusetzen. Man muß hier psychologisch analysieren: Was wollte der Betreffende mit der Veröffentlichung der Schrift. Man hat sich gefragt: Was heißt das, die Bereitschaft fördern? Nun, man sagt, es komme darauf an, den anderen in seinem Willen zu bestärken. Sogleich wird wieder eine schwierige Grenzziehung erforderlich. Wenn man ihn nämlich derart bestärkt, daß er jetzt zur Straftat schreitet, dann hat man es wieder mit Anstiftung zu tun.

Aber man sieht bereits an dem, was hier sicherlich etwas mühselig für den Nichtjuristen ausgeführt wurde, daß der Gesetzgeber versucht, sich in das Vorfeld der Kriminalität zu begeben. Daß er versucht, etwas in den Strafbarkeitsbereich einzubeziehen, was nach klassischen Strafrechtsregeln nicht einzubeziehen war. Nach klassischen Regeln gibt es eine klare Grenze zwischen dem Anstifter und dem, der nur so ein allgemeines Klima verursacht, ohne daß er wirklich anstiftet. Immer, wenn er wirklich anstiftet, ist er strafbar, dann braucht man diese Bestimmung nicht. Man verlegt also das Eingreifen des Staates mit seiner Strafjustiz vor in eine unbestimmte Zone, die man in Zusammenhang bringt mit einem Extremismusklima, das dazu neigt, in die Begehung von Straftaten umzuschlagen.

Hinsichtlich weiterer Einzelheiten sei das hier nicht weiter verfolgt, sondern der Diskussion überlassen. Nur noch auf einige Punkte, über die man sich als Jurist den Kopf zerbricht, sei hingewiesen. Man sagt, es komme ausschließlich auf den Inhalt an – so schon in der amtlichen Begründung –, auf den Inhalt der betreffenden Schrift. Allerdings auch, sagen die Kommentare, zum Beispiel Lackner: ». . . soweit er erkennbar zwischen den Zeilen steht oder sich erst aus anderen Schriften, auf die verwiesen wird, voll erschließt.« Hier zeigt sich, wie weit man nach vorne in einen ganz unbestimmten, vagen Bereich vorzustoßen versucht.

Ferner hat man sich über folgendes Gedanken gemacht: Wie ist das eigentlich mit dem Vorsatz des Täters? Man weiß, ein Täter handelt vorsätzlich, wenn er weiß und will, was er an Strafbarem tut. Man hat aber natürlich auch die Fälle im Strafrecht zu berücksichtigen, wo jemand die Verwirklichung eines Straftatbestandes für möglich hält und dies billigend in Kauf nimmt. Also – um ein Beispiel aus einem ganz anderen Strafrechtsbereich zu nehmen –, jemand schießt auf große Entfernung auf eine Person und denkt sich dabei: Jene Person ist so weit weg, daß ich sie nicht treffen werde; aber möglich ist es schon, und, wenn ich sie treffe, großartig, dann habe ich meinen Konkurrenten endlich beseitigt. Das wäre dann ein Fall des sogenannten bedingten Vorsatzes.

Nach dem Willen des Gesetzgebers genügt bei § 88a StGB auch der bedingte Vorsatz. Jetzt wird noch einmal vorverlegt. Jetzt hat man das alles schon in eine vage Situation gebracht mit dem Zwischen-den-Zeilen-zum-Ausdruck-Bringen jener erwähnten Befürwortung, und nun sagt man darüber hinaus: Es muß nicht sein, daß der Täter das nun weiß und so will, sondern es genügt, daß er es für möglich hält, daß so etwas zum Ausdruck kommt, und es dann billigend in Kauf nimmt. Wobei auch Gleichgültigkeit nach der Rechtssprechung genügt. Wem es gleichgültig ist, wenn er beim Schießen auf große Entfernung jemanden tödlich trifft, der macht sich ganz gewiß, da es um das Leben eines Menschen geht, beim Schießen strafbar wegen bedingten Tötungsvorsatzes. Nur hier sieht das alles eben etwas anders aus, wenn man es auf ein Tätigwerden so vager Art in dem wichtigen kulturellen Bereich der Literatur bezieht. Die Strafbarkeit bedingten Befürwortungsvorsatzes ist auf jeden Fall ein Übergriff des Gesetzgebers.

Natürlich hat man sich darüber Gedanken gemacht, daß man den Gerichten etwas an die Hand geben muß, um das, was erkennbar nur kulturellen Zwecken dient, aus der Strafbarkeitssphäre herausnehmen zu können. Man hat sich eine sogenannte Sozialadäquanzklausel ausgedacht, die übrigens nicht bei § 88a StGB steht, sondern im § 86, bei dem es um das strafbare Verbreiten von Propagandamitteln verfassungswidriger Organisationen geht. Der Tatbestand des § 86 StGB ist ziemlich unumstritten. Indessen mußte man sich fragen: Wie ist die Rechtslage, wenn derartige Propagandamittel im Interesse staatsbürgerlicher Aufklärung veröffentlicht werden. Es müssen beispielsweise nationalsozialistische Schriften zugänglich gemacht werden für den Universitätsunterricht, für die wissenschaftliche Forschung, auch für Zwecke in den Schulen usw. Dieses Problem hat der Gesetzgeber dadurch zu lösen versucht, daß die Strafbarkeit entfällt, und das gilt nun auch für den eigenartigen § 88a StGB, wenn das Verbreiten der Propagandamittel (§ 86 StGB) oder der betreffenden Schrift im Sinne des § 88a StGB der staatsbürgerlichen

Aufklärung, der Abwehr verfassungswidriger Bestrebungen, der Kunst oder der Wissenschaft, der Forschung oder der Lehre, der Berichterstattung über Vorgänge des Zeitgeschehens oder der Geschichte oder ähnlichen Zwecken dient.

Mit dieser sogenannten Sozialadäquanzklausel, die der Subsumtion einen ziemlich weiten Spielraum einräumt, hat man sich beruhigt und hat gemeint, es sei zwar zuzugeben, daß der § 88a StGB »unglücklich« formuliert sei und Schwierigkeiten bereite, aber die wirklich relevante Grenze zur kulturellen Freiheit, die werde nicht gefährdet, wenn diese Adäquanzklausel für die Anwendung der gesetzlichen Bestimmung zur Verfügung stehe. Aber das war eine juristische Utopie, wie die bekannten Verfahren gegen Buchhändler oder gar Drucker beweisen.

Das Ganze, was reichlich abstrakt-juristisch formuliert worden ist, sei durch konkrete Fälle erläutert. Man hat sich z. B. überlegt, was alles von dem, was tatbestandsmäßig an sich unter den § 88a StGB fallen könnte, deshalb, weil es in den Kunstbereich gehört, nicht zur Strafbarkeit führt. Die Kommentare sagen: Kunst sind – für den Nichtjuristen ist das ganz lustig formuliert – »gewisse« Filme oder Theaterstücke. Nun fragt man sich, was soll das eigentlich sein? Und da findet man als Beispiel in einem in der Praxis viel benutzten Kommentar einen Hinweis auf Zuckmayers Drama *Des Teufels General.* In der Diskussion wird ferner oft erwähnt, daß auch die *Räuber* von Schiller keineswegs unter § 88a StGB fallen – eine beruhigende Feststellung!

Indessen wurde man stutzig, als man kürzlich hörte, daß es eine Theaterintendantur gab, die Bedenken hatte, das Anarchistendrama von Camus, *Die Gerechten,* aufzuführen. Dergleichen läßt sich steigern: In Köln wurde vor Jahren – noch kulturell avantgardistisch muß man unter diesem Aspekt sagen – das *Toller*-Drama von Tankred Dorst aufgeführt. Könnte aber dieses Stück auch in Bayern aufgeführt werden, muß man sich fragen? Und wie steht es mit jenem Fernsehstück *Bambule* von Ulrike Meinhoff, das meines Wissens bei einer Rundfunkanstalt fertig vorliegt? Würde die Veröffentlichung, die Sendung, noch in den Kunstbereich fallen? Wäre dieses Manuskript vielleicht ein historisches Werk, nachdem Ulrike Meinhoff nicht mehr lebt und sicherlich zur Geschichte der Bundesrepublik gehört, mindestens zur Strafrechts- und Kriminologiegeschichte, aber wahrscheinlich wohl auch zur Geschichte in einem weiteren Umfange? Wie verhält es sich mit dem umstrittenen Film von Fest über Hitler? Fest würde sicher in Anspruch nehmen, daß dieser Film der staatspolitischen Aufklärung dient.

Das sollte auch nicht *a priori* bestritten werden. Aber könnte man nicht fragen, ob jedenfalls der § 88a StGB so formuliert ist, daß der Film eigentlich darunter fallen müßte und durch die Sozialadäquanzformel vielleicht nicht erfaßt würde?

Gerechtfertigt sind nach dem StGB-Kommentaren Dinge, die in Faschingsumzügen dargestellt werden. Dann selbstverständlich Briefmarkensammlungen aus der Hitlerzeit. Aber man sagt: Das sei nicht der Fall, wenn zum Beispiel Souvenirs aus der Nazizeit kommerziell feilgeboten würden. – Man denke an die Flohmarktatmosphäre. – Insbesondere dann, sagt man in der Rechtssprechung, wenn das Anbieten von Nazi-Souvenirs mit reißerischer Käuferwerbung verbunden sei. Die reißerische Käuferwerbung schließe dann wieder aus, daß das Ganze ein »Kunst«-Handel sei. Und die bloß scherzhafte Verwendung wird von den Kommentar-Juristen ebenfalls für bedenklich gehalten. Der bloße Scherz habe selten Kunstniveau. Historisch Bedeutsames sei der bloße Scherz in der Regel auch nicht. Und der Berichterstattung diene er sicherlich nicht. Aber man kommt schnell in den Grenzbereich. So hat die Gerichte z. B. die Frage stark beschäftigt, was eigentlich zu dem berühmten Plastiksparschwein in schwarz-rot-goldenen Farben, in den Farben der Bundesrepublik Deutschland, auf dem Hakenkreuze angebracht waren, strafrechtlich zu sagen ist. Die Rechtssprechung hat sich – glücklicherweise – dafür entschieden, ein solches erkennbar ironisch und aufklärerisch gemeintes Scherzobjekt nicht unter eine strafrechtliche Bestimmung – es ging damals um § 86 StGB – fallen lassen. Man argumentierte: Selbst wenn die Sozialadäquanzklausel nicht zur Anwendung käme, so sollte jenes Sparschwein nach der Intention seines Schöpfers Hans Peter Alvermann gerade der Abwehr verfassungswidriger Bestrebungen dienen.

Im übrigen aber befindet man sich hier in einem Bereich großer Ungewißheit schon wegen des Begriffes *Kunst* ganz allgemein. Aktuell wurde das beispielsweise bei der viel kritisierten Entscheidung des Bundesgerichtshofs über den Kunstcharakter des Romans *Mephisto* von Klaus Mann. Man wird sich daran erinnern, daß der Bundesgerichtshof entschied, dieser Roman sei nicht unter dem Gesichtspunkt der Kunstfreiheit nach dem Grundgesetz geschützt. Er sei zu stark ein Schlüsselroman und enthalte Angriffe, die tief in die Intimsphäre einer historischen Persönlichkeit eingriffen. Gemeint ist bekanntlich der verstorbene Schauspieler und Regisseur Gustav Gründgens.

Anerkannt ist in der Rechtssprechung zur Sozialadäquenzklausel des § 86 StGB, daß die Rechtfertigung unter dem Aufklärungs- oder Kunstaspekt dort nicht durchgreift, wo die Publikation nur Deckmantel für anderes ist, z. B. Deckmantel für die Werbung zugunsten einer vom Bundesverfassungsgericht für verfassungswidrig erklärten und deshalb verbotenen Organisation. Ferner: Gerechtfertigt ist nach Auffassung der Kommentatoren das Verbreiten solcher gefährlicher Schriften unter Behörden im Rahmen ihrer amtlichen Funktion. Das Verbreiten unter Bibliotheken ist durch die Adäquanzklausel gedeckt, wenn die Bibliotheken die betreffenden Schriften zu wissenschaftlichen und pädagogischen Zwecken anschaffen und ausleihen. Dies alles wurde seinerzeit zum § 86 StGB gesagt, soll aber jetzt für § 88a ebenfalls gelten.

Man sieht, wie schwierig dies alles ist. Daraus werden Konsequenzen zu ziehen sein. Zwei konkrete Fälle, die das Ganze ergänzend zu illustrieren geeignet sind, seien noch erwähnt.

Der erste Fall ist der folgende: Wie ist die Rechtslage, wenn eine Partei vom Bundesverfassungsgericht für verfassungswidrig erklärt worden ist, und politisch engagierte Bürger der Meinung sind, diese Entscheidung sei falsch, und sie sich zum Beweis der Richtigkeit dieser ihrer Meinung literarisch äußern? Man weiß, daß diese Frage akut geworden ist. Der Fall liegt allerdings einige Zeit zurück. Er wurde nach dem Verbot der KPD durch das Bundesverfassungsgericht zum Problem und hat den Gerichten damals Schwierigkeiten bereitet. Die Meinungsäußerung des einzelnen Bürgers konnte man gewiß nicht ohne weiteres als rechtswidrig ansehen. Der einzelne durfte, gedeckt durch das Grundrecht der Meinungsfreiheit, sagen, die KPD hätte nicht für verfassungswidrig erklärt werden dürfen.

Dann aber gab es Publikationen, Unterschriftensammlungen, Gruppenbildungen und ähnliche Aktivitäten. Alsbald erklärten die Gerichte das für rechtlich bedenklich und unzulässig, obwohl es damals den § 88a noch nicht im Strafgesetzbuch gab, und diese Bestimmung den Zensureffekt zweifellos verstärkt hätte. – Nun, das Problem ist dadurch vom Tisch, daß es die DKP gibt, und niemand das Bundesverfassungsgericht anruft, um sie für verfassungswidrig erklären zu lassen, sondern die Auseinandersetzung im politischen Raum vorgezogen wird.

Überträgt man diese Fallkonstellation auf die Gegenwart, dann erweist sich die rechtsstaatliche Gefährlichkeit des Umganges mit § 88a StGB besonders deutlich. Es bleibt dabei: Staatliches Reagieren mit der Strafjustiz ist notwendigerweise in der Regel ein

Zuschlagen mit dem Holzhammer. Das sollte nur als *ultima ratio* in Betracht kommen.

Als letzter Fall sei eine Strafanzeige vom September 1977 angesprochen. Sie war an die Staatsanwaltschaft beim Landgericht München gerichtet und kam von der *Liga für Menschenrechte*. Sie richtete sich gegen den Vorsitzenden der CSU Dr. Franz Josef Strauß. Zur Begründung wurde aus der Berliner Zeitung *Tagesspiegel* vom 25. September 1977 aus einer Rede des Genannten folgender Passus zitiert:

> »Man sollte mal die, die angeblich für die Freiheit des Volkes kämpfen, dem Volk überlassen. Dann brauchte man Polizei und Justiz nicht mehr bemühen.«

Hierzu hatte die *Liga für Menschenrechte* ausgeführt, sie sähe in diesen Sätzen einen Verstoß, unter anderem gegen § 88a StGB. Diese Anzeige hat zur Eröffnung einer Ermittlungsakte geführt, die dann aber ziemlich bald wieder geschlossen worden ist. In der Einstellungsbegründung des Staatsanwalts heißt es: »Die Überprüfung hat ergeben, daß die angegriffenen Formulierungen weder die angezeigten noch sonstige Straftatbestände erfüllen.«

In dem hier interessierenden Teil der Begründung, der sich auf § 88a StGB bezieht, wird dargelegt, warum die beanstandete Redewendung von Dr. Strauß die Tatbestandsmerkmale des § 88a StGB nicht erfüllt. Es heißt dort, daß die Erklärung des Redners keine Befürwortung in Sinne dieses Paragraphen sei. Befürwortung nach § 88a StGB bedeute, daß eine Tat als wünschenswert bezeichnet werde. Sei die Tat nur als erwägenswert oder diskutabel hingestellt, scheide folglich § 88a StGB aus. Dabei beruft sich die Staatsanwaltschaft auf einen Kommentar zum Strafgesetzbuch.

Man sieht, wie sich der Jurist hier auf literarisches Glatteis begibt, weil es um die Interpretation von Begriffen geht, die es so in der klassischen Strafrechtsdogmatik überhaupt noch nicht gab, und für die es bis heute noch keine eindeutigen Sprachregelungen gibt.

Versucht man, Schlußfolgerungen zu ziehen, so ergibt sich, daß § 88a StGB verfassungsrechtlich nicht nur in hohem Maße bedenklich, sondern daß er, so wie er heute vorliegt, verfassungswidrig ist. Man muß sich einmal den Artikel 5 GG in seinem Text vergegenwärtigen und sich klarmachen, was dort alles an Freiheiten der Kunst, der Wissenschaft, der Presse usw. vorgesehen ist, um zu dem Ergebnis zu kommen, daß § 88a StGB mit diesen

Freiheitsgarantien nicht zu vereinbaren ist. Da hilft auch die gutgemeinte Sozialadäquanzklausel nicht weiter, denn sie setzt Mehrheitskonsense, die in der Rechtsmittelinstanz überprüfbar sind, voraus. Das, was bei präzis formulierten Tatbeständen wie § 86 StGB in Kauf genommen werden kann, führt zu unerträglichen Freiheitsgefährdungen bei unklaren Bestimmungen wie § 88a StGB.

Damit ist jener andere Aspekt apostrophiert, der gerade aus verfassungsrechtlichen Gründen ebenfalls von größter Bedeutung ist. Der § 88a StGB ist, wie sich zeigte, außerordentlich unbestimmt. Und das ist etwas, was verfassungsrechtlich bei Strafrechtsbestimmungen besonders bedenklich ist, denn nach Artikel 103 GG muß der Gesetzgeber vor der strafrechtlichen Ahndung dem Bürger in bestimmter Weise gesagt haben, welches Verhalten strafbar und welches nicht strafbar ist. Diese rechtsstaatliche Forderung erfüllt der Gesetzgeber bei § 88a StGB gewiß nicht. Termini wie *Befürwortung*, wie *bestimmt sowie nach den Umständen geeignet* sind extrem unbestimmt. Dann die *Bereitschaft anderer zu fördern*. Wann hat man die Bereitschaft anderer gefördert? Man frage sich beispielsweise in diesem Zusammenhang nach den eindeutigen Kriterien für die Deckmantelfunktion von Zwischen-den-Zeilen-Gesagtem! Was heißt in diesem Kontext der Ausdruck *gegen Verfassungsgrundsätze*? Wäre etwa die Tendenz, sich bei der Reform des § 218 StGB für die Fristenlösung einzusetzen, eine Bestrebung gegen Verfassungsgrundsätze, da doch das Bundesverfassungsgericht gesagt hat, die Fristenlösung, jedenfalls in der Form, in der sie vom Bundestag beschlossen war, verletze Verfassungsgrundsätze? Das alles ist viel zu unbestimmt und verletzt deshalb, abgesehen von Artikel 5 GG, zugleich den Artikel 103 Absatz II des Grundgesetzes.

Zum Schluß sei noch dies gesagt: Zur politischen Kultur eines Landes gehört gewiß auch die Rechtskultur. Und der Erlaß einer Bestimmung wie der des § 88a StGB ist ein besorgniserregendes Phänomen politischer Kultur, weil es ein bedenkliches Phänomen der Rechtskultur ist. Hier geht es um etwas, was für die Gesellschaft Signalcharakter haben sollte. Je präziser ein Strafrecht ist – von anderen Voraussetzungen einmal abgesehen –, desto rechtsstaatlicher ist es; je rechtsstaatlicher es ist, desto höher ist die Rechtskultur und um so größer sind die Chancen für eine Verbesserung der politischen Kultur und damit des kulturellen Niveaus überhaupt.

Herren, einander bezichtigend,
im Dunstkreis des Terrorismus angesiedelt zu sein
Zeichnung: Marie Marcks
Nicht gedruckt.

PETER O. CHOTJEWITZ

Die »Sympathisanten«

Am 3. November 1977 verfaßte die Staatsanwaltschaft Fulda eine Anklageschrift gegen mich, die mir am 31. Dezember 1977 vom Schöffengericht Bad Hersfeld zur Stellungnahme zugestellt wurde. Bereits am 5. und 6. Januar 1978 verbreiteten Nachrichten, Fernsehen und Tageszeitungen bundesweit eine Meldung, die den Inhalt der Anklageschrift in grob entstellender Weise wiedergibt, indem sie überwiegend auf Behauptungen abhebt, die gar nicht zum Tatbestand des mir vorgeworfenen Delikts gehören, sondern nur meinen Vorsatz zur Begehung einer »Aufforderung zu Straftaten« indizieren sollen.

Tatsächlich wird mir vorgeworfen, durch Verbreiten von Schriften zu rechtswidrigen Taten, nämlich mindestens zu Vergehen nach dem Waffengesetz, besonders schwerem, weil bewaffneten Widerstand gegen Vollstreckungsbeamte und zur Bildung krimineller Vereinigungen aufgefordert zu haben. Dem liegt folgender Sachverhalt zugrunde.

Am 2. April 1977 hatte ich an etwa 30 bis 40 Schriftsteller und Intellektuelle des PEN-Zentrums und des Schriftstellerverbandes (denen ich angehöre) einen »öffentlichen Appell an die Presse und Massenmedien in der Bundesrepublik und Westberlin« versandt und sie aufgefordert, sich für eine lückenlose Berichterstattung über die Haftbedingungen politischer Gefangener und die Gründe für den Hungerstreik von 80 dieser Gefangenen im April 1977 einzusetzen.

Dem Appell hatte ich der Einfachheit halber eine »Hungerstreikerklärung« der Stammheimer Gefangenen beigelegt, in der die Haftsituation und die Ziele des Hungerstreiks erläutert werden. Diese Hungerstreikerklärung, die nicht zur Veröffentlichung bestimmt war, enthält den inkriminierten Satz:

»Den Widerstand bewaffnen, die Illegalität organisieren, den antiimperialistischen Kampf offensiv führen.«

Ich bestritt in meiner Vernehmung am 26. Juli 1977, daß überhaupt eine strafbare Handlung vorliege. Ich bestritt ferner, den Vorsatz zu haben, zu Straftaten aufzufordern.

Die Staatsanwaltschaft schlug mir daraufhin vor, das Verfahren einzustellen. Dabei kam mir zugute, daß die Staatsanwaltschaft Frankfurt in derselben Sache bereits im Mai 1977 eine Unterstützung krimineller Vereinigungen verneint und das Verfahren eingestellt wurde.

Da ich bestritt, mich schuldig gemacht zu haben, wurde das Verfahren weitergeführt. Die entscheidende Frage war der Vorsatz. Staatsanwaltschaft und Bundeskriminalamt durchforschten deshalb mein Leben bis zurück in das Jahr 1963. Was sie dabei zutage brachten, waren zwar keine strafbaren Handlungen, schien aber geeignet, einen Vorsatz zur »Aufforderung zu Straftaten« zu konstruieren.

So eruierten die Staatsschützer, daß Baader und ich uns 1969/70 in Rom gelegentlich getroffen hatten, daß ich ihn 1974 in der JVA Schwalmstadt besucht und ihn seit 1975 als Rechtsanwalt auch verteidigt hatte.

Weitere Vorwürfe lauten, daß ich dem Beirat des in Frankfurt erscheinenden *Informationsdienst zur Verbreitung unterbliebener Nachrichten* (ID) und dem Beirat des *Rechtshilfefonds für die Verteidigung politischer Gefangener* angehöre. Dem Beirat des ID gehören zwar auch Helmut Gollwitzer, Heinar Kipphardt, Klaus Wagenbach u. v. a. an und dem Beirat des *Rechtshilfefonds,* der nie richtig aktiv war und seit langem sanft entschlafen ist, gehörten außer mir Volker Schlöndorf und der Buchhändler Wendelin Niedlich an. Aber wen kümmert's?

Es kümmerte den Staatswanwalt auch nicht, daß mich nie ein Polizeibeamter, Staatsanwalt oder Richter danach befragt hatte, warum wohl Andreas Baader sich 1970 mit einem behelfsmäßigen Personalausweis auf meinen Namen auszuweisen versuchte. Ich hätte nicht verschwiegen, daß er in Rom zuweilen in meiner Wohnung war und daß ich schon damals ein Buch über ihn schreiben wollte.

Natürlich können Landeskriminalamt, Bundeskriminalamt und Staatsanwaltschaften in diesem Sinne weiter in meiner Biographie schnüffeln und sie werden sicher noch vieles finden und mit ihren Querköpfen und Vorurteilen als »Sympathisantentum« auslegen: Den Brief zum Beispiel, den Gudrun Ensslin an mich schrieb und den man neben der Toten fand (wie ich in der *Zeit* las). Oder die Resolutionen zur Frage der Haftsituation in unseren Haftanstalten, die ich unterschrieben oder sogar initiiert habe.

In einem Land, wie unserem, kann man einem Menschen alles vorwerfen, wenn er erst einmal als »Sympathisant« gilt. Enthalten nicht auch meine Bücher zahlreiche Stellen, die mich als »Sympathisanten« entlarven?

Was ist das für ein Paragraph, mit dessen Hilfe ich jetzt verurteilt werden soll und wie erkennt man überhaupt einen »Sympathisanten«?

Der Beantwortung dieser Fragen sollen die nachstehenden Ausführungen dienen.

Der unbekannte Paragraph

»Krieg dem Krieg« schrieb vor dem ersten Weltkrieg ein mir unbekannter Verfasser in einer Druckschrift. Das Reichsgericht verurteilte ihn dafür mit der Begründung, der »ganz allgemeine Aufruf an die Soldaten, im Kriegsfalle den Dienst zu verweigern«, sei »eine Aufforderung zum Vergehen ›einer bestimmten, von einem gewissen Ereignis, nämlich dem Kriegsfall, einem Mobilmachungsbefehl, abhängigen, freilich der Zeit und dem Orte nach nicht näher bezeichneten strafbaren Handlung‹.« (RGSt. v. 6. März 1931)

Verurteilt wurde vom Reichsgericht auch der Schriftleiter der *Hamburger Volkszeitung.* Er hatte am 10. August 1928 zwei Artikel abgedruckt, deren einer die Erklärung enthielt: »Arbeiterkinder, geht am Sonnabend nicht zur Feier in den Stadtpark! Wir Pioniere suchen Euch soviel wie möglich davon abzuhalten!« Der andere trug die Überschrift: »Arbeitermütter! Schickt Eure Kinder nicht in die Schule!«

Anlaß der Aufrufe war der alljährliche »Verfassungstag«. In einem der zwei Artikel hieß es dazu: »Indem Ihr die Verfassung feiert, feiert ihr den Schutz des Geldsackes, des Gummiknüppels, der Entrechtung und wirtschaftlichen Knechtung des Proletariats. Nieder mit der kapitalistischen Verfassung! Es lebe die Sowjetrepublik!« (RGSt. v. 18. November 1929)

Am 6. März schließlich hatte das Reichsgericht Anlaß, die Faschisten in Schutz zu nehmen. Es schrieb: »Was die dreimal wiederholte Aufforderung ›Schlagt die Faschisten, wo ihr sie trefft‹ bedeutete, hatte die Strafkammer durch Auslegung zu ermitteln. Sie kam zu dem Ergebnis, daß die Aufforderung zunächst in einem übertragenen Sinne gemeint sei, nämlich als eine Aufforderung, den Nationalsozialisten überall und auf jede mögliche Weise im politischen Kampfe Abbruch zu tun, daß sie aber zugleich auch gemeint sei als eine Aufforderung zu einem Vorgehen mit körperlicher Gewaltanwendung.«

»Gelegenheit zu Zusammenstößen konnte jeder Tag bringen«, urteilte das Reichsgericht weiter. Als wären es die »Tage« gewesen, die die Gewalt brachten und nicht die bewaffneten Horden der nationalsozialistischen SA und SS und als hätten nicht Polizei, Justiz und Politiker diese Gewalt geduldet und durch ihre Politik nach Kräften gefördert.

Das Reichsgericht nahm, scheinbar neutral, die Gewalt dankbar hin und erörterte nicht ihre Ursachen: »Angenommen, es wäre alsbald nach dem Erscheinen der Zeitungsnummern in dem örtlichen Bereiche des Leserkreises der Zeitung zu einem solchen Zusammenstoß gekommen, so würde die Annahme eines Zusammenhanges zwischen den tatsächlichen vorgekommenen Gewalttätigkeiten und der Aufforderung in der Zeitung nahegelegen haben.« (RGSt. v. 6. März 1931)

Sie alle, die verurteilt wurden, stolperten über denselben § 111 Strafgesetzbuch, wie ich: »Öffentliche Aufforderung zu Straftaten«. Ein beachtenswerter Paragraph.

Linke und Justizkritiker in der Bundesrepublik, die sich seit Jahren mit §§ wie 88a, 129, 129a, 130, 130a und 131 des Strafgesetzbuches beschäftigten, scheinen ihn nie wahrgenommen zu haben, und doch ist der § 111 StGB der unbestimmteste und deshalb am vielseitigsten verwendbare Staatsschutz- und Maulkorbparagraph, der zudem eine eindeutig und lange Tradition hat, als Mittel zur strafrechtlichen Bekämpfung oppositioneller Redner und Schreiber.

Er sagt nicht, zu welchen Straftaten nicht aufgefordert werden darf, nichts über den Zusammenhang zwischen einer angenommenen Straftat und der deshalb verbotenen mündlichen oder schriftlichen Äußerung, und er enthält nicht einmal einen Strafrahmen. Sein Wortlaut schlicht: »Wer öffentlich, in einer Versammlung oder durch Verbreiten von Schriften zu einer rechtswidrigen Tat auffordert, wird wie ein Anstifter bestraft.« Punktum.

Er ist ein Selbstbedienungsladen für Kriminalbeamte, Staatsanwälte und Richter: Du bist mir sympathisch, deshalb werte ich Deine Äußerung nur als Aufforderung zu einer geringfügigen Straftat; Dich mag ich nicht, außerdem stehen gerade Wahlen bevor oder die Arbeitslosenquote ist schon wieder gestiegen, deshalb werte ich Deine Äußerung als Aufforderung zu Mord, Entführung und Bankraub.

Um nicht jede beliebige Äußerung eines Bürgers mit § 111 StGB bestrafen zu müssen, fordern die Juristen lediglich ein gewisses

»Maß an Bestimmtheit des strafbaren Vorgehens, auf das die Aufforderung abzielt«. Das Reichsgericht sagt dazu in bis heute gültiger Rechtsprechung:

»Die ›Bestimmtheit‹ der Aufforderung ist in dem Sinne zu verstehen, daß die Art des angesonnenen Verbrechens nach seinem rechtlichen Wesen gekennzeichnet ist, nicht aber so, daß das einzelne Ereignis, bei dem der Aufgeforderte handeln soll, nach Person und Ort bestimmt wäre.« (RGSt. v. 6. März 1931)

Bestraft wird der »Aufforderer« wie ein »Anstifter«, ohne daß freilich der Entschluß zur Tat geweckt und diese begangen zu sein braucht.« (Kommentar von Schönke-Schröder.) Das heißt: Der Auffordernde macht sich auch dann strafbar, »wenn es nicht einmal zu einer strafbaren Vorbereitungs- oder Versuchshandlung (des Aufgeforderten) gekommen ist, oder wenn der Aufgeforderte schon zur Begehung entschlossen war.« (Kommentar von Dreher.)

Der Auffordernde braucht auch »nicht zu wollen, daß die Tat, zu der er auffordert, begangen wird«. (Kommentar von Dreher.) Deutlicher: »Die Aufforderung braucht nicht ernst gemeint zu sein. Es genügt, daß der Auffordernde damit rechnet, sie werde ernst aufgefaßt.« (Kommentar von Schönke-Schröder.)

Ein prächtiger Paragraph, so recht geeignet für die Ausnutzung innenpolitischer Hysterie und Schaffung neuer. Kein Gewissen sagt dem Redner oder Schreiber, daß er sich strafbar machen könnte. Er muß seine Sätze drehen und wenden, seine Worte wägen und interpretieren, wie ein Staatsanwalt oder Richter, das Strafgesetzbuch auswendig lernen, um die richtigen Mutmaßungen darüber anstellen zu können, ob seine Worte eine strafbare »Aufforderung zu Straftaten« darstellen und zu welchen.

Im Wettstreit der Auslegungskünste mit Staatsanwalt und Richter wird der Publizist letzten Endes unterliegen, denn welcher vernünftige, aufgeklärte und fortschrittliche Autor könnte exakt so denken und vor allem reden, wie ein Staatsanwalt, der womöglich Erzkatholik ist, der CDU vom Schlage Dreggers nahesteht und eigentlich lieber Polizeipräsident oder vielleicht sogar Mitglied der päpstlichen Glaubenskongregation geworden wäre?

Statusdevianz: Die »Sympathisanten«

Die politische Zielrichtung des jetzt auch gegen mich gerichteten Strafverfahrens wegen »Aufforderung zu Straftaten« nach § 111 StGB ist offenkundig.

Mir liegt ein Aufsatz von Hans Mathias Kepplinger aus der *Kölner Zeitschrift für Soziologie und Sozialpsychologie* aus dem Dezember 1974 vor, den man auch in Bonn aufmerksam gelesen haben wird. Es heißt da:

»Die Sympathisanten der Baader-Meinhof-Gruppe waren (!) weder eine kleine radikale Minderheit, noch argumentierten und handelten sie aus auch nur annähernd gleichen Gründen. Im März 1971 billigten mehr als acht Millionen Bürger der Bundesrepublik der Baader-Meinhof-Gruppe politische Motive zu. Ein halbes Jahr später waren es sogar 18 Millionen. Mehr als fünfeinhalb Millionen tolerierten die Unterstützung der Anarchisten, fast drei Millionen waren sogar selbst bereit, Gruppenmitglieder vor der Polizei zu schützen.«

Die Kölner diagnostizierten nicht nur ungleiche Gründe, sondern auch verschiedene Äußerungsformen des Sympathisantentums. Um die Unterschiede einander zuordnen zu können, unterteilten sie ihre Versuchspersonen in vier Kategorien: Privilegierte und Unterprivilegierte (wobei sozial unterprivilegiert natürlich auch ein gut verdienender Schriftsteller sein kann) sowie Statuskonsistente und Statusinkonsistente. Als »statusinkonsistent« erkannten sie Personen, »die ihre Statuserwartungen unerfüllt sehen, deren Verhaltenserwartungen von der Umwelt enttäuscht werden und die selbst unerfüllbaren Verhaltenserwartungen ihrer Umwelt ausgesetzt sind«.

Die Statusinkonsistenz resultiert nach den Kölnern »aus Privilegierungen und Unterprivilegierungen«. Als Folge davon machten sie »soziale Mobilität«, und »soziale Isolierung« aus. Und dann wörtlich: »Statusinkonsistente agieren für die Veränderung der gesellschaftlichen Ursachen ihrer Statusinkonsistenzen. Die Folge davon sind Präferenzen für radikalen politischen und sozialen Wandel.«

Eine besondere Abart von BM-Sympathisanten glaubten die Kölner in einer kleinen Gruppe intellektuell privilegierter und damit sozial diskriminierter Personen ausgemacht zu haben:

»Die außerordentlich große Bereitschaft der Hoch-Gebildeten, den Schutz der Baader-Meinhof-Gruppe zu billigen, dürfte wegen ihrer sonst eher abweisenden Einstellung entgegen unserer Annahme nicht auf eine radikale Parteinahme für die Anarchisten hinweisen. Hoch-Gebildete sind, wie wir aus einer Vielzahl von Untersuchungen wissen, generell toleranter gegen alle Formen abweichenden Verhaltens als Personen mit geringer Formalbildung, und sie besitzen dabei zugleich eine kritischere Einstellung als diese zu Polizei und Justiz. Die Toleranz der Hoch-Gebildeten für die Helfer der Baader-Meinhof-Gruppe ist daher eher als ein Indiz für ihre Mißbilligung der Fahndungsmethoden denn einer Überzeugungsgemeinschaft mit den Verfolgten zu betrachten.«

An anderer Stelle schreibt Kepplinger: »Besonders unter den Hoch-Gebildeten fand sich jedoch ein hoher Prozentsatz, der den Schutz der Gruppe tolerierte, ohne überhaupt an ihre politischen Motive zu glauben.«

Zusammenfassend kommt die Kölner Zeitschrift zu dem Ergebnis:

»Statuskonsistente billigen den Mitgliedern der Baader-Meinhof-Gruppe häufiger politische Motive zu als Statusinkonsistente, sie tolerieren ihren Schutz jedoch seltener und sind auch seltener selbst zur aktiven Unterstützung bereit.«

Hinsichtlich der Statusinkonsistenten machten die Kölner einen wesentlichen Unterschied zwischen Privilegierten und Unterprivilegierten aus: »Privilegierte nannten sich entgegen unseren Erwartungen häufiger potentielle Helfer der Baader-Meinhof-Gruppe als Statuskonsistente.«

Sie sprachen deshalb von »demonstrativem Radikalismus«. An anderer Stelle heißt es über die Privilegierten:

»(Sie) dürften ihre demonstrative Bereitschaft zur aktiven Unterstützung der Gruppe jedoch häufiger als Gesellschaftsspiel mit beschränkter Haftung betrachtet haben. Zu ihnen werden nicht wenige jener Konvertiten gehören, die ihre Meinung über die Baader-Meinhof-Gruppe schnell änderten und sie zur eigentlichen Hauptgefahr der ›eigentlich‹ revolutionären Linken stilisierten.«

Wer sich der Stimmung und Gespräche unter den westdeutschen Intellektuellen eingangs der siebziger Jahre erinnert und vielleicht sogar die Namensliste der Personen kennt, die Gudrun Ensslin und Andreas Baader 1969/70 mit zum Teil nicht unerheblichen Beträgen unterstützt haben, wird die Feststellung der Kölner nicht als bloße Verleumdung abtun können.

Auf die zuständigen Ministerien und Staatsschutzbehörden müssen die Zahlen der Kölner Untersuchung alarmierend gewirkt haben. Kepplinger selbst bestätigt seine Absicht, die Bonner Sympathisantenverfolgungen durch wissenschaftliche »Erkenntnisse« zu untermauern, wenn er schreibt: »Die öffentlichen Verdächtigungen aller Personen als Sympathisanten der Baader-Meinhof-Gruppe, die die Anarchisten nicht einfach als gemeine Kriminelle betrachteten, muß deshalb als schwerer taktischer Fehler in der Auseinandersetzung betrachtet werden.«

Dagegen bot die Untersuchung Anhaltspunkte für eine differenzierte Repressionskampagne gegen mutmaßliche und tatsächliche »Sympathisanten«, die, wie die Ereignisse gezeigt haben, von den Staatsschutzorganen auch befolgt wurden. So konnte die

Skepsis der »Hoch-Gebildeten« gegenüber Polizei, Justiz und Ermittlungsmaßnahmen durch Pressekampagnen, die den rein kriminellen Charakter der Straftaten betonten und das Ausmaß der Kriminalität durch lancierte Falschmeldungen über geplante oder begangene Straftaten ins Gigantische übertrieben, mit Hilfe der Fiktion übergesetzlicher Notstände der Staatsschutzorgane aufgefangen werden.

Das deviante Verhalten der Privilegierten konnte durch Verleumdungskampagnen, Hausdurchsuchungen und Ermittlungsverfahren, die die Gefahr einer Verminderung oder gar des Verlustes ihrer Privilegien mit sich bringen, wesentlich korrigiert werden.

Reaktion in Aktion

Was mich betrifft, so wußte der Staatsschutz seit längerem, wie er mich im Muster der Kölner einzuordnen hatte: Statusinkonsistent, eher unterprivilegiert und ›gebildet‹. Gerade hinsichtlich der Unterprivilegierten jedoch hatten die Kölner eine erhebliche Anfälligkeit ausmachen können.

Mein engerer Wohnbereich war spätestens seit 1975 auch fotografisch erfaßt. Nachbarn beobachteten damals ortsfremde Fotografen, die sich rasch entfernten, wenn sie beobachtet wurden. Seit 1975 haben sich Verfassungsschutzbeamte im Dorf und in den umliegenden Dörfern mehrfach nach uns erkundigt, auch in der Gemeindeverwaltung. Die erste Observation durch Kraftfahrzeuge fand ebenfalls schon 1974 statt.

Seither haben Fahrzeuge mit Kennzeichen anderer Landkreise (sie sind immer zu zweit) die aus dem Dorf führenden asphaltierten Feldwege und das auf Straßenkarten nicht zu entziffernde Netz der Gemeindewege, die von den Einheimischen oft als Abkürzungen von Dorf zu Dorf benutzt werden, überprüft.

Der Observationswagen stand, zum Beispiel als Postauto getarnt, zuweilen tagelang vor unserem Haus.

Telefonisch vereinbarte Treffen mit unverdächtigen Personen in Frankfurt und anderen Städten wurden observiert, was darauf schließen läßt, daß auch das Telefon seit langem abgehört wird.

Seit 1977 werden durch Mittelsmänner in der Gemeinde Gerüchte über uns ausgestreut, die teils richtig, teils falsch sind, allesamt aber die Funktion von Verleumdungen haben. Ein (falsches) Gerücht besagt, in unserer Gegend werden Schießübungen veranstaltet. Ein anderes Gerücht, ich sei verhaftet worden, führte zu Anrufen aus der Gemeinde, aber auch aus dem Frankfurter Raum. Gegen Abend rief sogar die Kriminalpolizei bei mir an, um den Wahrheitsgehalt des Gerüchts zu überprüfen.

Anfang Januar 1978 erhielt ein Journalist aus Fulda nach eigenen Angaben in Frankfurt die gegen mich gerichtete Anklageschrift wegen »Aufforderung zu Straftaten« zugespielt, obwohl die Weitergabe einer Anklage vor Eröffnung des Hauptverfahrens strafbar ist, und ich mich frage, wie die Anklage nach Frankfurt kam. Am 5. und 6. Januar lief die Meldung bundesweit über Funk, Fernsehen und Tageszeitungen.

Sie gibt die tatsächlich vorliegende Anklageschrift falsch wieder, da sie falsche Schwerpunkte setzt und damit eindeutig auf die vorhandenen Vorurteile spekuliert.

Wenn ich heute ausfahre, brauche ich mich um Pannenhilfe und Reservekanister nicht zu sorgen. Von Zeit zu Zeit fahren zwei schnelle Wagen mit auswärtigen Kennzeichen hinter mir her. Halte ich an, so überholen sie mich. Das eine Fahrzeug biegt in die nächste Seitenstraße ein und wartet dort auf mich. Das andere entfernt sich und biegt erst ab, wenn es außer Sichtweite ist.

Fahre ich weiter, so habe ich sie bald wieder hinter mir; erst das eine und dann auch das andere. Bleibe ich stehen, so geschieht gar nichts. Mach ich kehrt, so habe ich nach wenigen hundert Metern erst das eine Fahrzeug wieder hinter mir und bald auch das andere.

Tagsüber stehen sie gerne in Seitenwegen an den Ortsausgängen und kontrollieren die zwei Zufahrten zum Dorf. Fährt ein Fahrzeug vorbei, dessen Kennzeichen sie nicht erkannt haben, so nehmen sie die Verfolgung auf. Das gibt lustige Jagden, wenn Dorfbewohner, zumeist Landwirte und Arbeiter mit Nebenerwerbsstellen, merken, daß sie verfolgt werden. Natürlich gelingt es den Einheimischen, dank ihrer besseren Ortskenntnis, die Verfolger abzuhängen.

Nähert ein neugieriger Bauer sich den wartenden Fahrzeugen, so blicken die beiden Insassen irgendwohin. Sie können einem Menschen nicht ins Gesicht sehen. Ihre Rolle überfordert sie. Es sind junge Männer, die gleich nach der mittleren Reife oder dem Abitur bei den Landeskriminalämtern oder beim Bundeskriminalamt unterkommen. Mit 25 haben sie einen Dienstgrad, für den der normale Polizeibeamte viele Jahre braucht.

Entsprechend ihrer Aufgabe, nicht nur ermittelnd, sondern auch vorbeugend und betreuend tätig zu werden, kümmern sie sich auch um Privatangelegenheiten. Ich kenne einen Landeskriminalen, der die Frau eines Angeklagten beharrlich und wochenlang zu überreden versuchte, sich scheiden zu lassen. Bundeskriminale mischen sich in Kindschafts- und Vormundschaftssachen ein und kümmern sich darum, daß die Erziehungsberechtigung Personen übertragen wird, die sie für geeignet halten, nicht der zuständige Vormundschaftsrichter.

Dennoch: Sie tun uns leid. An kalten Winterabenden überlegen meine Frau und ich, ob wir ihnen ein Glas heißen Apfelwein oder eine warme Brühe hinausbringen sollen, obwohl unsere Lage uns klar ist.

Die Einkreisung ist perfekt. § 111 StGB tut seine Pflicht. Observation und Gerüchte sollen den »Sympathisanten« in seinem Wohnbereich isolieren, ihn einschüchtern und notfalls vertreiben helfen. Niemand lebt auf lange Sicht gerne in einem Dorf, das überwacht wird, schon wegen des Blutalkohols am Steuer und der Schwarzarbeit, die viele verrichten.

Auf der anderen Seite die Pressekampagne. Sie ist berufsschädigend und geht an die ökonomische Substanz. Zugleich ist sie ein deutliches Signal: An Alle!

Wer sich jahrelang immer wieder für die Haftbedingungen einer Gruppe von Straf- und Untersuchungsgefangenen in der Bundesrepublik eingesetzt hat;

wer sich darüber Gedanken macht, warum das Strafverfahren gegen den »harten Kern« der Rote-Armee-Fraktion nicht wie üblich mit einem rechtskräftigen Urteil endete, sondern mangels Angeklagten;

wer sich fragt, ob nicht diejenigen politischen Kräfte, die vorgeben, den »Terrorismus« am meisten zu bekämpfen, den größten Nutzen daraus ziehen: Durch ein ganzes Bündel neuer Repressionsgesetze, eine Aufrüstung der Staatsschutzorgane ohnegleichen, die Illegalisierung Oppositioneller und durch einige hundert Strafverfahren gegen linke Buchhändler, Drucker, Redakteure, Demonstranten, Sympathisanten etc. –

dem geht es genauso!

Die mit Hilfe von Staatsschutzjournalisten in Presse und Massenmedien entfachte Massenhysterie, die auf die Worte »Terrorist« und »Sympathisant« automatisch reagiert, wie der Autofahrer auf die Verkehrsampel, läßt sich auch in Teilen der Intelligenz nur noch wenig Zweifel an der Schuld eines Menschen zu, der zugeben muß, per Zufall Andreas Baader schon 1965 in West-Berlin in einer Kneipe kennengelernt zu haben, von ihm 1969/70 in Rom gelegentlich besucht worden zu sein, ihn im Rahmen einer

Serie von Kontrollbesuchen in westdeutschen Haftanstalten, die von Mitgliedern des PEN-Zentrums 1974 durchgeführt wurden, besucht zu haben und seit 1975 sein Verteidiger gewesen zu sein.

Was ist das für eine innenpolitische Situation?

Faschismus? Vielleicht noch nicht.

Bestimmt aber der geeignete Nährboden dafür.

Sympathisanten
Zeichnung: Marie Marcks
Nicht gedruckt.

MANFRED BOSCH

Geistige Freiheit und Demokratie
Über Zensur als eine Kategorie der Verdrängung

Der Terrorismus und die Ereignisse der letzten Jahre haben nicht allein den Staat, sondern mehr noch die gesamte Gesellschaft vor eine der größten Herausforderungen seit Bestehen unserer Demokratie gestellt. Aber diese Herausforderung ist nicht einseitiger Art; da sind auch die Versuche mächtiger politischer Gruppierungen, zum Nutznießer einer verhängnisvollen politischen und sozialen Entwicklung zu werden. Stellvertretend für diese Behauptung steht der Vorwurf des Sympathisantentums, der zunehmend gegen politisch mißliebige Gegner verwendet wird, Emotionen gegen das »Prinzip links« wecken soll und faktisch an einer neuen Ära des McCarthyismus arbeitet. Das innenpolitische Klima der Bundesrepublik ist weitgehend vergiftet, Diskussion droht an den Freund-Feind-Bildern zu scheitern und ausgerechnet jene Schriftsteller und Intellektuellen, die der Bundesrepublik im Ausland wieder zu Ansehen und Achtung verholfen haben, werden heute vorrangig zu geistigen Urhebern des Terrorismus erklärt. Dahinter steht unzweifelhaft mehr als das traditionell schlechte Verhältnis der Rechten zum Geist – die Formen heutiger Diffamierung, Verleumdung und Existenzbedrohung waren für Hans Magnus Enzensberger kürzlich Anlaß, jenen zivilen und liberalen Zeiten nachzuträumen, als die Repräsentanten des CDU-Staates in den Intellektuellen noch Pinscher sahen. Heute ist längst offenkundig, wie gelegen der Terrorismus den Rechten objektiv kommt: Hinter der Fassade seiner Bekämpfung soll der Sozialismus erledigt werden oder was dafür gehalten wird, sollen kritisch-oppositionelle Einstellung und politischer Veränderungswille diffamiert werden. Unverhohlen wird ein ursächlicher Zusammenhang zwischen Terrorismus und Reformabsichten, zwischen politischer Gewaltkriminalität und allgemeinen Demokratisierungsbestrebungen hergestellt. Die Entfesselung eines solchen »propagandistischen Bürgerkrieges« ist Teil eines Programms zur Durchsetzung des totalen Macht- und Herrschaftsanspruchs der Rechten, der längst demokratiegefährdende Ausmaße angenommen hat.

Allein jeder einzelne der gravierenderen Fälle, die in diesem

Buch dokumentiert sind, wäre für sich geeignet, Mißtrauen in die bundesdeutsche Demokratie zu begründen – um wieviel mehr erst diese erdrückende Sammlung von Belegen unterdrückter Meinungsfreiheit, die System verrät, im doppelten Wortsinn; sie zeigt nicht nur Methode, sondern kennzeichnet auch den gegenwärtigen Stand unserer Demokratie. Wird es also wieder Zeit, daß sich die Intellektuellen, die man nach Lec (bei ihm sind es die Philosophen) ohnehin nur flüchtig kennt, wieder auf den »Beruf« eines politischen Flüchtlings vorbereiten? So wie jene frühbürgerlichen Aufklärer vor 200 Jahren, die, wie Schubart, für ihren mutigen Antifeudalismus im Kerker lagen, oder wie Freiherr von Knigge, der für seine aufklärerische Haltung zum Benimm-Fritzen umgefälscht wurde? »Freiheit der Presse ist Angelegenheit und Interesse des ganzen Menschengeschlechts«, schrieb Schubart in seinem *Teutschen Merkur*, »ihr haben wir hauptsächlich die gegenwärtige Stufe von Kultur und Erleuchtung, worauf der größere Teil der europäischen Völker steht, zu verdanken. Man raube uns diese Freiheit, so wird das Licht, dessen wir uns gegenwärtig erfreuen, bald wieder verschwinden, Unwissenheit wird bald wieder in Dummheit ausarten, und Dummheit uns wieder dem Aberglauben und dem Despotismus preisgeben.« Man mag dies eine problematische Verabsolutierung der Meinungs- und Pressefreiheit nennen – in ihrem rationalen Kern ist die Äußerung Schubarts, der wußte, wovon er sprach, ernstzunehmen. Und Schubarts Zeitgenosse und Kollege Wieland führte seine Gedanken weiter: »Niemand aber kann etwas dabei zu befürchten haben, wenn es heller in den Köpfen der Menschen wird – als diejenigen, deren Interesse es ist, daß es dunkel darin sei und bleibe.« In der Tat gelten heute die Angriffe des »neuen Konservatismus«, von dessen Geist die heutigen Zensurpraktiken und Einschränkungsversuche hauptsächlich ausgehen, den Erben der Aufklärung. Apologeten des Konservatismus wie Steinbuch, Gehlen, Kaltenbrunner oder Rohrmoser stimmen darin überein, daß Symptome wie Sinnverlust oder Auflösung der Institutionen und subjektive Unglaubwürdigkeit ihres Anspruchs ihren Ursprung in der Aufklärung haben. Konsequent schließen solche Optionen für überkommene Strukturen eine Leugnung oder Einschränkung der Volkssouveränität mit ein. Es war nicht nur Kurt Biedenkopf, der angesichts des Terrorismus die »Einsicht« formulierte, der Staat habe zuviel Freiheit gelassen. Wo, ist mit Freimut Duve zu fragen, steht in der Verfassung etwas davon, daß der Staat Freiheiten gewährt, ist »es nicht so, daß alle Gewalt vom Volke ausgeht, daß also der Souverän über seine Repräsentanten im Parlament dem Staat die Gewalt gewährt und nicht umgekehrt?« Freilich, woher sollte es eine weltanschauliche Richtung auch besser wissen, für die die Peterskirche stets maßgebender war als die Paulskirche – aber wo solche Einwände wie der Duves notwendig sind, da ist eine Gefahr für den politischen Besitzstand nicht erst im äußeren Verhalten, sondern bereits im demokratischen Selbstverständnis festzustellen. »Stimme ihnen nicht bei, wenn sie vergessen wollen, daß sie, was sie sind und haben, nur durch Übereinkunft des Volkes sind und haben«, warnte vor 200 Jahren Freiherr von Knigge. Mit der Forderung nach Pressefreiheit und dem Recht auf ungehinderte Kritik sind also sichtbar mehr und anderes als bloß berufsständische Interessen gemeint: das Funktionieren von Demokratie und Öffentlichkeit. Diese Forderungen machen die Grundlage eines demokratischen Gemeinwesens mit aus, stehen zentral für die Qualität einer politischen Verfassung, weil erst sie gesellschaftliche Selbstverständigung erlauben, einen Diskurs über Ziel und Sinn einer Gesellschaft zulassen: »Ist nicht die Republik der Versuch, die Gegensätze, die es zwischen ihren Bürgern natürlicherweise gibt, aus dem ... Krieg aller gegen alle, herauszuheben in den geordneten, überwachten vernünftigen Austrag vor und mit Hilfe von öffentlichen Institutionen?« (Hartmut v. Hentig)

Von einem solchen Interessenaustrag, der nicht umsonst die Bezeichnung »vernünftig« trägt, sind die Reaktionen der Rechten weit entfernt; zu Recht hat der Politikwissenschaftler Iring Fetscher davon gesprochen, im Terrorismus zeige sich derselbe Mangel an politischer Kultur wie in den extremen Reaktionen auf ihn. Aber diese Reaktionsformen haben ihre historischen Vorläufer. In einem fiktiven Brief an den in der Weimarer Republik ermordeten Mathias Erzberger hat Richard Schmid die Demagogie der Rechten im Zusammenhang mit dem Terrorismus charakterisiert, indem er schreibt, daß früher ein großer Teil des Volkes auf der Seite der Terroristen der Weimarer Republik stand, allerdings habe man damals, als die Mörder alle von rechts kamen, nicht von Terror gesprochen. »Die Jubler von damals sind nach politischer Tendenz, nach Geistesart und Wortschatz vollkommen identisch mit denen, die heute die hysterische und rechtsstaatswidrige Hetze gegen die sogenannten Sympathisanten betreiben.« Das gestörte Verhältnis zur Macht ist der Rechten bis heute erhalten geblieben. Im Grunde hat sie bis heute nicht ihre Wahlniederlagen verschmerzt. Hatte zunächst das Zusammentreffen von Krisensymptomen und

»Wagnis zu mehr Demokratie« Anlaß zur Behauptung eines ursächlichen Zusammenhangs gegeben, war in bezeichnender Verkehrung der Zusammenhänge im Namen von innerer Sicherheit und politisch-sozialer Stabilität ein Stop von Reformen und Demokratisierungsbestrebungen gefordert worden, so bot die Terrorismusdebatte Gelegenheit zu einem Generalangriff auf Existenzberechtigung linker Politik überhaupt, die als »auszutrocknender Sumpf« erschien – die sozialliberale Politik immerhin traf noch das Verdikt, sie setze das Erreichte den Experimenten sozialistischer Systemveränderer aus.

Freilich sind sozialliberale Koalition und Regierung nicht unbeteiligt, daß eine solche ›Tendenzwende‹ sich ausbreiten konnte. In einem Beitrag hat Harry Pross zu zeigen versucht, daß demokratische Reformen in einer Zeit wirtschaftlicher Krisen überhaupt nur »im Zeichen eines allgemein verinnerlichten Zentralbegriffs oder/und bei äußerem Druck gelingen«. Die von der Koalition erfolgreich betriebene Außenpolitik, insbesondere ihre Ostpolitik, hatte jedoch genau diesen Druck abgebaut, weshalb die sozialliberalen Reformer – nicht zuletzt wegen der Widersprüchlichkeit ihrer Reformkonzeption und aufgrund wenig schlüssiger Begründungen gehörten sie selbst bald zu den inneren Unruhestiftern – bald selbst die freigewordene Stelle des Feindbildes besetzten; »so, von Regierung und Opposition gemeinsam tradiert, gewann der alte Antikommunismus neue Farben im Innern«.

Von diesem Mechanismus abgesehen, haben vor allem die politischen Rechtskräfte und ihre Sprachrohre an einem Klima gearbeitet, in dem die Forderung nach Demokratisierung und weiteren Reformen inopportun und anstößig wirkte; an einem Klima, in dem Vokabeln wie *Ausgewogenheit, Mitte* und *Abgrenzung* triumphierten, um nur diese drei Begriffe aus dem Suggestionsinstrumentarium neuer Hirnlosigkeit zu nennen. Für eine reale Politik sind solche Begriffe oder Leitlinien vollkommen sinn- und bedeutungslos, freilich nicht für die beabsichtigte Harmonisierungsfunktion, die hinter einem vermeintlichen Interessenausgleich eine um so unverdächtigere Politik im Sinne bestehender Strukturen beabsichtigt. Am deutlichsten wird dies im Begriff der Abgrenzung, der gegen Andersdenkende gerichtet ist und alternatives bzw. oppositionelles Denken nicht als Forderung nach sachbezogener Auseinandersetzung begreift, sondern den Andersdenkenden vorab zum Fremden, Draußenstehenden erklärt. Eine komplettere Bankrotterklärung von Politik in demokratischem Verständnis ist kaum möglich, als in dieser Form den gesellschaftlichen Problemen mit vor-politischen Maßnahmen zu begegnen. Wo schon die sozialen Probleme nicht lösbar sind, muß nach dieser Praxis wenigstens die Meinungsbildung über diesen Umstand in eigene Regie übernommen werden; wo nicht die Probleme, sollen wenigstens die radikalen Kritiker in den Griff bekommen werden. Weniger die gigantischen Zusammenballungen wirtschaftlicher Macht und deren Bedrohung für die Demokratie sind einem solchen Denken zur Herausforderung geworden, sondern diejenigen, die diese Realität etwa zur Stamokap-Theorie verdichten; nicht die Gefahren eines »atomaren Wilhelminismus« und die wirklichen Chaoten in den Chefetagen-Sesseln treiben diese »Politiker« um, sondern jene basisdemokratischen Aktivitäten, die gegen einen internationalen Atomfilz ohne die Spur einer demokratischen Legitimation aufbegehren.

Wer gegen Reformen und allgemeine Demokratisierung argumentiert und agiert – deren jeweilige Begründungen und Ziele freilich erörterungsbedürftig bleiben – der optiert für die Fortschreibung einer Politik, deren Problemverarbeitungsvermögen bei wachsendem Problemdruck wegen ihrer Beharrung ständig kleiner wird, der verhindert eine Politik, die statt individueller Wohlstandsmaximierung endlich mit Gerechtigkeit, Chancengleichheit und Lebensqualität jene moralische Glaubwürdigkeit einlösen könnte, die sonst immer nur die Zungen solcher Politiker belegt halten.

Statt dessen werden weiterhin individuelle Interessenorientierung und privater Konsum begünstigt; im »Wirtschaftswachstum als der industriellen Variante des Himmels werden alle Kategorien des Seins in Kategorien des Habens verwandelt. Das statische und unbewegte Ego setzt sich zur Welt in Beziehung, in der es Objekte hat, während das Selbst sich durch den Vorgang der Teilnahme zur Welt in Beziehung setzt. Der moderne Mensch hat alles . . . und wenn das alles nicht genügt, hat er seinen Psychoanalytiker. Er ist nichts . . . Zwanghafter Konsum ist eine Kompensation für die Angst . . . Durch das In-sich-Aufnehmen von Konsumartikeln vergewissert sich der einzelne, daß er jemand ist« (Erich Fromm). Man kann eine solche Entfremdung von unserem gesellschaftlichen, auf Selbstverwirklichung und Teilhabe angelegten Wesen natürlich auf sich beruhen lassen, aber sie wird nicht ohne tiefgreifende und wahrscheinlich zukunftentscheidende Auswirkungen auf die Perspektiven unseres Weiter- und Überlebens bleiben. Denn wo – wie im gegenwärtigen Stadium unserer spätindustriellen Zivilisation – die Produktivkräfte zu Destruktivkräften geworden sind, stellt sich die Frage einer kulturellen und Verhaltensrevolution, die die Ausbildung einer kollektiven, auf demokratische Gemeinschaftlichkeit gerichteten Identität verlangt. Die Zukunft unserer Demokratie liegt zwischen den beiden Polen Ökofaschismus und sozialistische Demokratie; wenn wir mit jener unserer Zukunft bestehen wollen, so verlangt dies die »Mobilisierung aller Reserven an Selbsttätigkeit, Phantasie, Reaktionsvermögen, Flexibilität – alles Qualitäten, die ein Weltpolizeistaat nur abtöten kann« (Hans-Magnus Enzensberger) und deren Ausbildung und Aktivierung nur in einem Klima der fortschreitenden Demokratisierung und Solidaritätsbereitschaft gelingen kann.

Soweit ich sehe, wirkt unser derzeitiges politisches und soziales Klima in seinen mächtigsten Tendenzen einer solchen gemeinschaftlichen Regelung unserer Belange an allen Punkten entgegen. Nicht nur werden Demokratisierung und Reformen direkt bekämpft, erschwert wird durch das hysterische Element der extremen Reaktion auf den Terrorismus auch dessen wirksame Bekämpfung; darüber hinaus hemmen die bereitstehenden Einschüchterungs- und Sanktionierungsinstrumentarien Berufsverbote, § 88 a und Zensurpraxen, die massenhafte Ausbildung zukunftsnotwendiger Beteiligungspotentiale. In den genannten Manipulationsversuchen und -praxen gibt sich eine extreme Entgegensetzung zum Prinzip von Sachlichkeit und Menschlichkeit zu erkennen, die beide identisch sind, wie Helmut Ostermeyer in einem engagierten Beitrag zur Demokratisierung unserer Gesellschaft gezeigt hat: »Eine Sache wirft dadurch eine Sachfrage auf, daß sie Bedeutung für die Menschen gewinnt. Nur soweit Sachen für Menschen Bedeutung haben, können sie Sachfragen darstellen; Sachen, die den Menschen nichts bedeuten, bleiben fraglos. Die Sachfrage ist also der menschliche Aspekt einer Sache. Sachlichkeit heißt, diesen Aspekt berücksichtigen. Sachlichkeit ist Menschlichkeit beim Umgang mit Sachfragen . . . Sachverstand als Wissen vom menschlichen Aspekt der Sache stellt sich auf der Problemebene her. Er ist also ursprünglich und unverfälscht bei den Betroffenen selbst vorhanden . . . Unsere These ist, daß Betroffene und Beteiligte den meisten Sachverstand haben, diesen verstanden als Vertrautheit mit den menschlichen Aspekten der Sachfrage.« Im Gegensatz zu den Organisationen von Verwaltung und demokratischen Institutionen, die ihren »dienenden« Charakter weitgehend »vergessen« und ein eigenes Apparatprestige entwickelt haben sowie den menschlichen Aspekten in den Sachfragen entfremdet sind, liegt im Sachverstand der Betroffenen wie in ihrem Beteiligungspotential eine Chance zur Wiederherstellung der Politik als einer »beweglichen Regelung gemeinsamer Angelegenheiten in einem überschaubaren Lebensverband« (H. v. Hentig). Es vermittelt jedoch wenig Zuversicht, sich vorzustellen, daß bei der Dringlichkeit unserer Probleme deren Lösung noch länger auf eine Behandlung angewiesen ist, die sich durch so hirnrissige Begriffe wie *Mitte* oder *Ausgewogenheit* oder durch die unehrliche Themenaktualität auszeichnet.

Die Praxis unserer Demokratie, ihre bürokratischen Organisationsformen und die »politischen« Disziplinierungsinstrumente disponieren zu einem Verhalten, das eher Wohlverhalten bedeutet, als daß es kritisch-kreatives Verhalten stimuliert. Mit der Option unserer politischen Repräsentanz für das gegenwärtige Gesellschaftssystem und seine Prioritäten ist so eine Option gegen Partizipation, sozialistische Demokratie und letztlich auch gegen unsere Zukunft verbunden. Eine neue, republikanisch-solidarische Identität hat fast die gesamte Erziehlichkeit des Bestehenden, die ganze Schwerkraft der Faktischen gegen sich – Zensurmaßnahmen und Eingriffe in grundgesetzlich garantierte Rechte der Meinungsfreiheit enthüllen sich damit als ein bloß subsidiäres »politisches« Manipulationsinstrument, das die Verwandlung unserer »Sozialbrache« in ein Feld fruchtbarer und befriedigender Sozialbeziehungen zusätzlich hintertreibt; das »Aufträumen mit der Wirklichkeit« (Hans-Horst Skupy) ist an die kurze Kette der »Rationalität« einer Konkurrenz- und Konsum-Gesellschaft gelegt. Die Bekämpfung der Zensur als eines Kunstgriffs kollektiver Verdrängung von demokratischen Alternativen hat von dieser gesetzmäßigen Notwendigkeit der Konfrontation mit reaktionären politischen Kräften auszugehen, zugleich aber mit dem Grundgesetz gegen diese zu argumentieren. Zusammen mit dem Grundgesetz hat die demokratische Bewegung an der Verdeutlichung der Identität von Demokratie und Sozialismus zu arbeiten und durch eine »mutige Identifikation stiftende Offensive« jene »republikanische Freiheit zu retten«, mit der »der den Terrorismus nährenden Verzweiflung« (Walter Jens) zu begegnen ist.

Diese republikanische Identifikation stiftende Offensive verlangt mehr als bislang auch die Verdeutlichung, daß Politik nichts anderes ist als die alle betreffende Frage danach, wie wir besser und glücklicher und gerechter leben können, wie wir mit dem gesellschaftlichen Wesen unserer Natur ernster machen können. Freilich wird jede politische Gruppierung für sich beanspruchen, mit ihrer Programmatik eine solche Zielsetzung zu verfolgen, wie es andererseits nicht allein fest umrissene gesellschaftliche Gruppierungen sind, die für das gegenwärtige Klima und den politischen Immobilismus der Bundesrepublik ursächlich verantwortlich sind. Es ist eine Binsenweisheit, daß eine Partei im allgemeinen nur dann für jemand in Frage kommt, wenn seine psychische Struktur im Zusammenhang mit der Partei korrespondiert und »greift«; es sind demnach soziale Mechanismen und Dispositionen, die in bestimmten Verhaltensweisen oder der Nähe zu einer Partei virulent werden. Aber wie immer man das Syndrom aus Zensur und Eingriffen in die künstlerisch-publizistische Autonomie nennen will, es stellt sich bei psychologischer Betrachtung als ein innerlich zusammenhängendes Prinzip der Verdrängung dar, das an obrigkeitlich-autoritäts-fixierte Charakterstrukturen gebunden und auf sie angewiesen bleibt. In dieser obrigkeits- und autoritätsfixierten Charakterstruktur und dem Sachlichkeitsprinzip als dem Wissen um die menschlichen Aspekte einer Sache geben sich zwei extrem entgegengesetzte idealtypische Charaktere zu erkennen, deren sozialen Zusammenhang zu kennen für die Praxis der Demokratisierung bedeutsam ist.

Horst Eberhard Richter hat in seinem Buch *Flüchten oder Standhalten* diesen Zusammenhang am Beispiel sozialorientierter Berufe (wie Lehrer/Pädagoge, Sozialarbeiter, Ärzte und Pflegepersonal in den verschiedenen Anstalten etc.) aufgezeigt und dargelegt, daß »der Mensch in sich nur jene Ganzheit abbilden kann, die er in seinen äußeren (d. h. sozialen, M. B.) Bezügen verwirklicht«. Diese Einsicht propagiert ein Sozialverhalten, das partnerschaftlich-solidarisch-kooperativ orientiert ist und das alles Expertenhaft-Berufsständische zugunsten eines ganzheitlichen und mitmenschlichen Arbeitsverhältnisses überwindet. Diese Gewinnung einer autonomen Dimension persönlichen Verhaltens zeigt, daß solche Menschen »mehr experimentierend-flexibel und kreativer arbeiten . . . In sozialen Tätigkeiten neigen sie dazu, besonders klientennah und betont partnerschaftlich zu arbeiten und sich gegen eine methodische Orthodoxie zu sträuben . . . sie sind besonders aufgeschlossen für eine fachübergreifende, ganzheitlich orientierte Arbeitsweise«.

Und Richter propagiert weiter ein Sozialverhalten, das »sich eines Tages nicht mehr an bestimmte einengende Tätigkeitsvorschriften und Rituale hält . . . Es ist eine Erfahrung, daß manche Reformen erst dann durchsetzbar werden, wenn viele Menschen von sich aus ihr Tätigkeitsfeld über die ihnen zugewiesenen Kompetenzen hinaus ausdehnen und beweisen, daß diese ›Anmaßung‹ nicht nur ihrer Befriedigung dient, sondern obendrein praktisch sinnvoll ist.«

Es ist wohl diese den Schriftsteller und Intellektuellen kennzeichnende Ausdehnung der Kompetenzen über die ihm zugeordnete Funktion des ›Systemdesigners‹ hinaus, sein Spezialistentum »für die unterdrückte Natur des Menschen« (H. P. Piwitt), die ihn in den Augen der Apologeten des Systems so verdächtig macht. Unbewußt spürt insbesondere die Rechte die potentielle Gewalt jener kompromißlosen und unteilbaren menschlichen Kompetenz, die vom humanistischen Schriftsteller und Intellektuellen als Gefahr für den Bestand des Systems ausgeht. Denn der Schriftsteller, der sich nicht an Ableitungen und ideologische Konstrukte der Herrschaftslegitimation zu halten hat, sondern die sanfte Gewalt des Menschlichen vertritt, drängt immer schon über den Rahmen des Bestehenden hinaus, weil er weiß, daß es »kein richtiges Leben im falschen« (Th. W. Adorno) geben kann.

Wo diese Kooperation als Prinzip menschlichen Miteinanders abgelehnt wird, wo die von der Institution (wie der Schule, dem Krankenhaus, dem Pflegeheim usw.) ausgehende Forderung nach Distanz zu den Klienten zur Isolierung führt, ist der von der Isolationsangst (die als psychostruktuelles Merkmal unserer spätindustriellen Zivilisation gilt) Befallene in besonderem Maße geneigt, »im Konfliktfall äußeren Autoritäten die Kompetenz eines Gewissensersatzes einzuräumen«. Diese psychologisch erhärtete Tatsache ist nicht ein relativ beliebiges Faktum, sondern entspricht einer moralischen Selbstentmündigung, der Bereitschaft zur Unterwerfung unter äußere, unausgewiesene Autoritäten. Während das Sachlichkeitsprinzip als Wissen von den menschlichen Aspekten sich gegen jede Verdrängung und Zensur wehrt, entspricht die Bereitschaft zu moralischer Selbstentmündigung der Isolationsangst und mitmenschlichen Entfremdung, fehlender Kreativität im sozialen Verhalten und der Abhängigkeit von außen gesetzter Prinzipien, die sich alle zu der bereits genannten obrigkeitlich-orientierten und autoritären Charakterstruktur komplettieren. Dies ist keineswegs zufällig so, sondern begründbare Notwendigkeit, insofern es sich um »kommunizierende« Eigenschaften und Merkmale handelt. Wiederum aus der Sicht eines sozialen Berufes hat der Basler Philosoph Hans Saner vom Lehrer formuliert, er stehe, wenn er den einzelgängerischen Weg des traditionellen Berufsverständnisses gehe, in Gefahr, ins Getto zu geraten. Seine Welt wird zum Mikrokosmos, entleert sich ihrer Materialität, wird ein irreales Gebilde aus geistigen Werten, das zur großen

Welt windschief steht, die große Welt wird ihm fremd und er ihr. Strukturbedingt begünstigt dies einen Rückgriff auf die nackte Amtsautorität und ihre Tricks, die ihn in den Haß treiben: »In ihm parodiert er, als Dompteur des Schülermaterials, die Macht, ohne zu ahnen, in welchem Ausmaß er selbst das Opfer der Macht ist.«

Es bleibt Sache der Ideologen der Manager- und Ellenbogen-Mentalität, in einem solchen Sozialverhalten noch Möglichkeiten, gar Grundlage von Selbstverwirklichung zu sehen; wie man eine solche Mentalität in der Öffentlichkeit noch mit einem sozialhumanitären Faltenwurf bemänteln kann, hat Hanns Martin Schleyer in seinem Buch *Das soziale Modell* einmal vorgeführt: »Der Idealunternehmer wäre eine Vollpersönlichkeit von hohem Rang und dabei ein menschlicher Mensch, kommunikationsfreudig, voll Verständnis für seine Mitarbeiter, begabt mit großer Überzeugungskraft, fähig zur Gemeinschaftsbildung um seine Person, Motivationskraft ausstrahlend – ein Mann mit Vorbildwirkung in der Widmung an die Unternehmensziele, kurz, ein Menschenführer.« In einem solchen Wunschbild läuft nicht nur die Rhetorik heiß, die einen »menschlichen Menschen« hervorbringt, wo schon ein rechtverstandener Mensch ausreichte, da kommen nicht nur aus verständlichem Kalkül paternalistische Wunschbilder und charismatische Unternehmerjesusse zum Vorschein – ein solches ›Ankreuzen‹ von Wunscheigenschaften führt sich selbst *ad absurdum*, weil die Konflikte zwischen den einzelnen Merkmalen übersehen werden. Ein guter Manager im Aktionärsverständnis zu sein, setzt Eigenschaften voraus, die mit sozialen Charakterdispositionen unvereinbar sind. Aber im Sinne der Schleyerschen Ideologie des allgütigen Unternehmervaters wird der Anspruch erhoben, daß Unternehmer »Treuhänder des materiellen Universums für zukünftige Generationen« zu sein haben. Man muß sich über solchen Ansprüchen einmal die Geschichte des Unternehmertums und des Kapitalismus, die Raubbaumentalität und weitgehende soziale Verantwortungslosigkeit vorstellen, um angesichts der drohenden Gefahren der internationalen Atomwirtschaft die allgemeine gesellschaftliche Demokratisierung und die »Vergesellschaftung der Gesellschaft« als überfälliges historisches Ziel zu erkennen, das keinerlei Aufschub mehr duldet. Partizipation ist ein streng pragmatisches Konzept jeder gesellschaftlichen Bemühungen um Fortschritt. Weniger als je in der Geschichte dürfen wir uns heute darauf verlassen, daß irgend jemand schon das richtige tun wird – es könnte ein »Lernprozeß mit tödlichem Ausgang« für uns alle werden. Was im Sinne sozialer Gleichheit und Gerechtigkeit möglich ist, muß durch einen vielfältigen Diskurs erörtert werden; was sozialen Fortschritt und gesellschaftliche Demokratisierung hemmt, muß durch eine neue republikanische Identität bekämpft und abgebaut werden – wider alle Zensur und alle Versuche, gesellschaftliche Aufklärung zu bekämpfen.

Es gibt weder für Schriftsteller, noch Leser, noch für Medien einen Grund, abzugehen vom Bemühen um die Verbreitung von Vernunft und vom Prinzip nach Partizipation aller an den gesellschaftlichen Belangen. Danach verlangt nicht nur die Art unserer Umwelt- und Überlebensprobleme, sondern auch die innenpolitischen Krisen und Gefahren wie Terrorismus, aber auch Zensur und politische Instrumente der Verdrängung und Ächtung des »Prinzips links«. Es geht, in dem von Fromm angewandten Kategorien, um Sein oder Haben, d. h. um Sachen-Haben oder Von-Sachen-besessen-Werden, um Teilhabe oder Herumgestoßenwerden, um Selbstverwirklichung oder Ausgeliefertsein. Sein und Entwicklung aber, Teilhabe und Selbstverwirklichung können jeder ungebetenen Vormundschaft und Entmündigung durch Appelle an Ängste entraten, brauchen Offenheit und Sachlichkeit, sonst entbehren sie auch der Menschlichkeit.

Mogadischu-Michel
Zeichnung: Marie Marcks
Die Originalfassung mit dem Davidstern samt Eindruck ›Entebbe‹ wurde nicht gedruckt.
Dagegen erschien eine retouchierte, sinnentstellte Fassung ohne Davidstern in einer Tages- und in einer Wochenzeitung.

FREDERIK HETMANN

Das Ende der Emanzipation?
Zensur und Selbstzensur in der Kinder- und Jugendliteratur

Ich beginne mit einer Behauptung: Kinder- und Jugendliteratur ist in unserer Gesellschaft mehr als andere Literatur direkten oder indirekten Zensureingriffen ausgesetzt. Um dies zu begründen, muß man näher auf die Funktion von Kinder- und Jugendliteratur in einer spätbürgerlichen Gesellschaft eingehen.

Zunächst einmal: Kinder- und Jugendbücher werden in den seltensten Fällen von Kindern und Jugendlichen selbst, meistens hingegen von Eltern, Großeltern, Onkeln, Tanten und anderen Erwachsenen gekauft. Die Vorlieben des überwiegenden Teils dieser Käufer sind an Normen von gestern orientiert. Die Mehrzahl der erwachsenen Käufer will keine Bücher, nach deren Lektüre das Kind oder der Jugendliche sich Gedanken zu machen beginnt und unbequeme Fragen stellt.

Häufig geht es darum, das Kind mit dem Buch abzuspeisen. Wenn das Kind liest, ist es beschäftigt. Wer »gute« Kinderbücher liest, macht keine Dummheiten, kommt auf keine dummen Gedanken, im Gegenteil, er lernt was fürs Leben, bekommt die nötige Portion Ideale vermittelt, die jeder Mensch braucht.

Das »gute« Kinder- und Jugendbuch im herkömmlichen Sinn ist zumeist eines, das eine Erwartungshaltung der Erwachsenen bestätigt, bei der aus Frustration über die Gegenwart die Kindheit zu einer Idylle verklärt wird, die sie im eigenen Leben niemals war, im Leben der heutigen Kinder und Jugendlichen nicht sein kann. Von diesem Dressur- und Illusionscharakter her ist die Gefahr von Zensur und Selbstzensur bei Kinder- und Jugendliteratur besonders ausgeprägt.

In enger Verbindung mit der Pädagogik propagierte Kinder- und Jugendliteratur in Deutschland von ihren Anfängen zur Zeit des Philantropismus her vorwiegend Autorität und sekundäre Tugenden. Wie dominierend dieser Zug zur Anpassung in der Vergangenheit war, welch starke Traditionen hier vorliegen, läßt sich beispielsweise in der von K. Rutschky zusammengetragenen und kommentierten Anthologie *Schwarze Pädagogik, Quellen zur Naturgeschichte der bürgerlichen Erziehung* nachlesen. Erst seit den zwanziger Jahren unseres Jahrhunderts, genauer seit Erich Kästner, sind Ansätze zu einer gegenläufigen Tendenz wahrzunehmen.

Als ich Anfang der 60er Jahre Kinder- und Jugendbücher zu schreiben begann, machte ich zunächst zwei bestürzende Erfahrungen:

Mit Kinderliteratur machte man sich damals, wollte man als seriöser Autor gelten, besser nicht die Finger schmutzig. Der Satz von Maxim Gorki, für Kinder müsse man schreiben wie für Erwachsene, nur besser, schien in der Bundesrepublik nicht nur unbekannt, sondern auch keine Geltung zu haben.

Die zweite Erfahrung betraf die Thematik: All das (oder doch das meiste), wovon man eigentlich annehmen sollte, daß es Kinder und Jugendliche deswegen interessiere, weil es für sie zu einem Problem werde, durfte in der Kinder- und Jugendliteratur nicht behandelt oder besprochen werden.

Weil in der Pubertät die Sexualität zu einem Problem wird, waren in der Kinder- und Jugendliteratur von damals Menschen im allgemeinen geschlechtslose Wesen.

Obwohl die Auflösung und der Zerfall der Familie ein allgemein konstatiertes und sonst auch erörtertes Problem war, hatten in Kinder- und Jugendbüchern Familien stets im Zustand strahlender Harmonie dargestellt zu werden. Ehescheidungen zu erwähnen, galt als verwerflich. (Kästner mit seinem *Doppelten Lottchen* war da die Ausnahme, die die Regel bestätigt, und diese Ausnahme war auch wohl nur deshalb zugelassen, weil dort das Problem eher harmonisierend-illusionistisch-idyllisch abgehandelt wird!)

Tabuisiert waren ebenfalls die Darstellung sozialer Konflikte oder politische Sachverhalte, wobei wohl nicht zuletzt das schlechte Gewissen der Elterngeneration über ihr Verhalten in der Nazizeit eine Rolle spielte.

Wer damals in einem Jugendbuch Personen auftreten ließ, die sich zu einer humanistischen, aber nicht zu einer christlichen Ethik bekannten, erntete aufgeregte Kritik und Proteste.

Fast eine Selbstverständlichkeit bei Kinder- und Jugendbüchern »alten Stils« war es, daß die Geschichte immer ein Happy-End zu haben hatte. Vielfach mußten die positiven Lösungen geradezu an den Haaren herbeigezerrt werden.

Man begründete das damit, daß man Kindern und Jugendlichen eine »positive Einstellung« zum Leben vermitteln müsse, sie nicht »überfordern« dürfe.

Paradoxerweise aber sahen Kinder und Jugendliche genau das,

was die für sie bestimmte Literatur sich so sorgfältig auszusparen bemühte, in ihrer Umwelt auf Schritt und Tritt. Dort siegte keineswegs immer das Gute. Dort spielten soziale Konflikte eine wesentliche Rolle. Dort sprang einen Sex aus jeder Illustrierten und von jeder Reklamewand an. Dort gab es geschiedene Ehe, Hunger, Verfolgung, Wohnungsnot, Erwachsene, die sich nicht nur in der Rolle des strahlenden Siegers zeigten.

Kein Wunder freilich, daß eine Literatur, die mit einer halben Wirklichkeit, oder mit einem geschönten Bild von ihr, meinte auskommen zu können, sich einer Sprache bediente, die nicht selten dem Kitsch näher war als der Kunst.

Kein Wunder, daß von daher die Wissenschaft Kinder- und Jugendbücher, wenn sie sich mit ihnen auseinandersetzte, der Trivialliteratur zurechnete. In der Tat, das meiste war trivial.

Die Einsicht allerdings, daß gerade Inhalte und Verhaltensmuster der Trivialliteratur das Bewußtsein ihrer Leser entscheidend prägen, setzte sich bei der Mehrzahl der Kinder- und Jugendbücher kaufenden Eltern nur sehr langsam durch.

Man war selbst mit dem *Struwwelpeter* großgeworden. Warum sollte nun nicht auch der Sohn oder die Tochter, der Enkel oder die Enkelin die ersten Leseerfahrungen mit diesem Buch machen?

In einem Buch wie der *Biene Maja* chauvinistisch-militaristische Tendenzen zu erblicken, den *Räuber Hotzenplotz* oder *Die kleine Hexe* auf die durch sie vermittelte Ideologie hin zu untersuchen erschien den einen boshaft, den anderen als geschäftsschädigend. War es etwa nicht recht, daß die Kinder durch den *Struwwelpeter* dazu angehalten wurden, bei Tische still zu sitzen, sich zu kämmen, die Nägel zu schneiden, nicht mit dem Feuer zu spielen und fleißig zu lernen?

Daß sich von der Kinderliteratur her eine Tradition des Autoritär-Undemokratischen über Generationen hin vererbte, sah man nicht oder wollte man nicht sehen. Hier standen, wie schon angedeutet, Geschäftsinteressen auf dem Spiel. Dort hätte man sich als Erwachsener von der als Fluchtpunkt dienenden Idylle, zu der man Kindheit stilisierte, trennen müssen.

Als es dann etwa ab der Mitte der 60er Jahre auch in der Bundesrepublik immer häufiger Hinweise auf diese Zusammenhänge gab – entscheidend waren hierbei Arbeiten wie Klaus Doderers kritische Betrachtungen *Klassische Kinder- und Jugendbücher*, Melchior Schedlers *Schlachtet die blauen Elefanten*, Otto F. Gmelins *Böses kommt aus Kinderbüchern* und Christa Hunschas *Struwwelpeter und Krümelmonster* (Fischer Taschenbuch

Bd. 1518) –, waren nicht wenig Leute umgehend bereit, solche Kritiker des Autoritären als verkappte Kommunisten, Nihilisten oder Jugendverderber zu denunzieren. Trotzdem entwickelte sich, beeinflußt von der antiautoritären Bewegung in der Pädagogik, eine neue Kinder- und Jugendliteratur.

Langgültige Tabus wurden plötzlich umgestoßen. Thematische Bereiche, die bisher für die Kinderliteratur nicht existent gewesen waren, wurden nun erschlossen. Ganz allgemein ließ sich eine Abkehr vom Phantastisch-Idyllischen zum Realistisch-Sozialen hin wahrnehmen.

Autoren wagten davon zu sprechen, daß Kindheit auch traurig, schmerzhaft, schwierig, ja, unter Umständen auch »mies« sein kann. Und zwar nicht, um – wie das häufig von den Kreuzrittern für die heile Welt behauptet wurde – den Kindern und Jugendlichen jede Freude an ihrer Kindheit zu nehmen, in ihnen jedes Gefühl für Anstand, Würde und Achtung zu untergraben, sondern um ihnen so zu helfen, eine komplizierte Welt besser zu durchschauen, mit dem gar nicht immer so einfachen Lebensabschnitt »Kindheit« besser, menschlicher fertig zu werden. Diese neue Kinderliteratur scheute sich nicht, Kinder zu Fragen anzustiften, sie zum Nachdenken darüber zu veranlassen, ob Einrichtungen, Sitten und Gebräuche allein deswegen schon gut und richtig seien, weil es immer so war.

Diese Literatur hatte es von Anfang an nicht leicht. Sie war in einer Zeit, da die meisten Menschen zu wenig Zeit für sich und ihre Familie zu haben glaubten, darauf angewiesen, daß man sich als Vater oder Mutter auch noch die Zeit nahm, die Bücher seiner Kinder mit zu lesen, über diese Bücher mit den Kindern zu diskutieren.

Ihre Entwicklung und ihr Gedeih war davon abhängig, daß Erwachsene bereit waren, sich selbst in Frage zu stellen und aus Normen und Schablonen herauszutreten.

Diese Literatur beförderte zwei radikaldemokratische Kategorien, die Herrschaft schlechthin gefährlich werden konnten.

Diese Bücher zeigten, daß man fragen soll, fragen muß. Sie übten Kritikfähigkeit ein.

Sie machten Mut, Probleme aus sich herauszustellen, sich zu ihnen zu bekennen, sie gemeinsam mit anderen zu lösen zu versuchen, andererseits aber auch zuzugeben, daß es gesellschaftliche wie private Probleme gibt, die nicht harmonisiert werden können, sondern aus- und durchgehalten sein wollen.

Ich will nicht bestreiten, daß es in der »neuen«, der emanzipatorischen Kinder- und Jugendliteratur Übersteigerungen und Entgleisungen gegeben hat. Andererseits hat diese Literatur Freiheitsräume geschaffen. Sie hat – am erfolgreichsten dort, wo dies nicht dogmatisch-programmatisch-propagandistisch, sondern beiläufig geschah – bei Kindern und Jugendlichen mitgeholfen, demokratisches Bewußtsein auszubilden.

Schon auf dem Höhepunkt der antiautoritären Bewegung hatte es unter Verlegern, Funktionären des Jugendbuchbetriebs, unter Bibliothekaren und Autoren Leute gegeben, denen die ganze Richtung nicht paßte. Ich meine, wir dürfen uns keine Illusionen darüber machen, daß es in der bundesdeutschen Gesellschaft untergründig noch immer und schon wieder starke antidemokratische Strömungen gibt.

Bis vor zwei, drei Jahren haben sich diese Leute geduckt, haben still gehalten, sich nur dort zu Wort gemeldet, wo sie sicher sein konnten, unter ihresgleichen zu sein. Dann aber – und zwar in dem Maße, wie der Terrorismus in unserer Gesellschaft zu einem Problem wurde – kamen sie aus den Ecken und Schlupflöchern hervor und begannen, wieder das große Wort zu führen.

Sehr rasch waren sie mit dem Hinweis zur Hand, daß angeblich zwischen einer emanzipatorischen Erziehung (und somit auch zwischen der emanzipatorischen Kinder- und Jugendliteratur) und dem Terrorismus ein direkter Zusammenhang bestehe. Hatte man nicht immer schon gesagt: eine Jugend, die dazu aufgefordert werde, alles zu hinterfragen, die Kritik um der Kritik Willen übe, die gegen Gesetz und Ordnung eingenommen sei – eine solche Jugend müsse im Chaos enden?

Nur selten erfolgten die Angriffe gegen die neue Kinder- und Jugendliteratur so direkt und offen wie Ende 1977, als in einem Artikel der *Welt* behauptet wurde, die für ihren Mut zum Experiment und für ihr emanzipatorisches Programm bekannte *rotfuchs*-Taschenbuchreihe trage dazu bei, daß unsere Kinder und Jugendlichen zu Terroristen würden.

Eigentlich noch wirksamer als solche direkten, frontalen Angriffe, denen ja auch direkt widersprochen werden kann, waren Anspielungen in Gremien, Hinweise gegenüber Leuten, die an den Schaltstellen sitzen, Pressionen gegenüber Lektoren und Autoren, auch gegenüber Bibliothekaren: Die Zeiten hätten sich eben nun geändert, man tue gut daran, sich umzuorientieren. Mir wird angst, wenn ich als Autor und Lektor seit nunmehr etwa eineinhalb Jahren beobachte, mit welcher Geschwindigkeit (und zum Teil auch mit welchem Opportunismus!) in der Kinder- und

Jugendliteratur sich die Wende vom Emanzipatorisch-Demokratisch-Fortschrittlichen zum Nostalgisch-Unverbindlich-Reaktionären vollzieht.

Ist das Zensur, wird man fragen? Reagieren hier Produzenten nicht einfach auf eine anders geartete Nachfrage des Marktes, auf eine Geschmacksveränderung? Zudem: Gibt es nicht auf dem Gebiet der Kinder- und Jugendliteratur noch hinreichend viele und weltanschaulich unterschiedlich ausgerichtete Verlage, um die Meinungsvielfalt zu gewährleisten?

Dagegen wäre zu sagen: Wir leben in einer Gesellschaft, in der die gefährlichste und aktuellste Form der Zensur nicht das offene Verbot, sondern die Manipulation ist.

Man kann mir entgegenhalten, daß es Wichtigeres gäbe als Kinder- und Jugendliteratur. Man kann sich gewiß auch über das Ausmaß, in dem Literatur heute noch das Bewußtsein der heranwachsenden Generation beeinflußt, streiten.

Dies alles eingeräumt, scheint mir dennoch die Entwicklung in diesem Teilbereich des Literaturbetriebs während der letzten Jahre signifikant. Daß Emanzipation, kaum daß die begonnen hat, schon wieder abgestoppt und rückgängig gemacht werden soll, scheint mir Grund genug, warnend die Stimme zu erheben.

Es war wiederholt davon die Rede, daß Eltern, Lehrer, Erzieher darüber entscheiden, welche Art von Jugendliteratur sich durchsetzt und welche nicht. Sich dieser Wirkungsmöglichkeit bewußt zu sein, die emanzipatorische Kinderliteratur zu fördern und zu verteidigen, scheint mir heute wichtiger denn je.

Abrüstung
Zeichnung: Marie Marcks
Gedruckt.

ANTON-ANDREAS GUHA

Verfassungsschutz in Bibliotheken: *Spitze eines Eisbergs*

> »Die Perfektion der Zensur ist erreicht, wenn nur solche Bücher zur Lektüre freigegeben werden, die ohnehin niemand liest.« *George Bernhard Shaw*

»Bibliotheken für das Volk einzurichten, ist gefährlich. Der Staat hat dann nämlich nicht mehr die Freiheit einzuschränken, was außerhalb der Schulgrenzen gelesen wird.« Diese Warnung des preußischen Justizminister von Massow findet heute, nach mehr als 170 Jahren, immer noch offene Ohren und wieder viel Verständnis, bei nicht wenigen Politikern, Richtern, Staatsanwälten und sonstigen Staatsbediensteten. Das Dilemma ist also da: Denn es gibt nun einmal »Bibliotheken für das Volk«, und die »Freiheit einzuschränken« stößt tatsächlich auf ein Hindernis, den Artikel 5 des Grundgesetzes, der jedem Bürger garantiert, sich aus allgemein zugänglichen Quellen ungehindert zu unterrichten. »Eine Zensur findet nicht statt.«

Andererseits gibt es natürlich Bücher – und diese Erkenntnis wurde sogar noch geraume Zeit vor Herrn von Massow gemacht –, »deren Wirkung problematisch erscheint« –, so aus einer internen Dienstanweisung einer der größten deutschen »Bibliotheken für das Volk«, und die daher auch nicht ohne weiteres allgemein zugänglich gemacht werden dürfen. »Die Freiheit einzuschränken« nimmt man sich durchaus, zum Wohle des Staates und auch des einzelnen Bürgers. Denn wer solche »problematische Literatur« trotzdem ausleiht oder bei wem sie angetroffen wird, macht sich verdächtig. »Sag mir, was du liest, und ich sage dir, wer du bist«; sollte sich diese Spruchweisheit nicht auch für die Sicherung unserer freiheitlich-demokratischen Grundordnung dienstbar machen lassen? Festzustellen, was einer liest, wäre denkbar einfach: Man läßt die Bibliotheken und Büchereien kontrollieren. Immerhin wäre diese Methode noch subtiler als jene, die der Vorsitzende der CDU-Fraktion in der Bremischen Bürgerschaft, Neumann, mit Blick auf den Lyriker Erich Fried empfahl: Verbrennen.

Nicht von einer erdachten Groteske in Orwellschem Sinne ist die Rede, sondern von bundesdeutscher Realität. Am 23. Oktober 1977 befaßte sich die Mitgliederversammlung des *Vereins der Bibliothekare an öffentlichen Bibliotheken* (VBB) auch mit diesem heißen Doppelthema: Dem wachsenden Druck vorwiegend konservativer Kräfte auf die Bibliotheken und der offenbar ebenfalls wachsenden Neigung des Verfassungsschutzes, Einblick in die Ausleihen zu nehmen, um die Leser bestimmter Literatur zu kontrollieren und so möglichen »Staatsfeinden« oder gar »Sympathisanten« von Terroristen auf die Spur zu kommen. Mit überwältigender Mehrheit wurde beschlossen, daß die Vereinsgremien sich mit Vorrang dieses Problems annehmen sollten. Am 19. Dezember griff die Deutsche Bibliothekskonferenz auf der Sitzung in Stuttgart dieses Thema auf und beschloß einstimmig, eine öffentliche Podiumsdiskussion über »Zensur und Selbstzensur« zu veranstalten.

Etwa 20 konkrete Fälle politischen Drucks und versuchter Einflußnahme auf öffentliche Bibliotheken wurden 1977 registriert – »nur die Spitze eines Eisbergs«, wie ein namhafter Bibliotheksdirektor versichert. Vorwiegend ging es darum, die Ausleihe bestimmter »linksradikaler« Bücher, aus der DDR beispielsweise oder auch aus der Volksrepublik China, sowie Zeitschriften wie den *Spiegel* zu verhindern. In einigen Fällen paßte der jeweiligen Stadtverwaltung das ganze Gebahren der Bibliothek nicht, weswegen die Finanzmittel gekürzt oder kurzerhand Genehmigungspflicht für Buchanschaffungen verfügt wurde.

Am schwerwiegendsten scheint der »Fall AGB« zu sein. Im Frühsommer 1977 wurde bekannt, daß die Amerika-Gedenkbibliothek (AGB) in West-Berlin, eine der größten Europas, seit Jahrzehnten eine »freiwillige« Zensur ausübt. Von der Freihand-Ausleihe ins Magazin verbannt und damit »aus der Reichweite der Unkritischen etwas entfernt« werden, wie es in einer internen Arbeitsanweisung heißt, »Bücher aus Westverlagen, die die freiheitlich-parlamentarische Grundordnung ablehnen, den Krieg verherrlichen, zu Gewalt, Verbrechen, Rassismus und Religionsverfolgung animieren, auch wenn sie nicht vom Bundesverfassungsgericht indiziert wären«. Außerdem »im Handel erhältliche, aber gar nicht oder nur unzureichend kommentierte Schriften aus Ost- und Westverlagen mit nationalsozialistischem, sozialistischem und kommunistischem Gedankengut, deren Wirkung problematisch erscheint«. Ausdrücklich wird der westdeutsche *März-Verlag* genannt, aber auch Publikationen anderer »linker« Verlage wie *Wagenbach* sollen auf diesem seltsamen AGB-Index stehen.

Im sogenannten Giftschrank, dem Sondermagazin, sind nach Auskunft der Bibliotheksleitung »nur« nationalsozialistische Bücher aufbewahrt, die zum einen »besonders diebstahlgefährdet erscheinen«, zum anderen von den Alliierten verboten wurden. An diese Literatur kommt nur heran, wer ein wissenschaftliches Interesse nachweisen kann. Ein Rundfunkreporter entdeckte in diesem »Giftschrank« neben Schriften des NS-Ideologen Alfred Rosenberg freilich auch Bücher aus Nordkorea, zwei Mao-Bibeln oder die *Sittengeschichte* von Eduard Fuchs aus dem Jahre 1911, die der berühmte Sozialphilosph Walter Benjamin überschwenglich lobte.

Problematischer aber ist, daß sonstige »linksradikale« Literatur, vorwiegend solche aus der DDR, neben dem üblichen roten Streifen, der sie als Bestand des Magazins ausweist, auch den sinnigen Aufdruck »Bibliotheca politica« (BP) erhält. Entleiher, beispielsweise »Jugendliche oder Hausfrauen, die mit solcher Literatur nicht umgehen können«, sollen – der internen Dienstanweisung zufolge – »in freundlichem Ton« von einem Bibliothekar aufgeklärt und auf Alternativliteratur hingewiesen werden. Die AGB-Bibliothekarin Dr. Müller, zuständig für den Bereich Politik/Sozialwissenschaften, in einem Rundfunkinterview: »Bei den radikalen Schriften muß der Zugang eingeschränkt werden.« Eingeschränkt – der weiland preußische Staatsminister von Massow kommt also doch zu Ehren, sogar wörtlich, und die Parteifunktionäre gleich nebenan in Ost-Berlin können sich ebenfalls bestätigt fühlen.

Doch es bleibt nicht bei freundlicher Ermahnung und Einschränkung. Der Ausleihvorgang mit Entleihe- und Rückgabedatum wird bei der AGB samt dem Namen des Benutzers auch von BP-Literatur auf Mikrofilm aufgenommen und gespeichert. Zu welchem Zweck? »Reines Dienstmaterial« und »für dienstliche Zwecke«, versicherte die Bibliotheksleitung stereotyp auf öffentliche Fragen. Der »Dienstzweck« wurde freilich nie im einzelnen beschrieben, aber den Verdacht, daß der Verfassungsschutz auf diese Weise ungestört Einblick in die Benutzerkartei nehmen könnte, weist die Direktion als »Verfolgungswahnidee« entrüstet zurück. Nie habe der Staatsschutz den Wunsch geäußert, die auf Mikrofilm gebannten Entleiher zu kontrollieren, ein solches Ansinnen wäre auch prompt zurückgewiesen worden.

Es erhebt sich zunächst die Frage, nach welchen Kriterien eine Bibliothek wie die AGB eine solche Zensur ausübt, gestützt auf welche Rechtsverordnungen. Zum anderen ist eine Reihe von Widersprüchen festzustellen: Im »Giftschrank« steht eben nicht nur NS-Literatur oder harte Pornographie, sondern auch »linke«

oder kommunistische, Stalin zum Beispiel oder Trotzki, Guevara. Abgesehen davon, daß nicht alle mit BP »abgestempelte« DDR-Literatur staatsgefährdend oder linksradikal ist, wird über die »dienstlichen Zwecke«, derentwegen die Benutzer von BP-Literatur auf Mikrofilm gebannt werden, nichts Konkretes mitgeteilt. Die Beteuerung, diese Mikrofilme würden streng verschlossen aufbewahrt, ist im übrigen falsch: Ein Rundfunkreporter machte die Probe aufs Exempel, ging ungehindert in den Aufbewahrungsraum, griff sich einen Karton mit Filmmaterial, verließ die Bibliothek und brachte ihn nach kurzer Zeit wieder zurück, ebenso unbemerkt und unbeanstandet. Der Versuch der AGB-Direktion schließlich, die interne Arbeitsanweisung als »Manuskriptaufzeichnungen eines Bibliothekars« zu verniedlichen, ist ebenfalls falsch.

Immerhin, Angestellte der Bibliothek und der Personalrat lassen zumindest die Möglichkeit offen, daß sich der Verfassungsschutz der Mikrofilme bedient haben könnte. Dieser Überzeugung ist man übrigens auch beim VBB. Die in einer Bibliothek anfallenden Personaldaten werden vom Datenschutzgesetz nicht erfaßt, wie auch andere Daten nicht, beispielsweise des Postzustellungsdienstes! Mancher Beamtenanwärter ist schon beim »Einstellungsgespräch« mit der ihn überraschenden Frage konfrontiert worden: »Sie lesen doch den Extra-Dienst, nicht wahr?«

Und waren nicht schon 1976, im Zuge der Fahndung nach den Mördern des Berliner Kammergerichtspräsidenten von Drenckmann, zwei Verfassungsschützer in der Bibliothek der Freien Universität erschienen? Der FU-Präsident ließ natürlich abwiegeln. Die Herren wollten keinesfalls kontrollieren, »welche Literatur von Studenten ausgeliehen wird«, vielmehr hätten sie sich lediglich erkundigt »nach den Buchausleihemodalitäten und darüber, ob eine Kontrolle der Identität der Personen, die Bücher ausleihen, durch Vorlage des Personal- bzw. Studentenausweises stattfindet«. Eine dürftige Erklärung, denn wie sollen Angestellte bei einem solchen Massenbetrieb die Identität von Staatsfeinden feststellen? Daß Bücher einer Universitätsbibliothek nur an Benutzungsberechtigte ausgeliehen werden, die sich als solche ausweisen, ist ohnehin üblich. Weshalb aber interessiert sich der Verfassungsschutz für einen solchen rein betriebsinternen Vorgang? Zur Ehrenrettung des FU-Präsidenten sei auf einen Augenzeugen verwiesen, dem zufolge die beiden Herren des Verfassungsschutzes seinerzeit »hinausgeworfen« worden seien.

Wenn auch im Fall der Amerika-Gedenkbibliothek trotz erheblicher Zweifel und großer Wahrscheinlichkeit eine Kontrolle der Entleiher und damit Leser bestimmter politischer Literatur durch den Verfassungschutz nicht erwiesen ist, so gibt es doch andere konkrete Fälle und Beweise.

Fall 1: Ein Benutzer der Bibliothek der Stadt X, der mit Genehmigung der Staatsanwaltschaft den Terroristen Günter Sonnenberg in der Strafanstalt besucht und mit ihm gesprochen hatte, fertigt ein Gedächtnisprotokoll an und fotokopiert es mehrmals. Eine solche Fotokopie wird im Lesesaal der Bibliothek gefunden, der Besucher Sonnenbergs hatte sie dort vergessen. Auf der Rückseite eines der Blätter steht ein Name, vom Stammheim-Besucher ohne jeden Bezug zu seinem Gespräch mit Sonnenberg notiert, möglicherweise als Gedächtnisstütze. Zu seiner großen Überraschung und zur noch größeren des Trägers jenes notierten Namens schaltet sich der Verfassungsschutz ein und nimmt den »durch puren Zufall Notierten«, wie der Sonnenberg-Besucher beteuert, eindringlich unter die Lupe. Seitdem macht er sich berechtigte Gedanken darüber, wie er wieder aus der Kartei des Staatsschutzes getilgt werden könnte.

Wie gelangte das Gedächtnisprotokoll aus dem Lesesaal der Bibliothek an den Staatsschutz? Mag die Erklärung naheliegen, daß eifrige Bibliotheksangestellte den Verfassungsschutz eingeschaltet haben, so ist der Fall 2 schon bedenklicher:

Ein drogenabhängiger Jugendlicher in der Stadt Y erhält Besuch von der Kripo. Die sucht nach Rauschgift und findet auch prompt welches: Bücher, genauer, »linke« Bücher oder was Kripo-Beamte so dafür halten. *Die Rosenhofstraße* beispielsweise war darunter, verfaßt von dem bekannten kommunistischen Romancier Willi Bredel in der Weimarer Republik, ferner der vietnamesische Erzählband *Kämpfendes Saigon,* dann Graham Green und – sinnigerweise – George Orwells *1984.* Big brother is watching you . . .

Da außerdem, wie der Privatdetektiv des besorgten Vaters der Freundin des jungen Mannes herausfand, ein Freund des Verdächtigten Kommunist war, gab die Kripo den Fall an den Verfassungsschutz weiter. Der ging – wie selbstverständlich – in die Bibliothek und ließ sich zeigen, welche Bücher der Jugendliche im Laufe der Zeit ausgeliehen hatte. »Wir wollten ermitteln, ob er sich auch für weitere Bereiche interessiert«, lautete die lakonische Begründung. Die Rechtsanwälte des jungen Mannes legten Rechtsaufsichtsbeschwere gegen die Beamten und gegen den Bibliotheksdirektor ein.

Fall 3: Eine junge Zahnärztin in der Stadt Z gerät aus ihr unerfindlichen Gründen in die Kartei des Verfassungsschutzes. Dessen Beamte sprechen im Zuge ihrer Ermittlungen ebenfalls bei der Ausleihe der Bibliothek vor und lassen sich den Computerausdruck mit den entliehenen Buchtiteln der jungen Frau geben. Sie finden vorbehaltlose Unterstützung, das EDV-Personal der Bibliothek ist sogar mit Feuereifer bei der »Fahndung« dabei und rückt alle gewünschten Daten heraus. Die Direktion der Bibliothek war in diesem Falle nicht informiert worden, die Herren vom Verfassungsschutz hatten sich gleich an die zuständigen Personen gewandt.

Auch diese in »Bibliothekarskreisen« bekanntgewordenen und vieldiskutierten Fälle »sind nur die Spitze eines Eisberges«, versichert der bereits zitierte Bibliotheksdirektor. Wird der Verfassungsschutz auch vorbeugend aktiv? »Nach meiner Überzeugung ja!«, wobei es starke Anhaltspunkte dafür gebe, daß sowohl die »Biographie« des Buches als auch die des Entleihers verfolgt und kontrolliert würden, also entweder der Weg einer Schrift oder – im Wortsinne – der eines verdächtigen Lesers. Wie weit sich diese dubiose Praxis bereits etabliert hat, zeigt die Empfehlung des Bibliothekarstages des *Verbandes Deutscher Bibliothekare* (VDB) 1976 in Münster: »Risikobücher« sollten nicht mehr ausgeliehen werden. Auch bei den im VDB zusammengeschlossenen wissenschaftlichen Bibliothekaren wächst die Befürchtung, daß »Risikobücher« der Bibliothek Ärger mit den Staatsschutzorganen und dem Benutzer den Verdacht einbringen, nicht so fest auf dem Boden des Grundgesetzes zu stehen.

In einer »Diskussionsgrundlage« für den Bibliothekskongreß 1978 in Stuttgart erklärte die Mitgliederversammlung des VDB-Landesverbandes Bremen, in den vergangenen Jahren mehrten sich die »Anlässe, die befürchten lassen, daß einer faktischen Einschränkung der Garantie des Art. 5 GG der Weg bereitet wird; hierzu gehören: behördlich verfügte und gesetzgeberische Maßnahmen (zuletzt 14. Strafrechtsänderungsgesetz; insbesondere Einfügung der §§ 88a und 130a) sowie richterliche und höchstrichterliche Entscheidungen, die schon jetzt eine schleichende Selbstzensur in Bibliotheken fördern.« Der Bibliothekarstag 1977 in Bremen hatte bereits alle Bibliothekare aufgefordert, die Entwicklung aufmerksam zu verfolgen und alle Vorfälle, die eine Einschränkung der Meinungsfreiheit bewirken könnten, den Vereinsvorständen zu melden.

Auch auf dem Frankfurter Treffen des *Vereins der Bibliothekare an öffentlichen Bibliotheken* wurde festgestellt, daß die Entleihe bestimmter linker Literatur teuer zu stehen kommen könne. Wie der VDB zeigte sich auch der VBB zutiefst besorgt darüber, daß die grundgesetzlich garantierte Informationsfreiheit durch derlei Praktiken eines fehlverstandenen Staatsschutzes ausgehöhlt würde, noch mehr aber dadurch, »daß viele schon Selbstzensur üben und nicht mehr den Mut haben, sich zu informieren«.

Die Bibliothekare wollen aber jetzt an die Öffentlichkeit treten. Sie glauben, über genügend Indizien zu verfügen, die – abermals – eine erschreckende Entwicklung belegen, zumindest ankündigen. Denn der Griff nach dem gedruckten Wort, damit nach der Meinungsfreiheit, ist ja nur ein Sympton für die Demontage des Rechtsstaates. »Es ist wieder einmal Zeit, Widerstand zu leisten«, sagt ein Büchereidirektor, »es muckt ja keiner mehr auf, das ist ja das Irre.«

Wer also wird von einer »Verfolgungswahnidee« getrieben?

Anmerkung der Redaktion:
Der Beitrag von Anton-Andreas Guha wurde in einer aktuellen Situation geschrieben. Seine Veröffentlichung in der *Frankfurter Rundschau* führte fast in allen Bundesländern zu parlamentarischen Anfragen. Die zuständigen Innenminister bestritten im Verlaufe der Diskussionen, daß in irgendeiner Bibliothek ihres Landes einer der geschilderten Fälle vorgekommen sei. Gleichwohl legt der Verfasser Wert auf die Feststellung, daß sich ein Bibliotheksdirektor einer Landeshauptstadt bei ihm gemeldet habe, um Vorkommnisse der geschilderten Art im wesentlichen zu bestätigen. Nach Informationen des Verfassers hat das Erscheinen des FR-Artikels dazu beigetragen, die dargestellten Mißstände, die als Usus einzureißen drohten, abzustellen.

CARNA ZACHARIAS

Bayern zensiert Lesebücher

Nun gibt es in Bayern einen »Maulkorb-Erlaß« für kritische Autoren: Das Kultusministerium verbannt unliebsame Schriftsteller aus Schulbüchern, die in Bayern schon zugelassen waren. Folgende Namen sind bisher bekannt: Wolf Biermann, Günter Wallraff, Erich Fried und Hubert Fichte. Ans Tageslicht kam der Vorfall durch ein Schreiben des Bayerischen Staatsministeriums für Unterricht und Kultus vom 28. 11. 77 an den Dortmunder Crüwell-Verlag, der *Benders Deutsches Lesebuch*, Bände 1–5 (Herausgeber: Johann Dietrich Bödeker) verlegt. Darin wird für die Zulassung dieser Bücher in Bayern gefordert, daß die Texte von Wallraff, Biermann, Fichte und Fried herausgenommen werden.

Als Begründung dafür ist lediglich angeführt, daß ein »Mangel an Übereinstimmung mit dem neuen curricularen Lehrplan« festzustellen ist: »Insbesondere entspricht die Auswahl der Texte . . . nicht der Intention dieser Lehrpläne.« Was unter »der Intention« der bayerischen Lehrpläne zu verstehen ist, wird nicht näher ausgeführt.

Nicht zugelassen sind:

- Biermann mit seinen Gedichten *Spielzeug, Wann ist denn endlich Frieden, Himmelfahrt in Berlin, Die Ballade von dem Briefträger William L. Moore aus Baltimore* und *Moritat auf Biermann seine Oma Meume in Hamburg.*
- Wallraff mit einem Ausschnitt aus einer Industriereportage *Am Fließband.*
- Fried mit seinen Gedichten *Meer* und *Antwort* (*Meer* ist ein reines Naturgedicht: »Wenn man ans Meer kommt, soll man zu schweigen beginnen . . . und nichts mehr wollen, wollen nur Meer nur Meer«).
- Fichte mit seinem Gedicht *Frohe Festtage:* »Wenn die Weihnachtsmänner umgepreßte Osterhasen sind, dann sind Ostern die Osterhasen umgepreßte Weihnachtsmännerosterhasen.«

Die Lesebücher waren 1975 in allen Bundesländern, auch in Bayern, schon zugelassen – außer in Hessen, weil sie zu konservativ (!) waren.

Der Crüwell-Verlag dazu: »Im Zuge der neuen Lehrpläne in Bayern wurde die Zulassung der Schulbücher wieder überprüft, das ist juristisch vorgesehen, und Änderungswünsche sind häufig. Das Besondere in diesem Fall ist, daß hier ohne Ansehen der Texte nur bestimmte Namen genannt werden und keine weitere inhaltliche, pädagogisch fundierte Begründung dazu gegeben wird. Wir werden jetzt ein Gespräch mit dem Kultusministerium führen, um eine Einigung zu erzielen. Theoretisch wäre auch ein Rechtsstreit möglich, aber das hat es bisher noch nie gegeben.«

Noch härter geht die *Gewerkschaft Erziehung und Wissenschaft* (GEW) mit dem bayerischen Kultusministerium ins Gericht:

»Hier zeigt sich wieder einmal, zu welchen Auswüchsen konservative CSU-Bildungspolitik führen kann. Ein solcher Index, in dem es offensichtlich nur um bestimmte unliebsame Verfasser geht, nicht aber Textinhalte, ruft ungute Erinnerungen wach. Die Aktion ›Saubermann‹ des bayerischen Kultusministeriums kommt aber nicht aus heiterem Himmel. Nicht nur in Deutsch, sondern auch in den Fächern Sozialkunde, Geschichte, Arbeitslehre und Erziehungslehre soll zur ideologischen Großreinigung geschritten werden. Dieses Vorhaben ist mit den Grundsätzen unserer pluralistischen Demokratie unvereinbar.«

Das Kultusministerium selber weist Begriffe wie »Zensur« und »Index« weit von sich: Pressesprecher Dünninger: »Es gibt keinen Index, auf dem bestimmte Bücher oder Autoren in Bayern stehen. Aber man muß unterscheiden zwischen Lektüre-Stoffen, die der Lehrer selbst auswählen kann – die allerdings auch die Grundsätze der Verfassung berücksichtigen müssen – und den von Steuern finanzierten Lesebüchern, die einen normierten und exemplarischen Charakter in der Auswahl der Texte haben. Wir meinen, daß die beanstandeten Texte keinen ausreichenden literarischen Rang haben und inhaltlich zu einseitig sind. Zum Beispiel Wallraffs Darstellung der Arbeitswelt oder Fichtes Kritik an Weihnachten.«

»Und wenn man andere Texte dieser Autoren auswählte?«

Dünninger: »Nun, es ist wirklich die Frage, ob man diese Autoren überhaupt in ein Lesebuch nehmen sollte . . .«

Der Vorfall kam im kulturpolitischen Ausschuß im Landtag zur Sprache: SPD, FDP und die Lehrerverbände reagieren mit Empörung. Jürgen Böddrich, stellvertretender Landes- und Fraktionsvorsitzender der bayerischen SPD: »Ich warne das bayerische Kultusministerium eindringlich vor dem Versuch, die Schulbücher in Bayern im Sinne von konservativen CSU-Versuchen gleichzuschalten. Dieser Versuch erinnert an eine Zeit, die seit 1945 als überwunden gilt.«

Böddrich forderte Kultusminister Maier auf, ausdrücklich zu erklären, ob es bei einer pluralistischen Geistes- und Meinungsfreiheit in Bayern bleiben soll, oder ob es in Zukunft einen »Index« geben wird.

Ursula Redepenning (FDP-Mitglied des kulturpolitischen Ausschusses im Landtag) möchte das Verhalten des Ministeriums im Landtag zur Sprache bringen: »Es ist gut, daß ein derartiger Vorgang deutlich in die Öffentlichkeit kommt. Es ist dringend erforderlich, daß sich der kulturpolitische Ausschuß im Landtag generell mit den Grundlagen der Lektürenauswahl auseinandersetzt. Besonders befremdlich ist das pauschale Ablehnen von Namen mißliebiger, weil kritischer Autoren. Ein Lesebuch, das von Steuergeldern finanziert wird, muß dem Anspruch auf Pluralität gerecht werden.«

Otto Maier, Vorsitzender des kulturpolitischen Arbeitskreises der CSU im Landtag, stellt sich dagegen hinter seinen Kultusminister: »Mir sind Eltern bekannt, die sich beklagt haben, daß sich in den Lesebüchern zu einseitig ausgewählte Literatur befindet. Ich finde es selbstverständlich, daß das Kultusministerium sorgfältig prüft, inwieweit Schulbücher unseren Erwartungen entsprechen, die wiederum abhängig sind von den Erziehungsgrundsätzen in der bayerischen Verfassung.«

Neben der *Gewerkschaft Erziehung und Wissenschaft* (GEW) verwahrte sich auch der *Bayerische Lehrer- und Lehrerinnen-Verband* (BLLV) gegen eine pauschale Ablehnung bestimmter Autoren.

Pressesprecher Wilhelm Weime: »Das Kultusministerium ist zweifellos berechtigt, bestimmte Texte aus unseren Lesebüchern zu verbannen, wenn sie gegen die Grundsätze der Verfassung verstoßen. Wir sind aber der Auffassung, daß sich eine verantwortungsvolle Auswahl von Texten in erster Linie am konkreten Inhalt zu orientieren hat. Es widerspricht den Grundsätzen unserer pluralistischen Gesellschaft, mißliebige Autoren pauschal zu verbieten.«

Schwamm drüber?
Zeichnung: Marie Marcks
Nicht gedruckt.
Zur Arbeit der Deutsch-Polnischen Schulbuchkommission, die nach Ansicht der CDU/CSU einseitig polnische Interessen berücksichtigt.
An dem Tag, an dem die Zeichnung hätte erscheinen sollen, war Helmut Schmidt in Auschwitz.

WOLFGANG BITTNER

Widerruf einer Immatrikulation

Der Student der Philologie an der Göttinger Georg-August-Universität, Hendrik Bicknaese, der auch literarische Texte schreibt und einen Lyrikband veröffentlicht hat, wurde 1976 rechtskräftig zu einem Jahr und sieben Monaten Freiheitsstrafe ohne Bewährung verurteilt. Ihm wurde ein Rauschgiftdelikt angelastet; das Urteil erging nur aufgrund von Zeugenaussagen und Indizien, die Verwerfung der Revision erfolgte nicht nur gegen den Antrag der Verteidigung, sondern auch gegen den Antrag der Staatsanwaltschaft. Zur Zeit wird ein Wiederaufnahmeverfahren angestrebt.

Im Dezember 1977 erhielt Bicknaese vom Rektor der Göttinger Universität einen Bescheid, wonach seine 1975 vorgenommene Immatrikulation widerrufen wird. Ein solcher Vorgang ist beispiellos, und es muß befürchtet werden, daß dieses Ausbildungsverbot mit der politischen Einstellung und Betätigung des Studenten in Zusammenhang steht, der politische Texte schreibt, Gefangenenarbeit betreibt und sich aktiv gegen Wohnraumzerstörung eingesetzt hat. An jeder Universität, so auch an der Göttinger, gibt es eine größere Anzahl von Studenten, die zum Teil erheblich vorbestraft sind, gegen die aber nichts unternommen wird.

In dem Widerrufsbescheid heißt es: Bicknaese habe sich »durch die rechtskräftig abgeurteilte Tat für den gewählten Studiengang als ungeeignet erwiesen ... Art und Schwere dieser Tat lassen ... einen schwerwiegenden Charaktermangel und eine für sein Alter und seine soziale Einordnung bedenkliche Labilität einem rechtschaffenden (sic!) Leben gegenüber erkennen, die ihn für das gewählte Studium als ungeeignet erweisen. Denn aus den dargelegten Gründen kann seine weitere Ausbildung zu einem zur Übernahme eines Lehramtes an Gymnasien befähigten Pädagogen der Gemeinschaft der Studierenden, insbesondere der Öffentlichkeit gegenüber nicht gerechtfertigt werden.«

Seine rechtliche Grundlage findet der Bescheid nach Auffassung des Rektors in den Bestimmungen eines Runderlasses des Niedersächsischen Kultusministers von 1969. Darin heißt es unter § 17: »Die Immatrikulation kann widerrufen werden, wenn einer der im

§ 4 Abs. 1 ... genannten Gründe für eine Ablehnung des Aufnahmeantrages nach erfolgter Immatrikulation eintritt oder bekannt wird.« § 4 Abs. 1 Nr. 3 lautet: »Der Aufnahmeantrag ist abzulehnen, wenn der Studienbewerber ... ein Verbrechen oder Vergehen begangen hat, das ihn für das betreffende Studium als ungeeignet erweist.«

Es handelt sich hier also um eine Kann-Bestimmung, das heißt ihre Anwendung liegt im Ermessen der Universitätsbehörden. Zu bedenken ist dabei, daß Bicknaese ebensogut als Studienziel statt Gymnasiallehrer, Verlagslektor oder Redakteur angeben könnte und daß bei einer etwaigen Bewerbung für das Lehramt an höheren Schulen letztlich die Einstellungsbehörde zu prüfen haben wird, ob der Bewerber für den Schuldienst geeignet ist oder nicht. Alles andere ist eine Beschränkung der grundgesetzlich verbürgten Ausbildungsfreiheit und außerdem, da der jetzt 30jährige Student bereits eine Haftzeit von zehn Monaten verbüßt hat, eine Verhinderung seiner Resozialisierung (darüber wird ja in letzter Zeit auch an den Universitäten viel theoretisiert). Mag man zu dem begangenen Delikt stehen, wie man will, das Strafvollzugsgesetz vom 16. März 1976 sieht ausdrücklich vor, daß ein Verurteilter nach Verbüßung seiner Strafe wieder in die Gesellschaft eingegliedert werden soll. Bezöge sich diese Absicht nicht auf einen Studienbewerber, der zu einem Jahr und sieben Monaten Freiheitsstrafe verurteilt worden ist, käme das einer Doppelbestrafung gleich. Welche praktische Relevanz hätten dann überhaupt die Bestimmungen des Strafvollzugsgesetzes und alle Resozialisierungsbemühungen, wenn aufgrund eines ministeriellen Runderlasses eine bereits begonnene Ausbildung nicht nur unterbrochen, sondern sogar rückgängig gemacht werden kann?

Ferner stellt sich die Frage, warum sich die Universität gerade in diesem Fall eines Strafverfahrens, das in Aachen und Köln lief, derart engagiert und warum bis vor kurzem nicht einmal die engsten Mitarbeiter des Rektors, zum Beispiel der Pressesprecher der Universität, über das Widerrufsverfahren informiert waren. Der Rektor, Hans-Jürgen Beug, der schon durch seine überaus heftigen Reaktionen auf den Göttinger Buback-Nachruf eines sogenannten Mescalero von sich reden gemacht hat, wird sich die Frage gefallen lassen müssen, ob es im Fall des Studenten Bicknaese mit rechten Dingen zugeht. Es wäre zu wünschen, daß diese merkwürdige Angelegenheit so bald wie möglich wieder aus der Welt geschafft wird.

Protestiert haben gegen das Verfahren unter anderem der

Verband deutscher Schriftsteller, dem Bicknaese angehört, der *Demokratische Kulturbund* und die Redaktion der Literaturzeitschrift *Die Horen*. Der Student hat gegen den Bescheid der Universität Widerspruch eingelegt.

Nachtrag:

Im August 1978 wurde nach umfangreichem Schriftwechsel und zahlreichen Protesten der Bescheid der Universität Göttingen, wonach die Immatrikulation widerrufen worden war, zurückgenommen. In dem Schreiben an den Rechtsanwalt Bicknaeses heißt es:

»Im Gegensatz zu der derzeitigen Rechtslage werden nach Inkrafttreten des Niedersächsischen Hochschulgesetzes vom 1. 6. 1978 . . . künftig strafrechtliche Verurteilungen auch bei schwerwiegenden Straftaten keine Konsequenzen für die Immatrikulation nach sich ziehen, sofern es sich nicht um hochschulbezogene Tatbestände im Sinne des § 41 NHG handelt. In Anbetracht dieser Entscheidung des Gesetzgebers bin ich bereit, den auf der Verurteilung ihres Mandanten . . . beruhenden Widerruf seiner Immatrikulation aufzuheben.«

Bicknaese hätte also die Möglichkeit gehabt, sein Studium in Göttingen weiterzuführen, hätte er sich nicht zwischenzeitlich ins Ausland abgesetzt, um der Verbüßung einer Reststrafe aus dem Strafverfahren von 1976 zu entgehen. Der Antrag auf Wiederaufnahme dieses Verfahrens ist bisher ohne Erfolg geblieben.

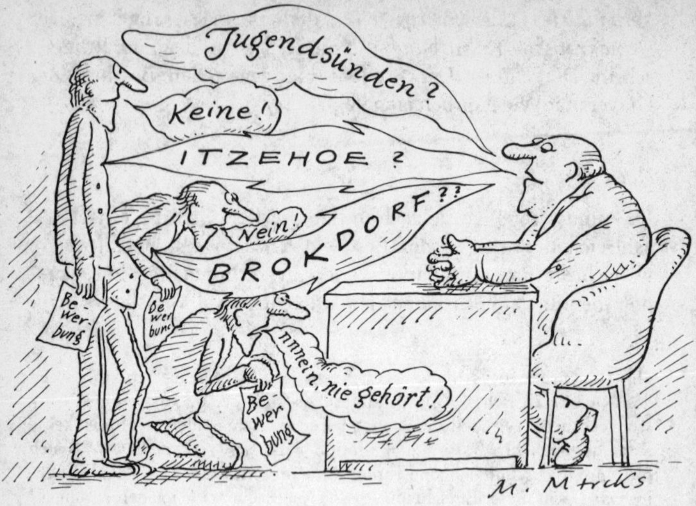

Jugendsünden
Zeichnung: Marie Marcks
Gedruckt.

HELLA SCHLUMBERGER

Der Bayerische Rundfunk und wie's darin mit rechten Dingen zugeht

»Den Wahlkampf 1980 im Fernsehen gewinnen«, hieß der Schlachtruf der Unionsparteien in den letzten Jahren, und ihre verstärkten Aktivitäten im Medienbereich lassen keinen Zweifel daran aufkommen, wie blutig ernst es ihnen damit ist. Kurzfristig also der Wahlsieg, langfristig die Torpedierung des öffentlich-rechtlichen Systems, das ihnen so lange ein Dorn im Auge ist, solange dort noch von ihnen unabhängige Redakteure sitzen, solange noch »gesellschaftlich relevante Gruppen« im Rundfunkrat eine Meinung vertreten, die nicht die ihrige ist, solange noch keine Hofberichterstattung erfolgt.

Das klingt nach düsteren Unkenrufen, reicht aber noch lange nicht an die Düsternis der Wirklichkeit heran. Der NDR-Staatsvertrag ist auf Betreiben der Herren Stoltenberg und Albrecht wegen angeblicher Mißwirtschaft und unausgewogener Berichterstattung gekündigt. Man merke: Dieser Vorwurf geht immer in dieselbe Richtung: Er kommt von rechts und zielt nach links, will kritische, engagierte Journalisten mundtot machen. (Ich bin ein leidenschaftlicher Verfechter der Unausgewogenheit, ich will die breitmöglichste Palette an Informationen haben, die uns garantierte Meinungsfreiheit ausschöpfen).

Dieser Trend war auch im WDR zu beobachten: die Nicht-Ausstrahlung des Wallraff-Films über seine Zeit bei *Bild*, die Ausschaltung von *Glashaus*-Sendungen, die Kündigung des Redakteurs Ludwig Brundiers.

Die von der CDU angestrengte dümmliche »Rotfunk«-Kampagne ist inzwischen in allen Rundfunkanstalten als Eröffnungs-Halali für eine gezielte Machtergreifung gelaufen.

In Bayern muß eigentlich nicht mehr viel ergriffen werden, der *Bayerische Rundfunk* (BR) gilt bereits als »Servicewelle der CSU«, besonders seit dem Fall der (wann war sie es jemals?) »roten« Landeshauptstadt München. »Angst und Unsicherheit« herrsche im BR, stellten verschiedene Untersuchungen (EKD, Richter) einstimmig fest, daraus resultierend, so Dieter Lattmann, »ein Klima von Einschüchterung, Opportunismus und Selbstzensur«.

Wie hat es die CSU geschafft, in wenigen Jahren aus einem Sender, der unter Cube (Hörfunk) und Wallenreiter (Fernsehen) als ›liberal‹ galt, einen – nach Ansicht vieler Kritiker – Hort der Reaktion zu machen?

Begonnen hatte es auch in Bayern wie anderswo mit den sattsam bekannten Behauptungen einiger CSU-Abgeordneter, der BR sei »links unterwandert«, »unausgewogen«, eben »rot« – was doch wohl den Tatbestand einer Rufmordkampagne erfüllt. Das war um 1970. Bestrebungen, das Rundfunkgesetz zu ändern in Richtung Privatsender, mehr Werbung, mehr Einfluß der Industrie und der ihr am engsten verbundenen Schwesterparteien, wurden immer lauter. Schon damals gekoppelt mit der erpresserischen Drohung, sonst eben den ARD-Verband zu verlassen.

Zielstrebig wurde zunächst die Personalstruktur im BR verändert: Anstelle von Intendant Wallenreiter kam Reinhold Vöth, Chefredakteur Heigert wurde von Rudolf Mühlfenzl ersetzt, dessen politischer Standort wie der von Fernsehdirektor Oeller keinem Zweifel unterlag (das heißt in Bayern: CSU). Statt Dagobert Lindlau (jetzt Chefreporter des bayerischen Fernsehens im *Weltspiegel)* bekam Klaus Stephan (jetzt der CSU-Brückenkopf bei den *Tagesthemen* in Hamburg) die Leitung des politischen Magazins *Report*. Kurz: Die Spitzenpositionen wurden mit CSU-Mitgliedern oder -Sympathisanten besetzt. Die liberale *Report*-Mannschaft hatte inzwischen mehr oder weniger freiwillig den BR verlassen. Thilo Schneider, das einzige SPD-Gegengewicht in führender Position, wurde dem im Prinzip gleichrangigen Mühlfenzl unterstellt: Er bekam sieben redaktionelle Einheiten, Mühlfenzl acht.

1972 hatte sich die CSU verkalkuliert, als sie daran gedacht hatte, via Änderung des Rundfunkgesetzes den BR auch formal in den Griff zu bekommen. Kritische bayerische Rundfunkhörer und Fernsehzuschauer fielen auf das Schlagwort »mehr Demokratie und mehr Mitbestimmung« nicht herein und schlossen sich im »Landesbürgerkomitee Rundfunkfreiheit« zusammen. Zum großen Erstaunen der CSU schafften sie es, über ein erfolgreiches Volksbegehren den allzu tolpatschigen Griff der CSU nach der öffentlich-rechtlichen Anstalt abzuschmettern. Das einzige und hoffnungsvoll immer wieder zitierte Beispiel dieser Art. (Davon abgesehen gibt es nicht in allen Ländern das System des Volksbegehrens).

Danach wurde es still um den BR, was freilich nicht hieß, daß die Christ-Sozialen ihre Ambitionen etwa begraben hätten.

Im Frühjahr 1974 kam es wegen der rapiden Kostensteigerungen im BR zu Programmkürzungen. »Zufällig« wären drei der vier betroffenen Redaktionsleiter SPD-Sympathisanten gewesen. Der massive Widerstand von SPD und DGB stoppte dieses Vorhaben zunächst. Nach dem überwältigenden Sieg der CSU in den Landtagswahlen desselben Jahres (62,1 %!) wurde jedoch die parteihörige Personalpolitik in verstärkter Form wiederaufgenommen. Gipfel dieser Politik war die Bestallung von Franz Schönhuber, der sich in schöner Stetigkeit vom Juso-Verfechter zum Strauß-Jubilator gemausert und seine Karriere in Bayern dadurch um einiges beschleunigt hatte. Er wurde Bereichsleiter von *Bayern Information,* der die *Abendschau* untersteht. Es hagelte Proteste, es gab und gibt seiner Person wegen immer wieder hausinterne Auseinandersetzungen. Aber ein Schönhuber bleibt eben, wo er ist.

Nur einer ließ sich nicht alles gefallen: Thilo Schneider, stellvertretender Chefredakteur, Hauptabteilungsleiter für Politik und Zeitgeschehen. Er klagte gegen die Beschneidung seiner Kompetenzen durch einen eigens vom Fernsehdirektor erfundenen Koordinator. Koordinatoren haben Dauer-Direktionsbefugnis bei aktuellen Anlässen. Schneider hält sie für illegal und im Bayerischen Rundfunkgesetz nicht verankert. Und dann hieß der ihm vor die Nase gesetzte Koordinator auch noch Rudolf Mühlfenzl! Der Kläger Schneider gewann in erster Instanz beim Arbeitsgericht München, verlor in zweiter Instanz beim Landesarbeitsgericht, ging zum Bundesarbeitsgericht und unterlag auch dort.

Der Rundfunkrat – als Kontrollorgan der öffentlich-rechtlichen Anstalten gedacht und daher aus Vertretern »gesellschaftlich relevanter Gruppen« zusammengesetzt – erfüllt seine Funktion in Bayern nur sehr mangelhaft. Er ist beinahe schon so etwas wie ein Akklamationsverein schwarzer bayerischer Medienpolitik geworden. Man kann ziemlich sicher sein, daß sich bei Abstimmungen die »grauen« Rundfunkräte automatisch auf die Seite der »schwarzen« schlagen und das Häuflein der vier SPD- und zwei DGB-Rundfunkräte in hilfloser Minderheitenposition zu verharren verdammt ist. Manchmal allerdings kann man sich bei Rundfunkratsitzungen nicht des Eindrucks erwehren, daß sie auch gar keine eigene Medienpolitik zu vertreten haben. Sei es, daß sie – zwar überrascht, dann aber doch willig – der Schaffung eines eigenen Bayerischen Vollprogrammes zustimmten (sie waren einfach überrumpelt worden und redeten sich damit heraus, daß in diese neue Form möglicherweise ja doch ein guter Inhalt gegeben werden könnte, was sich als Trugschluß herausgestellt hat). Sei es, daß sie im Dezember desselben Jahres keinen energischen Protest gegen die Ausschaltung des BR aus der ARD beim Fernsehfilm *Die Konsequenz* einlegten (es ging im Film um ein homosexuelles Liebesverhältnis). Immer wieder wird in SPD und DGB der Vorschlag diskutiert, daß SPD- und DGB-Rundfunkräte doch einmal demonstrativ aus dem Rundfunkrat ausziehen sollten, um der Öffentlichkeit klarzumachen, was da gespielt wird, wie die Machtverhältnisse dort wirklich liegen, daß Nicht-CSU-ler in Wirklichkeit nichts anderes sind als schmückendes, aber unnötiges demokratisches Beiwerk.

»Gewöhnlich gut unterrichtete Kreise« aus dem *Bayerischen Rundfunk* (hinter diesem Wunsch nach Anonymität steckt die Angst der Sprecher, von der CSU ausgemacht und für ihre Aussagen – wie auch immer – ›gestraft‹ zu werden) erklären das Zustandekommen des BR-Programms ganz einfach: »Es ist doch so, daß ein direkter Druck vom CSU-Hauptquartier (früher ›Lazarettstraße‹ jetzt ›Nymphenburgerstraße‹) auf Vöth und Oeller erfolgt. Die geben den Druck an uns weiter, wir weiter in die Redaktionsstuben. Und dann muß sich niemand wundern, wie das Programm nachher aussieht.« So gut wie ungehindert von einem quasi gelähmten Rundfunkrat konnte die CSU in den letzten Jahren ihre nicht gerade mit dem Ticket *progressiv* zu versehende Personal- und Programmpolitik weiterführen, nachdem die unbequemen Programmacher ausgemerzt wurden oder sich klagend in die innere Emigration verzogen hatten.

Ausschaltungen haben im BR bereits ihre Geschichte: 1960 wurde den bayerischen Fernsehzuschauern Aristophanes' *Lysistrata* vorenthalten, weil darin »die Verfechter einer Atomrüstung einfach unfair karikiert wurden«. Außerdem soll es, munkelt man, noch ein paar »unsittliche Szenen« gegeben haben, die die Programmgewaltigen den Zuschauern erst fünfzehn (!) Jahre später glaubten, zumuten zu können. Der BR kümmert sich nicht nur um Information und Unterhaltung, wie im Rundfunkgesetz verankert, sondern eben auch um die Moral seiner Schäfchen.

1968 durfte eine Satire auf Ölsucher im bayerischen Unterdeixelham mit dem Titel *Das Bohrloch* nicht gesendet werden: Es wurde offensichtlich der »Eigenart Bayerns« nicht gerecht.

1971 fiel das Jugendmagazin *Zoom* der Zensorenschere zum Opfer. Es hätte vielleicht das bayerische Jungvolk aufzurütteln vermocht, wer weiß.

1974 schlug Fernsehdirektor Oeller (Spitzname: »Der Verhüter«) gleich zweimal zu: Rosa von Praunheims Film *Nicht der*

Homosexuelle ist pervers, sondern die Situation, in der er lebt wurde abgeblockt nebst dem Silvesterprogramm der Münchner Lach- und Schießgesellschaft mit dem Titel *Der Abfall Bayerns.* Aber eben nicht nur für Bayern, sondern für die ganze Bundesrepublik. Wo kämen wir denn hin, wenn aus Bayern plötzlich kritische und witzige Sendungen kämen!

Dasselbe wäre dem Film *Die Konsequenz* 1977 passiert, wenn der WDR zu Kreuze gekrochen wäre, sich auf die beiden, vom BR geforderten Schnitte eingelassen hätte. Die BR-Chefs spielen also nicht nur für Bayern die Zensoren, sie täten es liebend gerne gleich fürs ganze Bundesgebiet.

Im nächsten Jahr, als sich die »Tendenzwende«, der Rechtsruck, die Sympathisantenhatz, für jedermann erkenntlich auszuwirken begann, passierte im BR eigentlich nur das »Übliche«: Kürzungen aus »formalen« Gründen (»Ihr Manuskript ist nun mal zu lang«!), Streichungen, »Strafversetzungen« von Sendungen in die späten Abendstunden, Ausschaltdrohungen sowie der altbekannte Theaterdonner (»Steter Tropfen . . .«), die ARD zu verlassen.

Zum »Üblichen« gehörten weiter die Mitschnitte, die die CSU-Landesleitung liebenswürdigerweise immer mitfabrizierte und die permanenten Angriffe des damaligen CSU-Generalsekretärs und jetzigen bayerischen Innenministers Gerold Tandler auf die letzten verbliebenen »kritischen« Sendungen aus dem Familien- oder Jugendfunk.

Bereits 1974 hatte sich in München eine Gruppe von Journalisten, Politikern und Juristen zusammengefunden. Die »Bayerische Initiative Rundfunkfreiheit« (BIR) war ein »e. V.« geworden, ein gemeinnütziger dazu, der sich Gedanken darüber machte, wie das Wenige, was im BR noch zu retten war, gerettet werden könne. Dringlichkeit war geboten: Trotz Sieg in der Volksabstimmung des »Landesbürgerkomitees Rundfunkfreiheit« hatte die CSU es geschafft, durch die Hintertürchen der Änderung der Personalstruktur den Inhalt des Programms in ihrem Sinne mehr und mehr zu beeinflussen. Die BIR-Leute betrachteten sich als geistige Nachfolger des Landesbürgerkomitees und verfolgten das Ziel, die wenigen, im BR noch vorhandenen, unabhängigen Kollegen zu unterstützen und die Öffentlichkeit in verständlicher Weise über das komplexe, und meist als »langweilig« empfundene Thema *Medienpolitik in Bayern* zu informieren. Es ist ihnen bis heute gelungen, über Unterschriftensammlungen, Veranstaltungen in kleinem, mittleren und großen Rahmen (1500 Zuschauer), Taschenbücher [»Was ist mit unserem Rundfunk los?« (1976) und

»Was ist, wer will, wem nützt Kabelfernsehen?« (1978) ein drittes ist in Vorbereitung] eine größere Öffentlichkeit wachzurütteln und zu engagieren (was nicht heißt, daß sich dadurch das Programm im BR entscheidend verbessert hätte). Eines will diese Bürgerinitiative auf keinen Fall: durch übereiltes Publizieren von Namen und Skandalen Märtyrer zu schaffen, was besonders bei den »Freien Mitarbeitern« ein Leichtes wäre.

Ende 1977 hatte sowohl Hörfunk wie Fernsehen des BR etwas Spektakuläres zu bieten: Das für den 30. September zur Sendung angekündigte Interview von Gert Heidenreich mit Heinrich Böll im Rahmen des *Notizbuch*, einer morgendlichen Stundensendung des Familienfunks (Hörfunk BR) zum Thema »Sympathisanten der Terroristen« wurde vom Hörfunkdirektor Gunthar Lehner am selben Morgen kurzfristig (!) verschoben. Grund: die nicht gewahrte »Ausgewogenheit«. (Böll: »Ein heuchlerisches Klischee!«) Eine Woche später wurde das Interview dann doch gesendet: Zur »Ent-Emotionalisierung« (Lehner) der Hörer war es versehen worden mit einem Kommentar von Lehner höchstpersönlich, einer Art Gebrauchsanweisung, wie das denn alles richtig zu verstehen sei.

Es ist interessant zu erfahren, daß in der Woche nach dem ersten verschobenen Sendetermin, am Tag des Erscheinens des Interviews in der *Frankfurter Rundschau*, ein Telegramm von Strauß bei Lehner eingetroffen war, in dem er dieselbe Sendezeit, wie sie für Böll, vorgesehen war, forderte, um dessen »Verdrehungen und Ausflüchte« vor dem weiß-blauen Publikum richtigzustellen. Da hatte es dann Lehner doch vorgezogen, selber zu kommentieren.

»Lehner, der mit den Stimmen der SPD- und DGB-Rundfunkräte gewählt worden war, ist der klassische Fall für das Abdriften nach rechts innerhalb des Hauses«, meint Florian Sattler, Redakteur im *Notizbuch*.

»Ich bin kein Freund des Ausschaltens«, bekannte Intendant Reinhold Vöth, entschloß sich aber dann doch, den Fernsehfilm *Die Konsequenz* von Alexander Ziegler (Autor) und Wolfgang Petersen (Regisseur) für die Bayern am 8. November 1977 nicht zuzulassen, weil sich der WDR geweigert hatte, die von Vöth sieben Stunden vor der Ausstrahlung geforderten zwei Schnitte zu vollziehen. Es ging um die Beischlafszene von Heimzöglingen mit einem schwachsinnigen Mädchen und um eine Miniszene: einen Pornofilm, der im Wohnzimmer eines Abgeordneten über die Leinwand flimmerte, 40 Sekunden insgesamt (Oder sollten sich beim Thema *Abgeordnete* Assoziationen einstellen? Da gab's doch mal was . . .). Mit Berufung auf das bayerische Rundfunkgesetz (Art. 4, Abs. 11), das »Sendungen, die das sittliche oder religiöse Gefühl verletzen« verbietet, und mit der fadenscheinigen Begründung, daß durch diesen Liebesfilm unter Schwulen »Vorurteile gegen Homophile in der Gesellschaft weiterverstärkt« würden, versuchte Oeller die Ausschaltung zu rechtfertigen. Die bayerischen Fernsehzuschauer wurden mit Geissendörfers Edel-Heimatfilm *Sternsteinhof* abgespeist, der ohne die Zustimmung des Regisseurs und wie immer, kurzfristig, ins Programm aufgenommen wurde.

Doch diesmal ging die Ausschaltung nicht so sang- und klanglos vor sich, wie es die BR-Zensoren gewöhnt waren: Die Münchner Zeitungen liefen Sturm, veröffentlichten Leserbriefe, das Beschwerdetelefon im BR lief heiß. Die BIR sammelte über 4000 Unterschriften aus allen Teilen der Bevölkerung zur Forderung: »Meinungs- und Informationsfreiheit auch für Bayern, schnellstmögliche ungeschnittene Ausstrahlung des Films im 3. Programm«. Und: Der BR solle es in Zukunft unterlassen, sich aufgrund der Entscheidung einiger weniger aus dem ARD-Programm auszuschalten.

Auf diesen Vorschlag der BIR antwortete Intendant Vöth am 27. Januar 1978 mit derselben Halsstarrigkeit, die er bislang an den Tag gelegt hatte:

»Eine Sendung des in den von uns beanstandeten Passagen unveränderten Films verletzt auch heute nach wie vor unser Rundfunkgesetz. Daran kann weder Ihre Schelte noch Journalistenkritik und auch keine noch so gut oder weniger gut gemeinte Auszeichnung des Films [Die Kritiker des Evangelischen Pressedienstes, epd, hatten *Die Konsequenz* als den »besten Fernsehfilm im November/Dezember 1977« gekürt, Anm. d. Verf.] etwas ändern, denn niemand kann uns von der Verpflichtung entbinden, für die Einhaltung des Rundfunkgesetzes zu sorgen... Die Tatsache, daß mehrere tausend Zuschauer über Sie eine Ausstrahlung . . . fordern, veranlaßt mich, Sie sehr eindringlich daran zu erinnern, daß das Fernsehpublikum in seiner Zusammensetzung wesentlich anders geschichtet ist, als etwa ein Theater- oder Kinopublikum. Solange man damit rechnen muß, daß auch zu relativ später Stunde Jugendliche, ja sogar noch Kinder vor dem Bildschirm sitzen, wäre eine Aufführung dieses Filmes unverantwortlich.«

Im Klartext: Wir bayerischen Fernsehzuschauer sollen ruhig weiter doof und unaufgeklärt bleiben! Es erübrigt sich wohl, darauf hinzuweisen, daß einerseits homosexuelle Gruppen trotz Vorbehalten für die Aufführung des Filmes im Fernsehen plädierten, andererseits einige CSU-Abgeordnete nebst Fernsehausschuß des

Rundfunkrats die Absetzung begrüßten. Diese »Verhüter«-Strategie ist typisch für die gesamte bayerische Bildungspolitik.

In denselben Zusammenhang einer Kultur- und Bildungspolitik, die »reaktionär« zu nennen, beinahe geschmeichelt ist, gehören

- 1975 und 1976 die Beschlagnahmung von Bommi Baumanns *Wie alles anfing* und *1885 Haymarket*, gekoppelt mit einem Verfahren, in das der Trikont-Verlag verwickelt wurde;
- die Schülern und Pädagogen gleichermaßen verhaßte »ASCHO«, die allgemeine Schulordnung, die zur Disziplinierung beitragen soll, genauso wie die Tatsache, daß an bayerischen Schulen Spitzel eingesetzt wurden, um nichts Kritisches ungemeldet verhallen zu lassen; die ständigen Zensureingriffe und Verbote von Schulerzeitungen;
- das bayerische Hochschulgesetz mit seinem – Ordnungsfans besonders sympathischen – Disziplinarteil, das es geschafft hat, an Bayerns Hochschulen eine Friedhofsruhe einkehren lassen, über die sich Rektor-Fürst Lobkowicz bereits wieder beschwert (obwohl er damals die Polizei in die Universität gerufen hatte);
- 1978: Die Diskussion über die Einführung der Sexualkunde im Landtag: CSU-Experten waren der Ansicht: wenn schon, dann nur vom Religionslehrer;
- im selben Jahr: die urplötzliche Schließung der Schackgalerie wegen Renovierungsarbeiten für die Staatskanzlei und ihren neuen Chef: F. J. Strauß. Trotz anderer, profilierterer Bewerber, trotz Protesten der Studenten und Rücktritten von Akademie-Gremien der Professoren hievte Kultusminister Maier seinen Spezi Bernhard Weisshaar (Ex-Benediktiner, Kirchenfensterbauer, Sonntagsmaler und Hilfsreferent aus seinem Ministerium) auf einem Professorenstuhl an der Kunstakademie. Wie er es Jahre zuvor bereits mit einem gewissen Lothar Bossle gemacht hatte, den er trotz wilder Proteste in Würzburg als Politikprofessor akkreditierte. Aus Dankbarkeit gab er sich dann dazu her, einer der Gründer der »Vierten Partei«, einem Hilfstrupp für Strauß, zu werden.
- Kiesls, des CSU-Bürgermeisters aus München, neue Kulturpolitik brachte den Kulturreferenten Kolbe des öfteren in die Bredouille: Das künstlerische Subventionsprogramm wurde umgestaltet: zuungusten der Kulturläden, die unter Kuratel der CSU-Bezirksausschüsse gebracht werden; zuungunsten von besseren Lebens- und Arbeitsmöglichkeiten lebender Künstler; zuungunsten sämtlicher neuer Formen des künstlerischen Aus-

drucks (Für Erich Steingräber, den CSU-Vertrauensmann und Direktor der Bayerischen Staatsgemäldesammlungen, ist alles »Progressive« sowieso gleichbedeutend mit Sympathisantentum – so in einem Leserbrief vom November 1978);
– und dann schließlich verbot der Kultusminister weiter den klassenweisen Besuch des Aufklärungsstückes im Theater der Jugend *Was heißt hier Liebe?*; rügte der fromme Minister den Landesjugendring in Bayern, sie sollten endlich ihre »religiöse Bindung« in der Satzung verankern – was die nicht wollten. Im Stadtrat wurde zur selben Zeit diskutiert, ob man die Publikation des *Karussell*, einer Zeitung von Kindern für Kinder, überhaupt noch dulden könne – es fänden sich da ein paar »unverantwortliche Tendenzen«, fand ein CSU-Stadtrat heraus.

Als die »Bayerische Initiative Rundfunkfreiheit« im Rahmen der Stadtteilwoche »Maxvorstadt« (Schwabing) einen Abend ankündigte mit dem Titel: »Wie ausgewogen ist der Bayerische Rundfunk? – Maxvorstädter fragen Rundfunkräte« (Juni 1979), da sprach der CSU-Bezirksausschußvorsitzende Klaus Bäumler: »Das geht nur, wenn die BIR die Ausgewogenheit des Abends garantiert.« (!) Weil eben der BR offensichtlich es nicht ist, nicht ausgewogen ist, deshalb gibt es diese Bürgerinitiative. Und dann soll sie garantieren, selber ausgewogen zu sein. Schon sehr seltsam. Und das Kulturreferat meinte zu der angekündigten Veranstaltung: »Verschont uns von der Diskussion, im Programm [das eine Woche dauerte, Anm. d. Verf.] gibt es schon eine.«

Von kritisch-Politischem, von Linkem jeder Couleur (in einer *Blickpunkt*-Sendung Anfang Oktober 1979 deckte Mühlfenzl, der eigentlich nur moderieren sollte, die Aussagen des Landesvorsitzenden der Jungen Union, Alfred Sauter, der Jusos und Judos als die einzigen wirklichen Faschisten unserer Tage diffamierte, die die Methoden von SS und SA imitierten, Anm. d. Verf.) von offen sexuellen Darstellungen oder – ganz einfach – »moderner« Kunst soll der Bayer im Namen der »Ausgewogenheit« weitmöglichst verschont bleiben – trägt all dies doch bereits den Keim der Aufmüpfigkeit in sich.

Alfred Horné, RFFU-Mitglied im Bundesvorstand, wird den Verdacht nicht los, daß diese ständig herbeibemühte Ausgewogenheit nichts anderes als ein »Mittel der Disziplinierung« ist. Müller-Meiningen jun., ein liberaler Jurist und Journalist der *Süddeutschen Zeitung*, ehemaliges Rundfunkratsmitglied, sieht den »Maulkorb als Mittel der Ausgewogenheit« und beklagt die nicht zu übersehende Tendenz zum »Anpassungsjournalismus«. »Ein Mindestmaß von Ausgewogenheit im Gesamtprogramm«, wie es das »Adenauer-Urteil« des Bundesverfassungsgerichtes von 1961 fordert (listigerweise fordern die Herren Ausgewogenheitsfanatiker es für jede Sendung, jeden Beitrag, jeden Film, was zur Nivellierung jeder Aussage führt), setzt aber ein Mindestmaß an Ausgewogenheit in der Personalpolitik voraus. Und da liegt der Hase im BR begraben.

Im Juni 1977 wurde traurigerweise mit den Stimmen der SPD- und DGB-Rundfunkräte die Einführung (ab 1. Januar 1978) eines bayerischen »Vollprogramms« (anstelle des bisherigen »Studienprogramms«) beschlossen. Neue Mitarbeiter mußten her. Was bot sich an? Dieter Kiehl, der sich zuvor zehn Jahre als Pressesprecher der CSU bewährt hatte, kam zu *Bayern-aktuell.*

Ein Beispiel für seine Arbeitsweise: Am 28. Januar 1978 wurde ein Ausschnitt aus der Haushaltsdebatte des Bundestages gesendet. Von den fünfzehn Minuten Sendezeit wurden acht Minuten an F. J. Strauß vergeben, die verbleibenden sieben Minuten mußte sich die Regierungskoalition teilen – immerhin für vier bis fünf Wortbeiträge. Von der CDU kam keiner dran. Das ist Ausgewogenheit, home made, wie Innenminister Tandler es Journalisten schon 1975 angeraten hatte: ». . . nicht auf journalistische Meinungsfreiheit (zu) pochen, sondern freiwillig sich den geschriebenen oder ungeschriebenen Verpflichtungen (zu) unterwerfen« (*Bayernkurier*, 27. September 1975) – eine klare Aufforderung zur Selbstverstümmelung.

Als neuer BR-Mitarbeiter, als Nachfolger von Klaus Stephan in *Report* kam ZDF-Redakteur Günter von Lojewski, jetzt auch in den *Tagesthemen* zu sehen, ein Mitglied der »Löwenthal-Mannschaft«. Fest angestellt wurde Isabel Mühlfenzl, die Frau des immer wieder erwähnten Chefredakteurs, die bislang durch ihre wirtschaftspolitischen Beiträge nicht gerade als besonders »progressiv« aufgefallen war.

Inhaltlich sollte sich das »Vollprogramm« dadurch unterscheiden, daß mehr Lokales und Regionales berücksichtigt werden sollte (»die kleine Welt der Bürger in Europa«, aus dem BR-Papier zum Vollprogramm); mehr Unterhaltung in Form von Endlos-Serien, dafür weniger Nachrichten (Blöcke von 3,5 Minuten mit stehenden Bildern ohne Filme), und eine erweiterte Wetterkarte (!). Der springende Punkt: Das Abendprogramm fängt bereits um 19.00 Uhr an mit Unterhaltung, meist mit einem Spielfilm, was das Umschalten auf die ARD-*Tagesschau* um 20.00 Uhr erschweren soll. 3,5-Minuten-Nachrichten sind schließlich für Bayern genug. Man fühlt sich verschaukelt.

Zarte Proteste seitens der SPD und (in Bayern sehr zu loben: die medienpolitischen Aktionen der FDP von Julian Gyger und Ursula Redepenning) FDP werden von der CSU mit gewohnter Frechheit konterkarriert. Da nennt der CSU-Landtagsvorsitzende Gustl Lang die »sich häufenden Proteste . . .(eine) beispiellose Einschüchterungskampagne gegen Mitarbeiter des Bayerischen Fernsehens. Wenn das Schule machen sollte, dann würde dies das Ende des freien Journalismus bedeuten – dieser freie Journalismus . . ., der uns bisher den gefürchteten Sozialismus vom Hals gehalten hat.« Einfach den Spieß umdrehen und zur Attacke, eine beliebte CSU-Strategie.

Daß kritischen Stimmen wie der BIR »marxistischer Denkansatz« vorgeworfen und daran gezweifelt wird, ob sie sich noch auf dem Boden des Grundgesetzes befindet, ist in Bayern nicht weiter verwunderlich. Daß aber bayerische Gerichte in erster und zweiter Instanz die Diffamierungen der BIR in der Springerpresse (»schmierige Denunziantenkader«, »linke Meinungsmafia« von Enno von Löwenstern in der *Welt*, 21. Oktober 1976 abschmettern, gibt immerhin zu Hoffnung Anlaß.

Im ständigen Sperrfeuer Straußscher Gesinnungsgenossen steht seit Jahren neben den Sendungen des Jugendfunks die des Familienfunks, besonders das *Notizbuch*, das sich aus einer Hausfrauen- und Verbrauchersendung zu einer der lebendigsten Ausstrahlungen im ganzen BR gemausert hatte. Strauß ließ bereits 1971 in Vilshofen verlauten: »Es gibt im BR Redaktionen wie den Jugend- und Frauenfunk [es heißt – wie gesagt – Familienfunk, Anm. d. Verf.], die rote Spritzer in der bayerischen Landschaft verteilen.« Wie es drinnen wirklich aussieht, beschreibt Florian Sattler vom *Notizbuch:*

»Es stimmt, von der Aufbruchstimmung 1968 ist nicht mehr viel da. Typisch für den BR ist die Übermacht der Konservativen, die sich die Unorganisiertheit der Linken und die Bequemlichkeit der anderen zunutze machen. Es wird immer schwerer, über politische Prozesse, die außerhalb des Spektrums der drei Bundesparteien ablaufen, zu berichten. Wir sind nämlich keine primär politische Sendung, deshalb ecken wir mit Themen wie: § 218, Scheidungs- und Familienrecht, Gesamtschule, ASCHO, Radikalenerlaß, Anti-KKW-Demonstrationen oder politischen Prozessen regelmäßig an. Nicht, daß uns der Mut zur Meinung fehlt, nur sind wir eben vorsichtiger geworden. Wir retten uns in allgemeine Formeln, stellen Themen ›kontrovers‹, d. h. ›ausgewogen‹ dar, und lassen damit den Hörer ratlos zurück. Die Stimmung ist im Augenblick massiv gegen uns.«

Wie massiv, das wußte Florian Sattler noch nicht, als er jenes sagte. Kurz darauf, im November 1978, spielte sich der Skandal um das Heubl-Interview ab: Heubl sollte von dem BR-Redakteur, Jürgen-Martin Möller, interviewt und u. a. gefragt werden, wie sein Verhältnis zu Strauß sei, weil er doch jetzt Landtagspräsident und Strauß sein Ministerpräsident wäre. Diese Frage stieß auf Heubls Mißmut; er drohte, das Studio zu verlassen, wenn sie gestellt würde. Der Journalist sträubte sich dagegen, weshalb er kurz entschlossen nach einer Intervention von Herrn Mühlfenzl durch einen anderen ersetzt wurde, der diese Frage prompt ausklammerte. Wer war dieser andere? Dieter Kiehl, vormaliger CSU-Sprecher. Hofberichterstattung? (Strauß hatte Heubl in einem Dossier Faulheit und Unfähigkeit vorgeworfen.)

1979 stand auch eine Umstrukturierung des Hörfunks ins Haus. Ohne in ermüdende Details gehen zu wollen: Der Trend wurde durch Streichen von Sendungen, Versetzungen von Redakteuren, Umschichten von Themenzugehörigkeit fortgesetzt: Regionalisierung, Provinzialisierung, Entpolitisierung. Es ist unglaublich, auf welcher Ebene (vergleichbar der Stadt- und Landespolitik) sich die Beiträge oft bewegen. Das können Leute aus anderen Bundesländern oft gar nicht fassen.

Dann ging es Ende 1978/Anfang 1979 um die Nachfolge der verantwortlichen Redakteurin im *Notizbuch*. Sie hieß Lore Walb und war jemand, der den Mitarbeitern Raum ließ. Zum recherchieren, reflektieren, kommentieren. Neben ihr gab es noch Franz J. Bautz, dem eigentlich ihre Nachfolge zugestanden hätte. Er war es nämlich 1968 gewesen, der das *Notizbuch* kreiert hatte. Aber: Er war ein Mann. Und eine Frau als Leiterin des Familienfunks schien eigentlich allen plausibel. Trotz des Termins der Ausschreibung in den Weihnachtsferien (!) meldeten sich diverse profilierte Redakteurinnen. Nach langen, undurchsichtigem Gekungel war plötzlich – zu aller Erstaunen – ein Herr Leiter des Familienfunks, einer, der sich nicht einmal beworben hatte: Udo Reiter von der Wissenschaftredaktion des BR. Promovierter Germanist. Behindert. Was soll man da sagen? Er liegt halt auf der richtigen Linie. Das ganze riecht stark nach personeller Konzession des Intendanten Vöth an die CSU, um seine Wiederwahl zu sichern.

»Trotzdem«, meint Thilo Schneider in unerschütterlichem Optimismus, »ist immer noch etwas machbar. Nur müssen wir eben kleine Brötchen backen.« Der Riesenlaib Brot zeichnet sich aber bereits am Horizont ab: das Pilotprojekt München im Rahmen des Kabelfernsehens. Der Wirtschaft, der Bayerischen Staatsregierung, den Verlegern und der Post läuft bereits das Wasser im Munde zusammen. Völlig falsche Slogans wie »mehr Konkurrenz, mehr Qualität, mehr Demokratie« werden in die Welt gesetzt. Daß in diesem speziellen Fall mehr Quantität weniger Qualität bedeuten würde (Werbung, Serien), das wird den Betroffenen gern vorenthalten. Und das demokratische Element, die Video-Berichte von Bürgern für Bürger aus ihrem Stadtteil, vielleicht sogar via Rückkanal, sind ja nur ein verschwindend geringer Teil des Mammutprojektes. Wer es wohl finanziert? (»Wer zahlt, schafft«) Und ob man später, wenn das Projekt gelaufen ist, und kein Erfolg war, wieder daran denkt, es rückgängig zu machen? Und wo die vielen gespeicherten Daten von Leuten letztlich hinfließen, das ist ja alles noch ziemlich unklar. Deshalb fordert die BIR:

- Pilotprojekte müssen in öffentlich-rechtlicher Form betrieben werden, sie unterliegen der öffentlichen Kontrolle. Man hat es vielleicht allmählich verdrängt, aber: Funk und Fernsehen gehören den Bürgern, sie sind es, die ihn zu kontrollieren haben.
- Pilotprojekte müssen von der öffentlichen Hand finanziert werden, nicht durch Werbung.
- Die Kontrolle der Projekte liegt beim Rundfunkrat und einem zu schaffenden Programmbeirat, an dem die Abnehmer beteiligt sind.

»Wer das Kabel hat, hat die Macht« stellt Dietrich Ratzke in ›Netzwerk der Macht‹ (Frankfurt 1975) fest.

Und wer die Macht schon hat?

DIETER FRINGELI

Sympathologie oder Lieber Heinrich Böll!*

Heinrich Bölls letztes Buch in Sachen Politik trägt die Überschrift: *Einmischung erwünscht*. Es erschien bei Kiepenheuer und Witsch und hat überdies den lapidaren Untertitel: *Schriften zur Zeit*. Dieses Buch müßte Pflichtlektüre für jene Biedermänner sein, die – seit einem knappen Jahrzehnt – nicht müde werden (im Gegenteil!), sich auf Heinrich Böll, den Schriftsteller, den Menschen, den Nobelpreisträger einzuschießen. Heinrich Böll aber wird, so scheint es jedenfalls, langsam müde. Und dieses Erschlaffen, will sagen: die Ankündigung, daß er »die Nase voll« habe, kommt besagten Herren, denen Einmischung *nicht* erwünscht ist, gelegen; sie sind (beinahe) am Ziel ihrer Wünsche angelangt, haben sie doch Böll soweit gebracht, daß er puncto Bundesrepublik (beinahe) am Ende ist. Er sagt: »Allmählich langt es uns ganz dicke hier!«

Was hat Böll eigentlich verbrochen? Aus helvetischer Sicht: Nichts. Im Gegenteil. Mit Willy Brandt verkörpert er das, was wir naive und arrogante Ausländer uns zu Recht oder zu Unrecht unter einem »anständigen Deutschen« vorstellen. Bei der *Bild*-usw.-Hetze frage ich mich allen Ernstes, ob es diesen »anständigen Deutschen« schlicht und einfach nicht mehr geben darf – ob sich die professionellen Teutonen einbilden, ohne ihn kutschieren zu können. Diese Vermutung macht angst; und angst macht mir auch die »bünzlige« Intensität, mit der sich der einstige Bundespräsident Scheel gegen jede Einmischung in bundesrepublikanische Belange verwahrte. Bitte sehr. Es lebe der »häßliche Deutsche«!

Gut – im Gegensatz zum wohlfrisierten Bundespräsidenten braucht und *will* Böll die Einmischung von außen. Er soll sie haben! Wenn auf anonyme Anrufe hin Böll-Wohnungen von (ich zitiere) »40 Beamten vom Schleyer-Sonderkommando« durchsucht werden, dann ist es allerdings Zeit, die alte Jasperssche Frage

* Dieser Beitrag fußt auf zwei Artikeln, die Dieter Fringeli für die *Basler Zeitung* geschrieben hat: Nr. 244 vom 7. Oktober 1977 und Nr. 249 vom 12. Oktober 1977.

wieder einmal zu stellen – eine Frage, die erschreckend rhetorisch geworden ist: »Wohin treibt die Bundesrepublik?« Und dann ist es – Scheel hin, Scheel her – höchste Zeit, sich »einzumischen«. Denn: was den deutschen Schriftstellern und Intellektuellen momentan widerfährt, geht auch die deutschsprachigen Schriftsteller und Intellektuellen in der Schweiz etwas an.

Nun, durch meine Reaktion auf die Brutalsituationen in der Bundesrepublik laufe ich Gefahr, zu dem zu werden, was seit kurzem unter der fiesen Gratisvokabel »Sympathisant« feilgeboten wird. »Sympathisant«? Mir hängt das Wort zum Hals heraus. Wer hat es eigentlich in die Welt und in eine falsche Sprachumgebung gesetzt? Egal. Es kann freilich den Schreibern nicht mehr ganz wurscht sein, wenn die deutsche Sprache von (politischen) Analphabeten dergestalt mißbraucht und kaputt gemacht wird – wenn ein Wort wie Sympathie mit einem Schlag quasi verboten und unmöglich ist. Darf ich denn wirklich nicht mehr ungeniert und ungestraft mit Heinrich Böll sympathisieren? Macht mich meine Böll-Sympathie zum Sympathisanten eines Sympathisanten? Oder hab ich's am Ende bewußt oder unbewußt bereits zum waschechten, zum eigenständigen »Sympathisanten« gebracht? Das wär ja noch schöner. Nun ja, Worte und Wörter wurden und werden täglich zu Tode geritten.

Und Sie, lieber Heinrich Böll, können bei Ihrem Kampf gegen die in der Bundesrepublik offenbar so sehr vergessenen Nazis und ihrer Sympathisanten unserer Teilnahme und unserer sprachkritischen »Einmischung« gewiß sein. Halten Sie durch. Bitte! Auch die eidgenössischen Schreiber sind auf Ihre erfolgreiche »Verteidigung der Republik« angewiesen.

HEINRICH BÖLL

Lieber Dieter Fringeli!
*Brief an die Basler Zeitung**

Da Sie mich so offen und so direkt ansprechen, will ich ein letztes Wort in dieser Sache an *Sie* richten. Im Wirrwarr der Erklärungen, Gegenerklärungen, Gegengegenerklärungen und letzten Endes der Gegengegengegenerklärungen, haben wir – meine Familie und ich – uns entschlossen, nichts mehr zu sagen über das hinaus, was wir vor wenigen Tagen der dpa in Köln übergeben haben: eine Aufzählung der gravierendsten Widersprüche die unsere Zweifel bestärken, unser Mißtrauen bestätigen. Wir haben nicht den Verlautbarungsapparat des Bundespresseamtes, des Innenministeriums von Nordrhein-Westfalen, des Kölner Polizeipräsidiums.

Was bleibt, ist die *Stimmung* hier, eine Zwei-Groschen-Stimmung (man braucht bei uns zwei Groschen, um von einer öffentlichen Telefonzelle aus anzurufen), in der jeder der Polizei möglicherweise wichtige Beobachtungen mitteilen, in der aber auch jeder jeden denunzieren kann. Ich hoffe, daß die Schweiz nicht zu einem 40-Rappen-Land wird. Was bei uns bleibt, ist der Triumph der Springer-Presse, die bis zur Absurdität weiter ihre klebrigen Kommentare liefert, lügt.

Nun gut, wenn man uns nicht allzusehr provoziert (Provokationen der Springer-Presse nehme ich inzwischen als Schmeichelei, obwohl ich weiß, daß sie keineswegs schmeichelhafte Wirkungen haben), werden wir also schweigen und arbeiten, wenn man uns läßt. Vielleicht interessiert es Sie, da Sie ja, soviel ich weiß, auch aus dem »Milieu« stammen, daß die katholische oder katholisch gefärbte Presse mal wieder den widerwärtigsten Part in dieser Sache übernommen hat. Sie übertrifft die Springer-Presse.

Interessant ist wohl auch folgende Tatsache: Früher, wenn ich mich mal wieder »einmischte«, (etwa in den Fall Defregger – erinnern Sie sich?) bekam ich Drohbriefe anonym, Zustimmung namentlich gezeichnet – inzwischen ist das umgekehrt: Zustimmung kommt anonym. Grobheiten werden mit Namen gezeich-

* *Basler Zeitung* Nr. 255 v. 18. Oktober 1977. Der Brief ist enthalten in: Heinrich Böll, *Werke* Bd. 9. Köln (Kiepenheuer & Witsch) 1978. Der Abdruck erfolgt mit freundlicher Genehmigung des Autors.

net. Das ist nun *wirklich* interessant und mag – als Stimmungsbarometer – das Bundespresseamt und die Innenminister aufmerksam machen.

Eine weitere Beobachtung: Eine südamerikanische Studentin, die morgens mit dem Bus in eine kleine Ortschaft außerhalb Köln fährt, hat nicht mehr den Mut, im Bus ihre Lektüre offen weiter zu betreiben. Sie las ein spanisch geschriebenes Buch über die Geschichte der »Tupamaros«, eine soziologische Studie. Das junge Mädchen fürchtete den Volkszorn, möglicherweise unbegründet, aber sie fürchtet ihn angesichts der *Stimmung*.

Weiter: ich las da in einer Provinzzeitung *(Burghauser Nachrichten* vom 21. 9. 77, die ich zugeschickt bekam) einen Artikel, den ich gern in den großen überregionalen Tageszeitungen mit großer Auflage gelesen hätte. Titel des Artikels: »Das Große Fressen am Wörther See.« »Neunzig«, so las ich, »Industriemagnaten, Finanzgewaltige, und Playboys aller gängigen Kaliber«, haben sich dort per Jet versammelt, um zu feiern und zu fressen, auf ihre Art, die ihnen nicht genommen sei; aber sie mußten 17 Stunden lang bewacht werden von Polizeibeamten und einer Privattruppe, weil sie sich bedroht fühlten. Sie kokettierten mit dem Schicksal von Herrn Dr. Schleyer, beklagten den Notstand demokratischer Gesetze etc., es waren ihnen Drohungen von der »Baader-Meinhof-Bande« zugegangen. Vielleicht sind solche Feste, die, wie ich las, mit Porno untermalt werden, der Ausdruck »klammheimlicher Trauer«. Geschmack ist nicht justitiabel, aber Polizeibeamte werden ja von Steuergeldern bezahlt, u. a. auch von *unserer*, der Autoren und Theologen, Steuer.

Ich grüße Sie herzlich

Ihr Heinrich Böll.

MARTIN GREGOR-DELLIN

Am Scheideweg
Zur Absetzung eines Böll-Interviews im Bayerischen Rundfunk

Nach einem Verhaltensmuster, das nicht neu ist, werden die Emotionen der über Terror und Mord mit Recht erbitterten und empörten Bürger unseres Landes gegenwärtig in eine andere Richtung abgelenkt. Hat man die Täter und Schuldigen nicht, so sucht man angeblich und vermeintlich Mitschuldige. Von den vereinzelten, abgesprengten Linken, die in ihrer Verwirrung die Grenze zur Gewalt nicht rechtzeitig erkannten – und sie ist in diesem Fall eine Grenze hin zu faschistischem Terror, der nichts zum Ziele hat als sich selbst –, von solcher bewußter oder ungewollter Komplizenschaft einmal abgesehen, ist das Reservoir an Aggressionszielen beinah unausschöpfbar, wenn man den gefährlichen Begriff der »Sympathisantenschaft« nur weit genug zieht. Er stellt die Wahrheit auf den Kopf: Anhänger der Gewaltlosigkeit werden in der Nähe der Terroristen, menschenfreundliche Dialektdichter in die Nähe von Mord und Verbrechen gerückt. Aber die zu durchsichtigen politischen Zwecken – denn Volk ist auch Wählervolk – ausgelöste Verketzerung und Brandmarkung kritischer Geister vergiftet nicht nur das öffentliche Klima und geht nicht nur die Betroffenen unmittelbar an, sondern erzeugt auch Angst, Kleinmut und Anpassung, eine moralische Selbstentleibung aus Furcht, als Sympathisant von Sympathisanten gelten zu können.

Dies geht in jener Sphäre vor sich, wo geredet und geschrieben wird. Die Terrorismus-Debatte hat die Situation in den Medien noch einmal völlig verändert. Politisches Proporzdenken, an dem keine der großen Parteien ganz unschuldig ist, hat unter dem Schlagwort der »Ausgewogenheit« in den Funkhäusern eine Atmosphäre der Vorsicht erzeugt, in der man sich gegenseitig belauert und durch wechselseitige Beschwerden in den Aufsichtsgremien in Schach hält. Immerhin galten aber bisher selbst unter Konservativen gewisse Regeln der Fairneß, und wer Einblick in die komplizierte Hierarchie der Rundfunkanstalten besitzt, war geneigt, selbst demjenigen ein Maß an subjektiver Ehrlichkeit und objektiver Redlichkeit zu bescheinigen, der dem politisch Andersdenkenden gelegentlich ein Bein stellte: Auch Politiker, Redakteure, Journalisten sind nur Menschen. Die Absetzung des Böll-Interviews im Bayerischen Rundfunk am 30. September 1977, aus einer Sendung des *Notizbuches* zum Thema: »Wieso Sympathisant? Vorschnelle Schuldzuweisung und ihre Folgen«, kündigt etwas Neues an. Sie ist kein Fall Böll und kein Fall Bayerischer Rundfunk, sondern signalisiert den Beginn einer Angst-Psychose, an deren Ende der Entschuldigungs-Funk, das Zurücknahme-Programm steht, das weder die Meinung des Senders, noch einer einzelnen Redaktion, noch einer Person wiedergibt: Anspielungen auf die Wirklichkeit sind nicht beabsichtigt.

Was ist geschehen? Heinrich Böll setzt sich telefonisch gegen Angriffe und persönliche, ja privateste Denunzierung seiner Person und seiner Familie zur Wehr. Der Hörfunk-Programmdirektor, Gunthar Lehner, läßt sich kurz vor der Sendung (von wem aufmerksam gemacht?) das Band vorspielen und verhindert seine Ausstrahlung. Dies ist, was immer folgt und noch folgen wird, Vorzensur, und nach dem Grundgesetz findet Zensur nicht statt. Lehners Argument, Bölls Antworten seien »emotional« und bedürften der »Gegenmeinung«, einer wie immer gearteten Ergänzung oder Richtigstellung, entlarvt auf die bislang schlagendste Weise, bis zu welcher Absurdheit der Begriff »Ausgewogenheit« unter diesen neuen Umständen verkommen kann: Seit wann bedarf einer, der sich gegen Angriffe verteidigt, eines weiteren Angriffs, um gehört zu werden? Wer hätte denn im übrigen Bölls Stimme mit der Meinung des Bayerischen Rundfunks verwechselt? Und schließlich: Wem hätte zugemutet werden sollen, dem bekanntlich äußerst dünnhäutigen und empfindlichen, ob seiner Verketzerung erkennbar verzweifelten Schriftsteller ausgerechnet in diesem Augenblick noch einmal zu unterstellen, was er nicht ist?

Das Interview wurde eine Woche später gesendet. Danach sprach der Programmdirektor. Was man da hörte, war eher betrüblich als empörend, man wußte vor Peinlichkeit nicht, wo man den Kopf hinwenden sollte. Desavouiert von nahezu allen Rundfunkanstalten der Bundesrepublik, die das Interview längst ohne Einschränkung gesendet hatten, ohne jede ausreichende Rechtfertigung für seinen Schritt, fand Gunthar Lehner wieder nur das Argument der »Emotion« – gegen Böll! Der doch selbst Opfer von Emotionen ist. Keine Widerlegung dessen, was Böll selbst vorbrachte, außer daß die Polizisten, die die Wohnung von Bölls Sohn durchsuchten, kein »Schleyer-Kommando« gewesen seien. Böll nehme es mit der Wahrheit nicht ganz genau – und diese unterschwellige Verdächtigung ist fast noch schlimmer als der direkte Angriff. Man habe von Böll »etwas anderes« erwartet. Unterstellt dies nicht, es bleibe am Ende doch einiges auf ihm sitzen? Und was? Der Programmdirektor versicherte, er sei nicht vorgewarnt worden. Wäre es so, es wäre vielleicht noch schlimmer.

Der Fall gehört vor den Rundfunkrat. Gunthar Lehner hat viel öffentliches Vertrauen eingebüßt. Aber kein Sturmlauf sei hier angezeigt, denn noch ist es nicht zu spät, noch ist in den Medien, noch ist in dieser Republik nicht alles verloren, wie auch das Verhalten der anderen Sender und die mutigen Warnungen des Frankfurter Kritikers Marcel Reich-Ranicki in *Titel, Thesen, Temperamente* zeigen. Morgen könnte es zu spät sein. Die demagogische Verunglimpfung Intellektueller und Linker könnte einen Konsens der Demokratie verspielen. Wenn das Volk in zwei wütend einander bekämpfende Haufen zerfiele, hätten die Terroristen alles erreicht, was sie wollen. Dämmert den Verantwortlichen nichts? Nicht die Mordanschläge selbst, sondern ihre Folgen sind die eigentliche Belastungsprobe der Demokratie. Die höchste Herausforderung aller schließt auch die Chance einer neuen Solidarität der Vernünftigen in sich ein.

GERT HEIDENREICH

Ein völlig normaler Vorgang

Ja, gut, daß Sie da sind,
kommen Sie doch rein, nehmen Sie Platz, da
können wir gleich in aller Ruhe darüber sprechen,
keine Telefonate bitte jetzt, Frau Klein, ja?
So, nun sind wir ungestört.
Tja.
Also.
Glauben Sie mir, ich habe es mir nicht leicht gemacht.
Aber so – so geht es nicht.
Das ist übrigens nicht nur meine Meinung.
Schaun Sie, das fängt beim Titel an:
»Die Provokation« nennen Sie Ihren Kommentar,
aber was wird denn provoziert oder wer?
Außer Ihnen selbst natürlich.
Unser Hörer in Marktheidenfeld, glauben Sie denn, der
fühlt sich durch irgendwas von dem, was Sie hier nennen,
in irgendwelcher Weise provoziert?
Durch Ihren Kommentar vielleicht,
aber, daß wir da schon mal klar sehen,
in dieser Form geht der natürlich
nicht übern Sender, ja.
Schließlich muß immer noch beweisbar sein,
was hier behauptet wird.
Da schreiben Sie vom ›Klima‹, aber ist
ein Klima denn beweisbar, frag ich Sie?
Da haben wir schon die erste
journalistische Schluderei.
Und diese seltsamen Verbindungen, die
Sie herstellen! Natürlich,
die Fakten stimmen: das ist ja das Mindeste.
Aber meinen Sie denn im Ernst, daß der Mensch in Bremen,
der da ein Gedicht von Fried lieber verbrannt sähe,
sich abgesprochen hätte mit
dem Kultusministerium hier, damit die

Fried und Biermann und die andern
auf den Index setzen? Den Eindruck muß das doch
erwecken! Haben Sie denn den Minister selbst befragt?
Warum diese Gedichte von dem Wallraff und den andern
aus den Schulbüchern rausmüssen?
Na sehen Sie.
Wahrscheinlich hätte er zurückgefragt:
warum sollen sie denn rein?
Und hier: Was denn um Himmels willen hat
die Hitlerwelle damit zu tun?
Sie tun ja so, als gäbe es da eine riesige
geheime Absprache. Natürlich geht sowas auch
ohne, das weiß ich auch, ich bin ja schließlich
schon seit dreißig Jahren Redakteur, mir
müssen Sie nichts erzählen.
Aber an einem freien Sender können Sie doch
nicht einfach irgendwelche Behauptungen
in die Luft blasen! Das Wort ›Berufsverbot‹ gibt es nicht!
Die Dame mit ihrem Polit-Gebäck beispielsweise –
na und? Ob sie deswegen entlassen wurde
oder einfach wegen Unfähigkeit, das ist
ja doch auch wohl nicht so ganz geklärt, ja?
Was soll der Zusammenhang mit dem Studenten in Würzburg,
ach Gott, Gedichte hat der Staatsanwalt ihm beschlagnahmt,
na es werden keine Kunstwerke gewesen sein,
und was wollen Sie überhaupt damit sagen,
wenn Sie andrerseits von Jungnazis in Hamburg reden
und in Nürnberg, na gut, der Hoffmann,
aber was hat denn das nun wieder mit der Klage
gegen Chotjewitz zu tun? Und diese Frau vom
wissenschaftlichen Begleitprojekt zum
Gesamtschulversuch im Saarland, angeblich
unter Druck gesetzt, daß ihre Studie keinesfalls
positiv ausfallen dürfe, das erschien doch
nirgends! Natürlich Fakten, eine Menge Fakten,
doch kein Wort von Terrorismus in Ihrem ganzen Text,
kein Wort über die Gefährdung des Rechtsstaates!
Chile! Meine Güte, Chile!
Und Strauß, das ist doch wirklich nun
ein uralter Hut. Den müssen wir
sowieso weglassen aus Gründen der
Aktualität.

Nein, nein.
Geschrieben ist das Ganze ja recht flott, ich
habe in den ganzen Jahren niemals was einzuwenden
gehabt gegen Ihren Stil, mein Guter,
aber ein, zwei nicht gesendete Fernsehfilme
und ein vorläufig abgesetztes Interview mit Böll,
ich bitte Sie: Das ist doch kein Beweis
für einen Rechtsruck, oder wie Sie das
hier nennen: den »Abbau
demokratischer Grundrechte«, übrigens
sowieso ein äußerst pathetisches Geschreibsel.
Und bitte, bitte! Nicht diese dauernde
Vermengung von Sachen, die
nichts zu tun haben miteinander. Die Paragraphen
88a und 90a und so weiter,
die Nazi-Bübereien in der Bundeswehr,
na schön: Den Begriff des Sympathisanten,
den sollten wir tatsächlich mal genau
unter die Lupe nehmen, vielleicht ist
wirklich was dran.
Aber bei Ihnen, wenn man das so in einem Zug liest,
du gütiger Himmel,
das macht ja richtig den Eindruck von Gärteig,
und davon kann ja, sind wir uns doch einig,
wirklich keine Rede sein.
So?
Sind wir uns nicht?
Na gut, das macht ja nichts,
schließlich trage ich hier die Verantwortung,
das ist ein ganz normaler redaktioneller
Entscheidungsprozeß.
Was geht eigentlich in Ihrem Kopf vor,
frage ich mich manchmal. Da haben wir
den Kommentarknüller auf dem Tisch,
dieses Manifest aus der DDR, Sie wissen,
und statt sich daran zu machen, klauben Sie
sich irgendwelche obskuren Nachrichten zusammen
über Deutschland, ganz abgesehen von Ihren Quellen,
mein Bester, das geht ja nun auch nicht:
dauernd nur die ›Frankfurter Rundschau‹
und diese Ecke! Das müßte ja wohl auch mal
belegt sein durch die ›Allgemeine‹ oder die ›Welt‹,

und wenn das dort nicht gestanden hat, na
dann haben Sie eben Pech gehabt. Man darf sich
seine Unterlagen an einem öffentlich-rechtlichen Sender
nicht nur von einer Seite besorgen, das müssen Sie
doch einsehen.
Schön.
Also?
Na wie stehen Sie zu meinem Vorschlag?
Kommentar, aber richtig deutlich,
zum Bund demokratischer Kommunisten in der DDR?
Nein, natürlich ist das nicht die Frage, ob dieser Text
in unseren Schulbüchern erscheinen dürfte.
Die Kernfrage liegt ja wohl darin, warum
dieses Manifest nicht in der DDR erscheinen darf,
aber bei uns, obwohl es ein kommunistischer Text ist.
Da haben Sie mal ein konkretes Beispiel dafür,
in welchem der beiden Teile Deutschlands noch
Pressefreiheit herrscht.
Das läßt sich sauber durchkommentieren, knallhart.
Also machen Sie sich an die Arbeit,
und über Ihren anderen Text hier lassen wir mal
noch ein paar Wochen hingehen, ich bin sicher,
Sie werden dankbar sein, daß dieses Ding nicht
über den Äther gelaufen ist, klar?
Übrigens, den Titel können Sie ja durchaus
beibehalten für den neuen Kommentar:
»Die Provokation« – fände ich richtig gut.

EGON LUTZ

Für jede Sendeminute einen Abteilungsleiter

Wenn im *Bayerischen Rundfunk* eine Strukturreform zur Debatte steht – und derlei »Reformen« pflegen sich alljährlich einzustellen – spitzen die Eingeweihten die Ohren. Nach dem Motto: Was mit Geld zu bezahlen ist, ist allemal das Billigste, werden dort neue Hauptabteilungen, Stabsabteilungen, Abteilungen aus dem Boden gestampft. Noch ist das Ziel nicht ganz erreicht, aber wir sind nahe davor: Für jede Sendeminute eine Abteilung.

Der große Schub steht wieder einmal an. Nachdem erst einmal die Grundsatzentscheidung gefällt worden war, das dritte Programm zu einem Vollprogramm auszuweiten, gab es kein Halten mehr. Die Abteilungen vermehrten sich wie die Meerschweinchen, emsig nämlich. Alles schön schwarz und schön teuer. Selbst für CSU-Pressesprecher Kiehl, mit Ministergehalt bisher in der Lazarettstraße* tätig, fand sich ein Pöstchen, mit dem auch der finanzielle Besitzstand gewahrt ist.

Die paar Roten, die es im *Bayerischen Rundfunk* noch gibt, hält man in der Zwischenzeit mit der Aussicht auf die nächste Strukturreform bei Laune. Beschäftigungspolitisch ist das alles sehr zu begrüßen. Es gibt wohl kaum noch ein Unternehmen in Deutschland, das so personalintensiv und mit einem so atemberaubenden Stellenkegel arbeitet. Vorschlag für die Strukturreform: Man gründe eine Hauptabteilung Glockenläuten und gliedere sie in fünf Unterabteilungen, zuständig für die Regierungsbezirke des Landes. Und in einer Unterabteilung davon könnte man auch wieder einmal einen Sozialdemokraten beschäftigen.

* In der Münchner Lazarettstraße war bis 1979 der Sitz der CSU-Landesleitung. [Anm. d. Red.]

UWE KAMMANN

Verbeugung vor der Macht – die Vorbeugemaßnahme

»Wir werden über den NDR das ganze Rundfunkwesen in Deutschland neu gestalten.« Diese Ankündigung des niedersächsischen Ministerpräsidenten Albrecht in einer Rede vor CDU-Mitgliedern am 29. Mai 1979 ist die unverhüllteste Kampfansage an die Rundfunkfreiheit. Offengelegt wird hier in einem Satz, was jahrelang das Ziel parteilicher Begehrlichkeit war: das elektronische Medium – eingeschätzt als wichtigster Faktor der öffentlichen Meinungsbildung, denunziert zugleich als einseitiger Manipulator – einzusetzen als verlängerten Arm parlamentarischer Mehrheiten. Mit der Westerstedter Rede markierte Albrecht die vehement eingeschlagene Route einer zunehmend aggressiveren Unions-Rundfunkpolitik: Nicht mehr allein um die Kontrolle der bestehenden öffentlich-rechtlichen Anstalten soll es gehen, sondern um den »anderen Rundfunk, der andere politische Meinungen zum Ausdruck bringt«. Nicht mehr allein die Binnen-Änderung ist das Ziel (wie es noch in einer Studie der CDU-Parteizentrale strategisch für den WDR abgesteckt worden war), sondern die Auflösung, zumindest Umformung der gesamten Struktur. Rundfunkpolitik als nackte Machtpolitik – diese Gleichung wird inzwischen im großen Stil erprobt, am Objekt Norddeutscher Rundfunk. Vor allem die These Elisabeth Noelle-Neumanns, die Rundfunkanstalten hätten durch einseitige Parteinahme den Sieg der sozialliberalen Koalition bei den Bundestagswahlen begünstigt, wenn nicht herbeigeführt, bewirkte diese Zuspitzung einer Medienpolitik, die nicht mehr vom öffentlichen Forum der Meinung, sondern von Agitation ausgeht, auf die Besetzung von Meinungsfeldern aus ist. So eindeutig wie die Richtung, so klar ist auch die Auswahl der Mittel: Verunsicherung heißt das gängigste, Einschüchterung das förderlichste. Die Ergebnisse: Nun, sie können sich sehen lassen. Denn es mehren sich die Anzeichen von Rückzug, von geräumten Positionen, von Resignation und Anpassung in den Anstalten. Das Geschäft mit der Angst, methodisch und mit Nachdruck betrieben, treibt die Programm-Macher in die Enge, läßt ein Klima entstehen, in dem, wie von selbst, Bereinigungen und Begradigungen die tägliche Praxis auszeichnen, die

Selbst-Zensur zunimmt, die exponierten Stellen eingeebnet werden. In diesem Beitrag sollen Beispiele aus dem Jahre 1979 skizziert werden, die, im Zeitraum von zehn Monaten zusammengedrängt, überdeutlich zeigen, wie dieser Vorgang »funktioniert«.

Einschüchterung mit Methode

Ausgangsort der ersten großen Auseinandersetzung ist Den Haag. Dort stellt sich Helmut Kohl, zu jener Zeit noch Kanzlerkandidat der Unionsparteien, am 22. Februar in der ZDF-Reihe *Bürger fragen – Politiker antworten* niederländischen Bürgern. In einer spannenden Sendung wird er von den Fragern hart attackiert; Radikalenbeschluß und faktische Berufsverbote, ehemalige Nazis in der CDU, Haltung der Union zur Abtreibung, Verjährung von NS-Verbrechen: Respektlos beharrt die Diskussionsrunde auf Auskünften, bohrt nach, fügt sich nicht in den Rahmen der wohlwollenden Entgegennahme huldvoll dargebrachter Politiker-Worte. Kohl, nicht gefaßt auf diesen Bruch mit dem aus deutscher Fernsehdiskussion gewohnten Ritual, überrascht durch diese Manifestation kritischer Öffentlichkeit und handfester Massenkommunikation, brach ein. So sahen es jedenfalls seine Parteifreunde, die daraufhin einen medienpolitischen Wirbel entfachten. »Skandal«, hieß es gleich, »klägliches Versagen« wurde angeprangert, »peinliche Panne« als Urteil bemüht, »Abhilfe« gefordert. Der Unmut richtete sich natürlich nicht gegen Kohl und seine Mühe, die unverblümte Kontroverse mit einem an politischen Tabus achtlos vorbeifragenden Publikum aufzunehmen, sondern gegen das ZDF, das solch ein Desaster habe zulassen können, durch schlampige Vorarbeit wohl gar provoziert habe. Und da Schuld personalisierbar sein muß, wird auch ein Kopf gefordert: der des ZDF-Chefredakteurs Reinhard Appel, Initiator der Europa-Runde und auch Moderator. Franz Josef Strauß spricht es aus: Appel solle zurücktreten. Die Unionsmitglieder im ZDF-Fernsehrat verlangen die Entbindung Appels von der Moderation der Sendereihe. Der Fernsehrat treibt es nicht so weit, verabschiedet aber am 23. März immerhin eine als Kompromiß gelobte Resolution, die Kritik übt an der »ungenügenden Vorbereitung« der Sendung, deren sich daraus ergebenden Schwierigkeiten »die Moderation nicht in ausreichender Weise auffangen« konnte. Modifikationen werden für die Reihe empfohlen. Mit anderen Worten: Der Angriff der Union war erfolgreich – im Gefolge des Aufatmens, noch einmal davongekommen zu sein, wird sich schon Vorsicht einstellen.

Sprung in den Herbst. Inzwischen ist Strauß Kanzlerkandidat, erprobt seine Öffentlichkeitswirkung im nordrhein-westfälischen Kommunalwahlkampf. Turbulent geht es zu dabei, so turbulent, daß ein aufgebrachter Strauß hieraus politisches Kapital zu schlagen gedenkt und den SPD-Bundesgeschäftsführer Bahr als »Initiator der SPD-gesteuerten und -aufgeladenen Krawalle« anzuprangern sucht. Die natürliche Folge ist ein Rechtsstreit zwischen den beiden Politikern, über den – ebenso natürlich – die *Tagesschau* berichtet. Aber nicht im Sinne des Kontroversen-Urhebers, dessen rechte Hand, CSU-Generalsekretär Edmund Stoiber, daraufhin der *Tagesschau* den Vorwurf »vorsätzlicher Nachrichtenmanipulation« macht, im Namen des CSU-Bundesvorstandes, der die Kritik »einmütig gebilligt« habe. Es ergebe sich, so Stoiber in seinem Protestschreiben vom 27. September, »daß sich zumindest Teile der Tagesschau-Redaktion auf ihre Weise in die Gruppe der Strauß-Gegner von Essen und Herne einreihen und dazu beitragen, den CSU-Vorsitzenden und bayerischen Ministerpräsidenten zu diffamieren.« Diese aktuelle »Nachrichtenmanipulation« passe in eine »Reihe von *Tagesschau*-Fehlleistungen, die ›zufällig‹ alle zuungunsten der CDU/CSU und ihres Spitzenkandidaten Franz Josef Strauß ausfallen«. Diese Behandlung verstoße »gegen geltende Rundfunkgesetze und gegen das journalistische Gebot der fairen, sachlichen und ausgewogenen Berichterstattung«. Stoiber leitet auch gleich eine dringliche Bitte aus diesem Mangel ab: Intendant Neuffer – die *Tagesschau* liegt im Verantwortungsbereich des NDR – solle alles in seiner »Macht« stehende tun, um die Unionsparteien und Strauß »vor der Mutwilligkeit von *Tagesschau*-Redakteuren zu schützen«. Ergänzt wird diese Zumutung durch den Hinweis, es sei zu prüfen, ob die *Tagesschau*-Redaktion im Hinblick auf das folgende Wahljahr die journalistischen Kriterien der Fairneß, Sachlichkeit und Ausgewogenheit garantieren könne. – Juristische Schritte gegen diese schweren Vorwürfe bleiben dem NDR erspart, weil Stoiber schließlich seine Anschuldigung der »vorsätzlichen Nachrichtenmanipulation« zurücknimmt. Aber er hat doch eines erreicht: *Tagesschau*-Chef Müggenburg konzidiert in einem Schreiben vom 24. Oktober: »Ich bedaure, wenn durch die Fassung der Meldung in der 20-Uhr-Ausgabe bei Ihnen der Eindruck entstehen konnte, die *Tagesschau* habe unausgewogen zu Ihren Lasten berichtet. Gleichzeitig möchte ich jedoch darauf hinweisen, daß diese Unvollständigkeit nicht beabsichtigt war ...« Der Angriff, man kann es heraushören, hat Spuren hinterlassen.

So wie auch im Fall eines Kommentars, den ZDF-Ostasienkorrespondent zum Hua-Besuch in München sprach. Darin hatte Dambmann, auf eine Strauß-Bemerkung zur Urheberschaft der neuen China-Politik anspielend, verkürzend interpretiert, Hua habe sich geschickt und differenzierend verhalten und sich nicht in die Reihe der Schmidt-Gegner einreihen lassen. Für Strauß eine »empörende Meinungsmanipulation«. »Wenn Ihr Korrespondent seine Ergebenheit gegenüber der SPD bekunden will«, so Strauß in einem Protest vom 29. Oktober an den ZDF-Intendanten von Hase, »ist das seine Sache. Aber es ist nicht Sache des ZDF, eine solch empörende Meinungsmanipulation zu betreiben.« Die ZDF-Fernsehratsmitglieder Max Streibl und Fritz Zimmermann sowie Verwaltungsratsmitglied Hans Weiß ergänzen den Angriff mit einem Protestbrief, in dem von »Informationsschwindel und vorsätzlicher Nachrichtenmanipulation« die Rede ist. Der Intendant solle sich von dem Beitrag distanzieren. Das tut von Hase nur indirekt, indem er in seiner Antwort vom nächsten Tag erklärt, übereinstimmend mit Dambmann sei er der Auffassung, der Kommentartext sei mißverständlich formuliert worden.

Gelegenheit, Bedauern auszudrücken, hatte von Hase schon wenige Wochen vorher gehabt. Der aus der DDR ausgewiesene Liedermacher Wolf Biermann hatte sich im *heute-journal* vom 3. Oktober, befragt zum 30. Jahrestag der DDR-Konstituierung, die Freiheit herausgenommen, die politische Integrität des Bundespräsidenten Carstens und des Unions-Kanzlerkandidaten kritisch zu beleuchten. Für den bayerischen Finanzminister Max Streibl, der auch ZDF-Fernsehratsmitglied ist, ein Anlaß, um beim ZDF gegen die Beschimpfung und öffentliche Beleidigung führender Repräsentanten der Bundesrepublik zu protestieren. Streibl forderte auch organisatorische und personelle Konsequenzen: Moderator Klaus Bresser habe, indem er die Beschimpfungen Biermanns billigend in Kauf genommen habe, seine Pflicht zur sachlichen und informierenden Berichterstattung verletzt. Von Hase bedauerte. Bei Streibl, Carstens und Strauß. Und er bemängelte, daß Moderator Bresser die Äußerungen Biermanns nicht »in noch schärferer Form zurückgewiesen« habe.

Konsequenzen der Einschüchterung: das innere Filter

Am letzten Fall wird exemplarisch sichtbar, wie gut die Einschüchterung funktioniert, wie der stete und ätzende Tropfen des Protests das Selbstbewußtsein der Programm-Macher aushöhlt, die

Verantwortlichen zum vorsichtigen Taktieren veranlaßt. Nachdem Biermann seine Unbotmäßigkeit gegenüber den Lebensläufen bundesdeutscher Spitzen auch in der Talkshow *Kölner Treff* des Westdeutschen Fernsehens wiederholt und damit erneuten Protest beschworen hatte, schien es der Jugend-Redaktion des WDR geboten, den geplanten Mitschnitt von zwei Biermann-Liedern, die in die am 1. November ausgestrahlte Sendung *»Is was!?«* zum Thema DDR-Flüchtlinge montiert werden sollten, kurzfristig zu streichen. Kein Verbot und kein Boykott des Sängers sei damit gemeint, so versicherte der verantwortliche Redakteur Peter Rüchel. Aber es sei eine Frage der Vernunft zu überlegen, »ob nun schon gleich wieder«. Man habe lieber verzichtet, »zum jetzigen Zeitpunkt«, um die Konflikte um Biermann und die Anstalt »nicht zu verschärfen«.

Die Lektion ist also gelernt: Das Verhalten muß in den Gesamtkontext einbezogen werden, in den politischen Verwertungszusammenhang, wo man sich von geschmeidiger Strategie mehr verspricht als vom Bestehen auf einer einsichtig zu begründenden Position. Im Umfeld der gesellschaftspolitischen Rückzüge, des öffentlichen Meinungsklimas, der Zurechtweisungen und der dauernd gestellten drohenden Frage nach der Berechtigung des »Monopols« (deren Antwort gleich mitgeliefert wird: Es ist zu brechen) verliert sich das Selbstbewußtsein, verliert die Institution öffentlich-rechtlicher Rundfunk die Fähigkeit zur entschiedenen Konzeption, verfallen nicht wenige Mitarbeiter der Mutlosigkeit. Aufklärerisches Engagement findet keinen Platz mehr.

Dies gilt, wie eben gezeigt, auch für ein Haus mit großer liberaler Tradition, wie es der WDR zweifellos ist. Dort wurde im Frühjahr ein besonderes Zeichen gesetzt: das des offenen Revisionismus. TV-Direktor Heinz Werner Hübner kippte die Wiederholung der fünfteiligen Dokumentation *Stadt, Transport und Industrie,* weil nach der ersten Folge ein knappes Dutzend Zuschauer »blanken Marxismus« gewittert hatte. Hübner befand bei der Nachbeschau: Die weiteren Folgen seien so nicht sendefähig. 1979 darf nicht mehr sein, was 1975 sein konnte; damals war die Reihe, nach einigen von Autor Hans G. Helms akzeptierten Änderungen, abgenommen und gesendet worden. Damals also kein öffentlich-rechtliches Sendeverbot für eine Dokumentation, die historisch-materialistisch versuchte, die politischen, sozialen, ökonomischen und kulturellen Bedingungen der Stadtentwicklung zu untersuchen. Durchaus gedeckt durch das WDR-Gesetz, in dem es heißt, daß »die weltanschaulichen, wissenschaftlichen und künstlerischen Richtungen zu berücksichtigen« sind. Für Hübner galt jedoch nur als einseitig, was sich als eine wissenschaftliche Methode versteht. Verdrängt damit die Subjektivität eines Autors, der sich neben anderen Richtungen im Programm als diskussionswürdig behaupten muß, durch die eine und einzige Subjektivität der vermeintlichen Ausgewogenheit, die auf einer Waage mit leeren Schalen ausgependelt wird.

Weiter in der Reihe dieser Selbst-Beschränkungen. Das ZDF hat keinen Platz mehr für den Satiriker Hildebrandt. Dessen satirische *Notizen aus der Provinz,* so befanden Unterhaltungschef Peter Gerlach und der zuständige Redakteur Gert Mechoff (mußten sie wohl, bedrängt durch dauernden Gremien-Ärger, befinden?) seien »abgenutzt« und bedürfen der »Modifikationen«. War zunächst, bei energischem Widerspruch zu Plänen des »Kippens«, von einer zeitweiligen »Pause« die Rede, stand im Juni, fünf Monate später, fest: Im November 1979 gab's die letzten *Notizen.* Hildebrandt, der diese oft angefeindete Sendung ganz im Gegensatz zu den ZDF-Vertretern als wieder »stärker, treffender, schlanker« beurteilte, sieht in deren Einstellung den Versuch, ihn zu neutralisieren, im ›kritischen‹ Wahljahr '80...

Daß die Frage, was die Satire darf, in der Bundesrepublik immer noch nicht mit uneingeschränktem »alles« beantwortet wird, hatte nicht nur der CDU-Mediensprecher Schwarz-Schilling bewiesen, der, gegen Hildebrandts *Notizen* anrennend, Satire auf übliche politische Muster festlegen und ihr inhaltliche und formale Grenzen ziehen wollte. Das bewies auch der Intendant des Hessischen Rundfunks, Werner Hess, der im Juni kurzerhand ein Mikrofonverbot für Henning Venske (der beim HR vorwiegend für die Reihen *Radio aktiv* und *Funk für Fans* gearbeitet hatte) verfügte. Weil Venske den »Freiraum, der für Satire auch nach meiner Überzeugung sehr notwendig ist, immer wieder erheblich überschritten« habe. »Ihre Angriffe«, so geht es weiter, »die Sie einseitig und massiv gegen Politiker nur einer Couleur in den Sendungen unseres Hauses erhoben haben, zeigen mir, daß Sie offensichtlich kein Verständnis für das echte Wesen der Satire besitzen.«

Wo die Grenzen in Sachen Satire gezogen werden, hatte man kurz zuvor beim Süddeutschen Rundfunk beobachten können. Dort hatte Redakteur Stefan Siller eine Sendung mit dem Titel *Prüfe deinen Nächsten wie dich selbst* vorbereitet, die in satirischer Form untersuchen sollte, welche Bilanz nach 30 Jahren Grundgesetz zu ziehen ist – in den Bereichen Justiz, Militär,

Schule, Wirtschaft. Programmdirektor Horst Jaedicke und Intendant Hans Bausch hatten, nach der Lektüre des Drehbuchs, die Produktion freigegeben, doch dann, nach der Vorführung des Produkts, die Freigabe verweigert. Begründung: qualitative Mängel. Kritiker wurden vom Südfunk eingeladen, um die Richtigkeit der Entscheidung beurteilen zu können. Einer brachte das Auf-Eis-Legen nach Besichtigung des Beitrags und ausführlicher Diskussion auf die Formel: Eine Tat ohne Täter, ein Ausfluß des »Schleyer-Syndroms«.

Wurden die Grenzen der Meinungsfreiheit enger gezogen, so öffnete sich das öffentlich-rechtliche Fernsehen der öffentlichen Fahndung um so weiter, unter dem Vorzeichen eben jenes Syndroms. Am 3. Juli verbreiteten ARD und ZDF, ohne Zwang und ohne Bedenken, eine vorbeugende Ermittlung gegen Unbekannt. Ein Fahndungsfilm des Bundeskriminalamtes spielte Raster-Merkmale in die Wohnstuben, nach denen mögliche Terroristen ausfindig gemacht werden sollten. Nicht um eine konkrete Tat ging es, sondern um eine »Präventivmaßnahme« (BKA). Das Fernsehen diente dabei als elektronische Anschlagsäule für den kundzugebenden Verdacht gegen eine nicht unbeträchtliche Gruppe der Jedermanns, und es diente willig in seiner Rolle als Hilfspolizist, eingeübt schon durch Zimmermanns »XY«.

Ein beliebtes Allheilmittel, um das Unbequeme einzupacken in Rede und Gegenrede, bis die Schärfen schartig geworden sind, ist die ›anschließende Diskussion‹. Auf deren Wirksamkeit muß wohl auch Gustav-Adolf Bähr, Leiter der Hauptabteilung Kultur und Wissenschaft des Südwestfunks, gehofft haben, als er kurzerhand den Beitrag *Schriftsteller im Wahlkampf 1980*, angekündigt für das am 4. November im ARD-Gemeinschaftsprogramm ausgestrahlte SWF-*Literaturmagazin*, absetzte. *Literaturmagazin*-Macher Jürgen Lodemann hatte sieben deutsche Autoren – Walser, Härtling, Hochhuth, Wallraff, Wagenbach, Engelmann, Jens – nach ihrem Engagement im kommenden Wahlkampf gefragt. Sie äußerten sich differenziert, in einem Punkt allerdings eindeutig: Ihren Einsatz würden sie gegen Strauß richten; auch aus Angst und Sorge um die Basis ihrer eigenen Arbeit. Dieses Unisono wollte Bähr nicht passieren lassen: Wo blieben andere, gegenteilige Stimmen, wo die weiterführenden Begründungen? Der neuneinhalbminütige Beitrag fiel aus, wurde »verschoben« (Bähr), um ihn neu einzubetten. Dieser »ganz normale redaktionelle Vorgang« (SWF) war so normal, daß Lodemann resigniert um die Entbindung von den *Literaturmagazin*-Aufgaben bat. Denn für ihn war es kein Einzel-, sondern ein »Dauerkonflikt«, der »irgendwann einmal gelöst werden muß«. Ein Konflikt, der aus der dauernd versuchten Zähmung der öffentlich-rechtlichen Programme durch Parteiendruck und die daraus abgeleitete Ausgewogenheitsdebatte herrührt, aus der Verinnerlichung dieses Drucks durch nicht wenige Mitarbeiter, an allen Stellen der Hierarchie. Bähr selbst sagte es in schöner Offenheit in einer Sondersendung, die zum »Fall des SWF-Literaturmagazins« (dank Lodemanns Beharrungsvermögen war es nun tatsächlich auch für die breitere Öffentlichkeit einer geworden) zwei Wochen nach der Absetzung eingeschoben wurde: Der beanstandete Beitrag – der jetzt im Kontext der Thesen und Meinungen zu *Literatur, Politik und Freiraum* gezeigt wurde – hätte wohl den Druck der Strauß-Partei beschworen.

Wörtlich sagte Bähr: Er habe Lodemann geraten, die sieben Statements »nicht nur wie eine Brandbombe zu legen, um dann wieder nur das zu erfahren, was unser öffentlich-rechtliches Rundfunksystem nun so nicht mehr erträgt, wie in früheren Jahren, daß dann eine politische Partei, die sich angegriffen fühlt, mit ihrem Kanzlerkandidaten Strauß in diesem Fall, daß die dann mit Druck kommt und sagt: Gegen diese Art von Nachrichten wehren wir uns, denn wir kommen nicht zur Gegenrede. Das war mein Problem.«

Bähr irrt sich: Das ist im gleichen Maße ein öffentliches Problem. Die Vorbeuge-Maßnahme, der Versuch, durch Wegziehen einer pointierten Meinung dem zu erwartenden provozierten Druck auszuweichen, erweist sich als konsequente Verbeugung vor einer Politik, die sich der Kultur bemächtigt. Einer Politik, die Inhalte der Kultur – und damit auch des Kulturinstruments Rundfunk – bestimmen, ihren Zielen unterordnen will.

Die Verbeugung vor dieser Usurpation machte in der besagten Sondersendung auch Thomas Reimer. Sein Beitrag, weitgehend als Statement-Sammlung konzipiert, ließ sympathischerweise Entscheidungsstrukturen, Denk-Verhaftungen sichtbar werden, wobei sich SWF-Fernsehdirektor Felix Schmidt, auf dem Sprung zum *Stern*, vorsichtigerweise »unbefleckt« der Stimme enthielt. Thomas Reimer, politischer Redakteur des SWF und Moderator dieser Behandlung des aufsehenerregenden Falls, fragte Lodemann, ob er nicht einen »Freiraum« beanspruche, »den wir nicht haben«; einen apolitischen Freiraum, der dann mit »ausgesprochen politischen Filmen« gefüllt werde; ob er, Lodemann, im Vergleich zu anderen Kollegen zu empfindsam, zu wenig anpassungsfähig sei, unfähig auch, »wasserdichte« Filme zu machen? (Was übrigens, so ist zu fragen, wäre in diesem Fall »wasserdicht« gewesen? Selbst Golo Mann, der dann – Reimer: »zumindest einer« – als Gegenpart zur Meinung der sieben herhalten mußte, konnte sich keinen berühmten Belletristen vorstellen, der sein Pro für Strauß geteilt hätte: Lodemanns Befragung war also, kein Wunder, auch repräsentativ, alles andere hätte Verfälschung bedeutet!) Auf diese Art der Personalisierung von Freiräumen ging Lodemann nicht ein: Nicht – sein Fall stehe zur Debatte, sondern der »Fall Literatur«. Und Literatur bedeute – er berief sich auf Wapnewski – Ärgernis, Provokation, Widerstand. Wer sich darauf nicht einlassen wolle, so hatte er schon 1976 gesagt, als der damalige SWF-Fernsehdirektor Dieter Stolte das Andersch-Gedicht *Artikel 3(3)* – diesen radikal kritischen Reflex auf die Praktizierung des Radikalenerlasses – aus dem Magazin kippte, sollte konsequent die Literaturreihe einstellen.

Lodemann selbst ist mit seiner Entscheidung, die Reihe unter der dauernden Drohung der geistigen Einschränkung nicht weiterzumachen, konsequent; er würde sie weiterführen, wenn sich die Bedingungen änderten. Was nichts anderes heißt, als daß die öffentlich-rechtlichen Rundfunkanstalten auf den Anspruch kultureller Produktion bedingungslos einzugehen bereit sein müssen: Im Bekenntnis zur Freiheit, die sich in ihren Manifestationen und materiellen Realisationen nicht auf bestehende Ordnungssysteme verpflichten läßt. Es geht um Programme vom Wesen der Kritik, die, das ist klar, den Parteien nicht geheuer sein können, nicht genehm sein dürfen.

Die öffentlich-rechtlichen Rundfunkanstalten, so sie ernstgenommen werden wollen – und damit ihre besondere Form der Existenz durch unersetzbare Programmpraxis begründen können – als Vermittler der Gesellschaft, dürfen die Funktion der Kritik, der radikalen Kritik, nicht unterschlagen. Mit »wasserdichten« – also schön abgerundeten und ausgewogenen, kreisförmig und damit unangreifbar geschlossenen – Sendungen erfüllen sie ihren Auftrag der öffentlichen Kommunikation keineswegs. Nicht die vorsichtig taktierende Rücksicht brauchen wir, sondern die offene Vision, die mutige Vorausschau. Die dagegen gerichtete Einschüchterung ist eine Sache. Sich einschüchtern zu lassen, eine andere. Unsere soll und darf sie nicht sein.

Mit der schweigenden studentischen Mehrheit
den Dialog suchen . . .
Zeichnung: Marie Marcks
Gedruckt.
Eine Kopie dieser Zeichnung wurde von einem Zeitungsleser
mit folgendem Kommentar an die Redaktion geschickt:
»Müssen Sie als politisch objektive Zeitung
solch *einseitig rot* eingefärbte Karikaturen von *Marie Marcks*
bringen?
Noch *jedes*mal muß man sich über Frau Marcks ärgern
über ihre ganz subjektiven Juso-Zeichnungen.
Soll sie sich doch an reine SPD- oder KPD-Zeitungen wenden.
Für die . . . [es folgt der Name der Zeitung, Anm. d. Red.]
ist Frau Marcks *Ohne Niveau.*
Oder wünschen Sie Abwanderung
etlicher solider, gemäßigter, treuer Leser?
Bitte auch Herrn Dr. . . .
[es folgt der Name des Chefredakteurs, Anm. d. Red.]
vorlegen.« [Hervorhebungen i. Orig., Anm. d. Red.]

ECKART SPOO

Monopolpresse und Privateigentum
Ein Anachronismus gefährdet die Pressefreiheit

Das Grundgesetz spricht von der Pressefreiheit so, als wäre sie eine Tatsache. Aber was da geschrieben steht, ist keine Tatsachenfeststellung, sondern ein Gebot. Zu fragen ist, wovon und wozu die Presse frei sein muß und was wir tun können, damit die Presse frei wird.

Die Presse ist abhängig. Der Verleger hängt von den Inserenten ab, die durchschnittlich etwa drei Viertel der Verlagseinnahmen zahlen, vor allem von den großen Inserenten, die ihm auch große Druckaufträge erteilen können. Die Journalisten hängen vom Verleger ab, der sie einstellt oder versetzt oder befördert oder entläßt, der ihnen eine hohe oder eine geringe oder gar keine Zulage zum Tarifgehalt zahlt, der dem einzelnen Journalisten hin und wieder direkt ins Handwerk pfuscht und sich im übrigen auf die Disziplinierungskraft der von ihm eingesetzten Redaktionshierarchie verlassen kann.

Ein Verleger wie Axel Cäsar Springer erwartet von den Journalisten, daß sie freiwillig, ohne immer aufs neue ermahnt werden zu müssen, seine eigenen Ängste vor den Russen, vor dem Sozialismus, vor den Gewerkschaften, vor den Intellektuellen, vor der Jugend, vor der Zukunft unter die Haut der Leser spritzen, damit jedermann von diesen Ängsten gepeinigt werde.

Die Leser kaufen die Blätter, weil sie Information brauchen, und ahnen nicht, wieviel Desinformation sie bekommen. In weiten Gebieten der Bundesrepublik erscheint infolge der Pressekonzentration heute nur eine einzige Lokalzeitung. Selbst wenn man ahnt, wieviel Gift sie enthält, muß man sie dennoch kaufen, weil es keine andere gibt. So abhängig ist man als Leser.

Die erste Freiheit der Presse sei es, kein Gewerbe zu sein, schrieb Karl Marx. Der Satz stammt aus einer Zeit, als vergleichsweise noch sehr wenig Kapital erforderlich war, um eine Zeitung herauszugeben. Zeitungsbetriebe waren damals Kleinbetriebe. Sie konkurrierten miteinander ähnlich wie Schneidereien oder andere Handwerksbetriebe. Tausend Exemplare waren schon eine stattliche Auflage. Durch die Technisierung und Industrialisierung wuchs die Macht einzelner Verleger. Geheimrat Alfred Hugenberg, Interessenvertreter der Schwerindustrie, raffte in der Weimarer Republik einen Pressekonzern zusammen, mit dem er mächtig genug war, die Republik publizistisch zu zerütten und dem Hitler-Faschismus den Weg zu bereiten. Aber gemessen am Springer-Konzern von heute war der Hugenberg-Konzern noch klein und schwach.

Allein die *Bild*-Zeitung, die größte Zeitung aus dem Springer-Konzern, hat eine tägliche Auflage von fünf Millionen Exemplaren. Fast jede vierte Zeitung, die in der Bundesrepublik verkauft wird, ist eine *Bild*-Zeitung. Und wer das *Hamburger Abendblatt* liest oder die *Berliner Morgenpost* oder den *Münchner Merkur*, liest ebenfalls eine Springer-Zeitung. *BZ* und *tz*, *Bild am Sonntag* und *Welt am Sonntag*, *Hör zu* und *Funkuhr* – sie und noch viele mehr sind allesamt Springer-Blätter. Und der Springer-Konzern expandiert weiter. Und alle seine Blätter haben meines Erachtens* ein und dieselbe reaktionäre Tendenz.

Im Bertelsmann-Konzern wehe dagegen ein liberaler Wind, hieß es. Tatsächlich konnte beim *Stern* der liberale Journalist Manfred Bissinger stellvertretender Chefredakteur werden und die gesamte Arbeit der Chefredaktion tun, während Chefredakteur Henri Nannen mit seiner Hochseeyacht unterwegs war. Aber Bissinger wurde Ende 1977 gefeuert, weil er das Erscheinen eines Artikels nicht verhindert hatte, der einige zutreffende Informationen über den Kapitalexport aus der Bundesrepublik enthielt, über Steuerflucht, über Produktionsverlagerung in Niedriglohnländer, über den Ankauf immensen Grundbesitzes im Ausland, kurz: über den bundesdeutschen Imperialismus.

Für die gewöhnliche bundesdeutsche Presse, der ich nahezu alle regionalen Monopolzeitungen zurechne, ist der gewöhnliche bundesdeutsche Imperialismus tabu. Darüber darf nichts publik werden. Darüber hätte auch im *Stern* nichts publiziert werden dürfen. Bertelsmann-Konzernchef Reinhard Mohn und sein Kompagnon John Jahr setzten Nannen unter Druck. Nannen waltete seines Amtes. Bissinger wurde arbeitslos. – Zur Produktion des Bertelsmann-Konzerns gehören Papier, Zeitschriften, Bücher, Schallplatten, Filme. Der Jahresumsatz beträgt drei Milliarden Mark. Mohn investiert in vielen Ländern, in allen Kontinenten. Er gebietet über ein weltumspannendes Imperium.

* Die Formulierung »meines Erachtens« wurde von der Redaktion hinzugefügt.

Die Forderung nach Pressefreiheit ist ursprünglich keine antikapitalistische Forderung, sondern sie entstand im Kampf des Bürgertums und der mit ihm verbündeten Klassen und Schichten gegen die Fürsten, die sich sträubten, dem sich entfaltenden Kapitalismus die politische Macht zu überlassen. Sie wurde von den Wortführern der aufbegehrenden Massen erhoben, denen der spätfeudalistische absolute Staat keine Zukunft mehr bot. Eine freie Presse wurde gebraucht, um gesellschaftliche Mißstände publik zu machen, um das zur Behebung dieser Mißstände unfähige System zu entmystifizieren, um die Menschen zum Handeln für ihre eigenen Interessen zu mobilisieren, um die antifeudalistische Revolution zu ermöglichen. Eine freie Presse wurde zur Verbreitung der Wahrheit gebraucht; nicht zur Verbreitung x-beliebiger Wahrheiten, sondern zur Verbreitung der historischen Wahrheit von der Notwendigkeit der Revolution. Die Presse war von den absoluten Alleinherrschern unterdrückt. Sie hatten Angst vor einer freien Presse. Gegen sie richtete sich die Forderung nach Pressefreiheit.

Die absolutistische Spätphase des Feudalismus und die monopolistische Spätphase des Kapitalismus zeigen viele gemeinsame Züge. Die Monarchen, die damals bestimmten, was gedruckt werden durfte, und die Monopolisten von heute sind sich ähnlich. Die damals von allerdurchlauchtigsten Gnaden erlaubten Themen öffentlicher Berichterstattung sind etwa die gleichen wie die heutigen Themen der *Bild*-Zeitung: Hofnachrichten, Greuelgeschichten.

Die *Bild*-Zeitung und andere Zeitungen dieser Tendenz helfen den Lesern nicht, sich über ihre Interessen, ihre demokratischen, antimonopolistischen Interessen zu verständigen. Im Gegenteil: Solche Zeitungen sind Instrumente bestehender Herrschaft zur Niederhaltung demokratischen Bewußtseins und Handlungswillens.

Die demokratischen Bewegungen in der Bundesrepublik haben in den letzten Jahren vielerlei Publikationen hervorgebracht: Schülerzeitungen, Studentenzeitungen, Lehrlingszeitungen, Betriebszeitungen, Stadtteilzeitungen und so weiter. Ein beachtliches Beispiel publizistischer Basisaktivität waren im Frühjahr 1978 im Arbeitskampf in der Druckindustrie die Zeitungen, mit denen sich in vielen Städten die ausgesperrten Gewerkschafter an die Öffentlichkeit wandten, um der Unternehmerpropaganda entgegenzuwirken.

Jede derartige Initiative des »kleinen Mannes« muß ermutigt werden. Sie ist eine Voraussetzung für das weitere Wachsen der demokratischen Bewegung. Die Basispresse ist aber keine Alternative zur Monopolpresse, so wie Brieftauben nicht den hochtechnisierten Apparat der Bundespost ersetzen können. Die Post, die einst der Familie Thurn und Taxis gehörte, befindet sich heute in Gemeineigentum. Mir erscheint es anachronistisch, daß sich der hochtechnisierte Apparat der Monopolpresse noch in Privateigentum befindet.

Die Demokratisierung der Monopolpresse ist eine gewerkschaftliche und politische Aufgabe. Jeder noch so kleine Erfolg zählt. Es ist schon ein beachtlicher Erfolg, daß gewerkschaftliche Solidarität in den letzten Jahren gelegentlich einen wegen Linksabweichung beim Verleger in Ungnade gefallenen Journalisten vor Entlassung zu bewahren vermochte. Die Mitbestimmung in Presseunternehmen ist bisher so unterentwickelt, daß es schon ein sehr großer Erfolg wäre, wenn endlich die Rechte errungen würden, die nach dem Betriebsverfassungs- und Mitbestimmungsgesetz in Unternehmen anderer Wirtschaftsbereiche längst gelten.

Ich empfinde es als skandalös, daß keine einzige Partei im Bundestag den sogenannten Tendenzparagraphen antastet, eine in beiden Gesetzen enthaltene Ausnahmebestimmung, wonach die Beschäftigten in Presseunternehmen erheblich weniger Rechte gegenüber dem Unternehmer haben als in anderen Unternehmen. Mitbestimmung in Presseunternehmen wird um so dringlicher, je mehr publizistische Macht einigen wenigen Verlegern durch neue Techniken zuwächst. Um so entschiedener müssen sich alle Demokraten gegen den Tendenzparagraphen engagieren.

Und sie müssen für ein Gesetz zur Gewährleistung der inneren Pressefreiheit eintreten, das Willy Brandt schon in seinen Regierungserklärungen von 1969 und 1972 versprach. Helmut Schmidt erneuerte das Versprechen in seiner Regierungserklärung von 1976. Daß es noch immer unerfüllt ist, begründete mir ein damit befaßter Bundestagsabgeordneter mit dem Hinweis, die sozialliberale Koalition könne sich schwerlich über die gegenläufigen Interessen der Verleger hinwegsetzen. Mein Kommentar dazu: Eine Entkräftung der These, daß Bonn von Kapitalinteressen regiert wird, wäre mir lieber als eine solche Bestätigung.

An den Demokraten im Lande liegt es auch, die sich mehrenden Eingriffe des Staates in die Pressefreiheit (von dem neuen Paragraphen 88a des Strafgesetzbuches über polizeiliche Behinderung der Berichterstattung bei Demonstrationen wie zum Beispiel in

Kalkar bis hin zur Drohung des Bundesinnenministers mit Berufsverbot gegen Abonnenten der DKP-Zeitung *UZ*) zurückzuweisen, nachdem der Verlegerverband nicht das geringste dagegen unternommen hat. In seiner monopolistischen Spätphase scheint der Kapitalismus nicht anders zu können, als die bürgerlichen Freiheiten zu verraten, die er sich einst gegenüber dem Staat ertrotzte. So fällt den antimonopolistischen demokratischen Kräften die Aufgabe zu, diese Freiheiten zu verteidigen.

Zum Kampf um eine freie Presse kann jedermann beitragen. Jeder sollte sich angewöhnen, sein Grundrecht auf wahrheitsgemäße Information gegenüber dem Zeitungsunternehmen mit gleicher Selbstverständlichkeit geltend zu machen wie er die Dienste der Bundespost oder der Bundesbahn beansprucht oder wie er am Wochenende als Fußballfan von seinem Grundrecht der Versammlungsfreiheit Gebrauch macht.

Majdanek
Zeichnung: Marie Marcks
Nicht gedruckt.

HARALD IRNBERGER

Da schießen wir im Ungeist mit

Österreichs geistige Provinz hat sich schon immer als ein Teil Deutschlands verstanden. Was Wunder also: Wenn *Bild-Zeitung-Deutschland* – kurz BZD – schießt, dann schießt man bei uns im selben Ungeist mit. Was sonst bleibt Österreichs rechten Richtschützen indes auch zu tun übrig – zumal wenn es um Terroristen und deren angebliche Sympathisanten geht. Mußte man nach 1945 schon für den Antisemitismus ohne Juden auskommen, so gilt es jetzt auch noch, die Sympathisantenhatz ohne Terroristen zu bewältigen. Feindbilder müssen her. Und wenn es diese hier nicht zu finden gibt, tut Import aus der Bundesrepublik not.

Lange Zeit also konnten die Schlagzeilenschmiede des gesunden Volksempfindens nur mit Meldungen aus Deutschland das Fürchten lehren, daß auch über uns kommt, was dort schon geschieht. Man begann entschlossen den Anfängen zu wehren, wo immer sich solche unter großer Anstrengung unterstellen ließen. Und als dann wirklich im November 1977 RAF-Leute einen Wiener Textilindustriellen entführten, wobei drei tollpatschige österreichische Studenten aus bürgerlichem Haus (von zweien sind die Väter lokale Funktionäre der konservativen *Österreichischen Volkspartei*) Handlangerdienste leisteten, war die Stunde der alpinen BZD-Epigonen gekommen.

Da dessen Kenntnis beim Leser wohl nicht vorausgesetzt werden kann, soll ein wenig O-Ton aus Österreich dargeboten werden. Es wäre nicht Österreich, hätte den ersten Schuß der örtlichen Sympathisantenhatz nicht ein Kabarettist abgefeuert. Gerhard Bronner heißt der Mann. In einer auch in Deutschland gesendeten ORF-Hörfunksendung des Namens *Schlager für Fortgeschrittene* schönbronnerte der Moderator ins Mikrophon, wer am Terrorismus schuld sei: die Protagonisten des »Liedermachen zum Niedermachen« (Bronner) – Biermann und Degenhardt, Hüsch und Floh de Cologne. Und Georg Kreissler natürlich, damit auch der lokale Bezug für den österreichischen Hörer hergestellt ist. Bronners Logik: »So oder so, die Erde wird rot« – das kann nur ein Aufruf zum Terrorismus sein.

Wobei – auch darum sorgt man sich in Österreich – vor allem die Nazis davor bewahrt werden müssen, so einfach mit den heutigen Terroristen in einen Topf geworfen zu werden: »Die Mörder von Buback und Ponto sind nicht Hitlers Kinder, weder dem Geiste noch der Methode nach«, dozierte aus gegebenem Anlaß der Leitartikler des in jeder Hinsicht kleinformatigen Wiener Massenblattes *Kronenzeitung*, Viktor Reimann, die mit einer täglichen Auflage von über einer Million in Relation zur Gesamtbevölkerung in Österreich mehr Leser findet, als *Bild* in West-Deutschland. Und diesem Millionenpublikum wurde eingeschärft: »Die NSDAP Adolf Hitlers war eine legale Partei. Sie nahm weder Geiseln gefangen, um die Regierung zu erpressen, noch mordete sie prominente Vertreter des damaligen Gesellschaftssystems.« Ende des Zitats.

Wo das Massenblatt im Allgemeinen so eindrucksvollen Geschichtsunterricht bot, konnte der öffentlich-rechtliche *Österreichische Rundfunk* mit Besonderheiten zur Zeitgeschichte nicht nachstehen. Über Hans Martin Schleyer meldete der damalige ORF-Korrespondent Klaus Emmerich aus Bonn (inzwischen avancierte der verläßliche Mann zum TV-Chefredakteur in Wien): »Ein hochangesehener Mann, ein Mann, der im Krieg seinen Mann gestanden hat, der bei der SS war . . .«

In Österreich war zu diesem Zeitpunkt freilich noch immer weit und breit kein Terrorist aufzutreiben, weshalb die kümmerliche Wiener Demonstration eines verwirrten Dutzends nach dem Stammheimer Tod von Baader, Ensslin und Raspe für Österreichs zweitgrößte Tageszeitung – den im Besitz von Industriellen und Großagrariern befindlichen *Kurier* – den Anlaß zu einer Betrachtung unter dem Titel *Menschlich gesehen* liefern mußte: »Schauen wir sie uns an, diese angeblich nur von Mitleid bewegten Figuren, prägen wir uns ihre Züge ein, ihre Haltung, ihre Augenfarbe, ihre Haarfarbe! Denn es kann sein, daß wir ihnen schon in der nächsten Zeit in irgendeinem billigen Charterflugzeug begegnen.«

Um die Haltung geht es also, die man sich einzuprägen hat – was dann ja auch den ersten prominenteren Sympathisanten entlarvte, nachdem die bereits erwähnte Entführung eines Wiener Textilindustriellen unter heimischer Assistenz vollzogen war: »Und das, was in der Bundesrepublik bedeutende Schriftsteller sind, die den Anarchos mehr oder minder lang mehr oder minder ahnungslos ihr Ohr und manchmal auch ihre Wohnung geliehen haben, das ist bei uns Günther Nenning«, referierte der Herausgeber des Industriellenvereinigungs-Magazins *Profil*, Peter Michael Lingens, über den Präsidenten der österreichischen Journalistengewerkschaft.

Faktischer Hintergrund dieses publizistischen Hinrichtungsversuchs: Ein paar Wirrköpfe hatten auch einmal bei einer Diskussion in der Redaktion von Nennings *Neuen Forum* (übrigens vergeblich) in Sachen politische Gefangene in der Bundesrepublik zu missionieren versucht. Für den *Profil*-Herausgeber reichte das, um inquisitorisch zu urteilen: »Man kann heute, unter Beachtung der gebotenen journalistischen Sorgfaltspflicht und Vorsicht sagen, daß Nennings ›Neues Forum‹ jedenfalls die Adresse war, bei der fast alle Leute, um die es geht, irgendwann einmal durchgingen.«

Aber offenbar war das ja alles nicht so direkt – gegen die Person Nenning gerichtet – gemeint, wie der unbefangene Leser meinen mag. Heute ist Nenning immerhin einer der meistbeschäftigten Kolumnisten im *Profil* des Herrn Lingens. Das gehört wohl freilich zum Kapitel österreichische Sozialpartnerschaft, dem wir uns später widmen wollen.

Daß es damals jedenfalls der Stimme der Industriellen nicht um drei Viertelterroristen oder gar etwaige tatsächliche Sympathisanten ging, tat Lingens ja selbst in naiver Offenherzigkeit kund, indem er Nennings Rücktritt als Journalisten-Präsident forderte, nachdem bis dahin (und kurz darauf wieder) alle verzweifelten Abwahlversuche der Rechten gescheitert waren. Es ging also um den Kopf eines Gewerkschaftsfunktionärs – und dazu auch um den eines leidlich prominenten Sozialdemokraten. Womit man vielleicht ja noch prominentere Sozialdemokraten hätte treffen können . . .

Doch ein solches Bemühen und der Vorwand Terrorismus zum Versuch des Abbaus bestehender bürgerlicher Freiheiten im Allgemeinen und des Grabenkampfs der Rechten gegen Liberale und Linke im Besonderen ist ja keineswegs eine österreichische Besonderheit. Eine solche stellt schon eher der Versuch dar, sich an den aus der Bundesrepublik kommenden restaurativen Zug anzuhängen, um Dank dortigen Terrorismus zu angeblich weit zurückliegenden Zielen zu gelangen. Ein Versuch, der mit diesen Mitteln und Vorwänden in Österreich zwar vorderhand als gescheitert betrachtet werden kann. Was letztlich allerdings nur bedeutet, daß diese Rechte nun eben andere Ansatzpunkte zu finden versucht, um ihr »Vorwärts, wir müssen zurück« zu realisieren.

Und dabei steht Österreichs Rechte ihren bundesdeutschen

Vorbildern in der Wahl der Mittel und Methoden kaum nach. Ebenso nicht in der Hysterie, mit der der Kreuzzug betrieben wird, was seinen Hauptgrund wohl darin hat, daß Österreichs Zweite Republik nach einem Vierteljahrhundert konservativer Domination nunmehr schon seit neun Jahren von einem monocholoren sozialdemokratischen Kabinett regiert wird. Unter Bundeskanzler Bruno Kreisky ist Österreich zwar sicher nicht zielstrebig dem Sozialismus zugeführt worden. Es hat jedoch im Überbau-Bereich einige umfassende liberale Nachziehverfahren gegeben, mit denen die Militanz der Rechten geweckt wurde – von der Freigabe der Schwangerschaftsunterbrechung während einer Drei-Monate-Frist bis hin zu einer großangelegten Strafrechtsreform und dem Beginn einer Diskussion über eine Strafvollzugsreform.

Das sind für die Rechte auch die Hebelpunkte, bei denen sie meint, ansetzen zu können, um selbst zurück an die Macht zu gelangen. Wann immer sich hier von sabotierenden Beamten lancierte Greuelmärchen über die nach deren Meinung viel zu lasche Behandlung der einsitzenden drei Vierteltерroristen finden lassen, benützt Österreichs bürgerliche Presse gierig die Gelegenheit, um mit großen Kanonen gegen den Justiz- und den Innenminister aufzufahren. Gegen jene Regierungsmitglieder also, die zu den liberalsten und reformfreudigsten Erscheinungen in Kreiskys Kabinett zählen.

Zumeist müssen allerdings kleinere Säcke herhalten, um anstelle des Esels geschlagen zu werden, den man meint. Ein Sekretär des Justizministers etwa, der eine kritische Diskussion über Eduard Zimmermanns *XY ungelöst* beginnt, oder der Schriftsteller Peter Henisch, der sich vom inzwischen zurückgetretenen ÖVP-Chef Josef Taus der verbalen Kindesverführung bezichtigen lassen mußte, weil der Oppositionschef auf diese Weise den Unterrichtsminister zu treffen hoffte. Dem galt wohl auch der Schlag, den das rechte Politiker- und Medienkartell in einer wochenlangen Kampagne gegen die Filmemacherin Valie Export und deren Film *Unsichtbare Gegner* führte. War diese Arbeit doch auch aus öffentlichen Mitteln finanziert worden. Solche Kampagnen reichen jedenfalls aus, um an sich aufgeklärte öffentliche Kunst- und Kulturfunktionäre bei ihren Förderungsmaßnahmen zu noch vorsichtigerer Gangart anzuhalten – und somit fortschrittliches Kulturschaffen oftmals zu verhindern. Die bewußte Schere im Kopf wird in Österreich durch rechte Hetze weniger in die Köpfe der Kulturschaffenden manipuliert, als in jene der Politiker, die fortschrittliche Projekte fördern sollten und dies von sich aus wohl auch in stärkerem Ausmaß täten, wenn sie sich nicht so sehr vor den Folgen in der veröffentlichten Öffentlichkeit fürchten würden.

Ein geradezu klassisches Beispiel für diese Schere im Kopf der Politiker ist die Praxis der Presseförderung in Österreich, die eigentlich ein brauchbares Mittel zum Aufbau alternativer Medien neben dem rechten Pressekartell sein könnte. Aus Angst vor den Kampagnen dieses Kartells wählte man dann jedoch ein Modell, das den größten und gewinnbringendsten Zeitungen die größten Brocken aus dem Förderungstopf beschert, dazu auch noch eine Entlastung für die ebenso defizitären wie lammfrommen Parteiblätter bringt. Für jene neuen Zeitungen und Zeitschriften, von denen kritische Berichterstattung zu erwarten wäre, bleibt wieder einmal nichts mehr übrig, was eine tatsächliche Förderung und Hilfe bedeuten würde.

Es ist allerdings keineswegs ausschließlich die Angst der Kulturpolitiker vor rechter Schelte, die fortschrittliche Kulturpolitik und die Herstellung einer kritischen Öffentlichkeit verhindert. Die gerade bei den politisch Verantwortlichen anzutreffende Tendenz, grundlegende Änderungsversuche von vorneherein abzublocken, ist in starkem Maße systembedingt: bedingt durch das System, das Bruno Kreisky milde »sublimierte Form des Klassenkampfes« nennt und das von Österreichs Unternehmern und Gewerkschaftsführern mit dem Begriff *Sozialpartnerschaft* zum geheiligten Dogma erhoben wurde. Faktisch bedeutet dies die Verlagerung aller wichtigen Entscheidungen in den außerparlamentarischen Raum der Interessenvertretungsspitzen und die demokratisch nicht legitimierte Aufteilung der realen ökonomischen und politischen Macht zwischen diesen. Diese Spitzen haben somit zu einer globalen Kompromißformel gefunden, die den Unternehmern ihren bestehenden Machtanteil garantiert und den Arbeitnehmervertretern eine Partizipation an den Wachstumsgewinnen ermöglicht – jedoch keine grundlegende Umverteilung.

Dieses System kann nur in einem Klima der gesellschaftlichen Grabesruhe aufrechterhalten werden – also gehört es zu den Zielen dieses Systems, diese Ruhe auf allen Gebieten aufrechtzuerhalten und allfällig auftretende Störenfriede zu integrieren oder zu absorbieren.

Da diese Grabesruhe systemnotwendig auch auf dem Gebiet der Kultur und Massenkommunikation zu bestehen hat, ist die ebenfalls von den Sozialpartnerspitzen dominierte Kulturpolitik letztlich immer darauf ausgerichtet, kulturpolitische Experimente allenfalls im formalen Bereich, jedoch keineswegs mit inhaltlicher

Konsequenz zuzulassen. Und die Meinungsfreiheit und Ausdrucksfreiheit des Autors oder Künstlers beschränkt sich – so er von seiner Arbeit halbwegs zivilisiert leben will – auf jenes enge Spektrum, das innerhalb der beschränkten Bandbreite der Sozialpartnerschaft gegeben ist.

In der Praxis wird dies am besten durch Österreichs größtes kulturproduzierendes Unternehmen vorexerziert – dem ORF: Waren Rundfunk und Fernsehen zur Zeit der schwarz-roten Koalitionsregierungen verknöcherte Proporzbetriebe mit leicht schwarzer Überlegenheit, so installierte die von 1966 bis 1970 werkende ÖVP-Alleinregierung im ORF eine Führer-Diktatur für den nachmaligen CDU-Wahlkämpfer Gerd Bacher, der den Betrieb auf umfassenden Rechtskurs brachte. Als dann die Sozialdemokraten an die Regierung kamen, kippten sie mit viel Bauchweh zwar Bacher, beseitigten jedoch kaum die von ihm geschaffenen Strukturen. Und wo zaghaft kritische Ansätze entstanden, ließ man sich durch das pausenlose »Rotfunk«-Trommelfeuer einschüchtern, das Bachers geistige und leibliche Zieh-, Stief- und Schwiegersöhne gegen den ORF schossen.

Wie man eine totale Restauration aufzieht, demonstrierte die Rechte nun 1978: Aus der SP-Mehrheitsfraktion des ORF-Kuratoriums wurden die den Sozialpartnerspitzen nahestehenden Leute – wofür auch immer – herausgebrochen, und das mehrheitlich rote Kuratorium bestellte Bacher neuerlich zum ORF-Chef. Der hat inzwischen gelernt, wie man sich mit der Gewerkschaftsspitze arrangiert: Indem man deren unfähigste Vertraute aufnimmt und innerhalb des Unternehmens aufsteigen läßt, um daneben unbehelligt kritische Programme und Programmacher liquidieren zu können.

Vorwände für solche Maßnahmen finden sich bekanntlich immer: Da reicht es, wenn sich Nina Hagen in einer Live-Diskussion an die Klitoris greift, um den politisch ohnedies seit langem verdächtigen Diskussionsleiter abzuservieren. Da reicht es, freie Mitarbeiter in Bausch und Bogen von der Mitarbeit an einer Sendung auszuschließen und die ehemals kritische Diskussionsreihe *Club 2* unter weitgehende Vorzensur zu stellen. Als besondere Chuzpe kommt noch hinzu, daß jener Programmintendant, der diese Maßnahmen exekutiert, gleichzeitig in der Bundesrepublik gegenüber *Bild am Sonntag* jene Sendung, die er zum Vorwand für diese Maßnahmen nahm, als Beleg für die liberale Praxis im ORF würdigt.

Diese Restaurationspolitik im ORF, die typisch ist für die

kulturpolitische Praxis in Österreich, kann dazu auch unbehelligt von einer kritischen Presse vor sich gehen. Leidlich liberale Presseerscheinungen wie die *Frankfurter Rundschau* oder wenigstens die *Süddeutsche Zeitung* sind für den aufgeklärten österreichischen Zeitungsleser weit entfernte Traumgebilde angesichts der bestehenden Massenpresse, die aus den wenigen verbliebenen und auch nicht von der bestehenden Norm abweichenden Parteizeitungen, den sogenannten »unabhängigen« bürgerlichen Blättern von konservativen Personen oder Kapitalgruppen sowie dem Marktriesen *Kronenzeitung* besteht. Dieses Blatt, das ursprünglich zumindest – nachweislich – mit Gewerkschaftsgeldern gegründet wurde, ist heute offiziell im Besitz von zwei Privatpersonen und lobt einerseits die »vernünftige« und »maßvolle« Politik der Gewerkschaftsspitzen, während es sich andererseits militant antisozialistisch geriert. Nirgendwo wird gegen die Intellektuellen unerbittlicher vorgegangen, werden Liberale und Linke konsequenter angeprangert und fremdenfeindliche Parolen plumper verbreitet als in dieser Zeitung, von der Bruno Kreisky einmal meinte, sie sei die größte am Platze, weil sie am geschicktesten zu verbergen weiß, daß sie die sozialdemokratische Regierung stürzen möchte. Und in der Tat gehört es zu den Besonderheiten der *Kronenzeitung*, daß dort hinter den rechtsextremen Parolenrufern auch noch aufgeklärte Satiriker und fortschrittliche Kunstkritiker ihre Alibifunktion erfüllen dürfen. Günther Wallraff meinte bei einer Fernsehdiskussion in Wien, den grundlegenden Unterschied zwischen *Bild* und der österreichischen Massenpresse mit der Meldung veranschaulichen zu können, daß der Verleger der *Kronenzeitung* höchstselbst zu ihm nach Köln gepilgert war, um Wallraff zur Mitarbeit an seinem Blatt einzuladen. Ein frommer, nicht unbedenklicher Irrtum, lieber Günther!

Wo von Vielfalt der österreichischen Presse geredet wird, herrscht jedenfalls nur bedrückende Einfalt. Zwar gibt es Versuche einer alternativen kritischen Presse. Doch die kämpfen auf dem kleinen – und nicht zuletzt auch für die Verteiler der Anzeigenetats politisch sehr einfach überschau- und kontrollierbaren – österreichischen Markt womöglich noch schwerer um ihr Überleben als vergleichbare Initiativen in der Bundesrepublik.

Die Artikulationsmöglichkeiten einer kritischen Öffentlichkeit beschränken sich so in Österreich fast auf den privaten Bereich, und die Rechte braucht gar nicht erst Berufsverbote, Zensurparagraphen und einen Terrorismus-Vorwand, um ihre Position zu erhalten. Unkontrolliert von einer kritischen Medienöffentlichkeit werden Berufsverbote – insbesonders bei Lehrern in den konservativ regierten Bundesländern – ohne jedes Aufsehen vollzogen. Die Veröffentlichungsmöglichkeiten, die durch Zensur kontrolliert werden müßten, bestehen erst gar nicht. Und wo sich fortschrittliche Leute in die Redaktionen bürgerlicher Medien hineingearbeitet haben, werden sie durch die hausinternen Kontrollmechanismen abgewürgt, bzw. schließlich hinausgeworfen. Belege für diese Feststellung sind leider ausreichend vorhanden.

Mut zur Meinung ist jedenfalls im Bereich von Österreichs veröffentlichter Öffentlichkeit etwas, das zumeist gar nicht erst ermöglicht wird. Und das dort, wo es nicht verhindert werden kann, rücksichtslos bekämpft wird. Das kann nun sogar Bundeskanzler Bruno Kreisky aus eigener Erfahrung bestätigen: nachdem er etliche aufgeklärte Bekundungen über das Palästinenserproblem durch eine Einladung an den PLO-Vorsitzenden Yassir Arafat gekrönt hatte, begann ihn die im Besitz der Industriellenvereinigung stehende *Wochenpresse* ebenso krampfhaft wie hilflos an den Haaren herbeigezogen zum Sympathisanten sogenannter PLO-Terroristen zu stempeln. Man kann jedoch getrost davon ausgehen, daß es dem Blatt bei diesem, von Agenten eines Mannes mit durchaus terroristischer Vergangenheit, d. i. Herr Ministerpräsident Menachem Begin, offensichtlich unterstützten Versuchen kaum um die Palästinenser ging, sondern vielmehr um das hysterische Bemühen, einen liberalen Sozialdemokraten als Regierungschef in Wien abzuschießen.

WOLF PETER SCHNETZ

Zensur und Selbstzensur in der kommunalen Kulturpolitik

Rechtfertigung von Selbstzensur: »Ausgewogenheit«

Ich schlage die Zeitung auf und beschäftige mich nach einem Überfliegen der politischen Nachrichten und des Fettdrucks nunmehr eingehend mit dem Lokalteil. Es sind nur noch wenige Wochen bis zu den Kommunalwahlen in den bayerischen Gemeinden und Städten am 5. März 1978. Berichte über Parteiveranstaltungen und -programme schieben sich im Lokalen in den Vordergrund.

»Die kommunalen Kulturpolitiker müssen sich um ein ausgewogenes Angebot bemühen«, lese ich in einer Grundsatzerklärung der Liberalen (*Erlanger Tagblatt* v. 14./15. Januar 1978). Nichtssagend. Der Satz ist sattsam bekannt. Ich habe ihn schon in den Erklärungen der Christlich Sozialen gelesen, viele Male. Ich habe ihn vor wenigen Wochen erst in einem Gespräch mit einem Arbeitskreis der Kirchen als heilige Beschwörungsformel gehört. Ich beziehe in meine Überlegungen ein, daß auch die Sozialdemokraten ein »ausgewogenes Angebot« wollen. Und ebenso alle anderen. Gegen Ausgewogenheit und sich anbiedernde Floskeln wie »Augenmaß«, »Vernunft«, »Ordnung« kann niemand etwas haben. Jeder dieser Begriffe ist, für sich genommen, rechtschaffen. Unredlich allerdings werden die Begriffe dadurch, und darin liegt die Gefahr, daß sie nicht mehr in ihrem Wert verstanden, sondern im Sinne eines Schlagwertes als Schlagwort gebraucht werden, als Knüppel aus dem Sack, den man in Wahlkämpfen wild auf den Buckel des sogenannten politischen Gegners herabsausen läßt, um ihm einzuprügeln: Du bist aber gegen Ausgewogenheit, du bist gegen Vernunft, du bist gegen Freiheit und Ordnung, also für Gewalt und Terror. Ein Bösewicht ist gefunden: Es muß etwas unterstellt werden, damit man den Popanz für das, was man ihm unterstellt, niederknüppeln kann. Die Umwandlung von Wertbegriffen zu schlagenden Wortwerkzeugen mit dem Hintersinn, dem anderen die Ehre abzuschneiden, das ist das, was so betroffen macht.

Es wird also so getan, als sei das Angebot der kommunalen Kulturpolitiker nicht ausgewogen. Folglich ist anzunehmen, die

Kulturpolitiker hätten es selbst in der Hand, gefälligst eine Ausgewogenheit herzustellen – das sei Sache ihres Ehrenkodex, ihrer politischen Moral. Da es sich angeblich um ihr Angebot handelt, um das Angebot der Kulturpolitiker, nicht etwa um das der Theater, Museen, Volkshochschulen, der Vereine, der Clubs, der Kinos, der Galerien, der Künstler, kann die Forderung nach Ausgewogenheit, die doch so selbstverständlich erscheint, kaum als unbillig aufgenommen werden. Der Kulturpolitiker hat schließlich alle Interessen zu berücksichtigen. Er ist ja nicht Macher, sondern Mittler, Vermittler im Dienst aller Bürger. Bei der deshalb erhobenen Forderung nach Ausgewogenheit geht es doch »nur« um die Kontrolle des sogenannten Vorfelds, um Selbstkontrolle beim Zusammenstellen von Programmen, um kontrollierte Programmüberlegungen. Hier hat das politische Gewissen einzusetzen. Der Gesinnungsschnüffel spürt etwas auf: schnipp, schnapp, die Gedankenschere schneidet ab.

Nicht ausgewogen ist es beispielsweise, wenn das Theaterkollektiv Rote Rübe spielt. So geschehen von 15. bis 20. Oktober 1977 während des »Internationalen Festivals des freien Theaters« in München und am 2. November 1977 in Erlangen. Nicht ausgewogen ist es, wenn politische Fotomontagen des 1968 verstorbenen Künstlers John Heartfield gezeigt werden. So geschehen im November 1977 in einer Ausstellung in Erlangen. Nicht ausgewogen ist, wenn die Beteiligung der Theatergruppe *Floh de Cologne* an den 20. Internationalen Theaterwochen in Erlangen 1978 ins Kalkül gezogen wird. So geargwöhnt und mit einem Einspruch bedacht in einer Anfrage der Stadtratsfraktion der Erlanger CSU am 25. Oktober 1977. Nicht ausgewogen ist eine Lesung von Peter O. Chotjewitz im November 1977 in einer Berliner Stadtbücherei aus seinem Buch *Der dreißigjährige Friede* (*Buch und Bibliothek*, 30. Jg., Januar 1978: »Offener Brief an den Herrn Volksbildungsstadtrat des Bezirks Berlin-Charlottenburg«). Nicht ausgewogen sind Erich Fried, Günter Wallraff, Hubert Fichte (»Zensur für Lesebücher«, *Nürnberger Nachrichten*, v. 14./15. Januar 1978; *ZEIT magazin*, Januar 78). Die Beispiele lassen sich aus allen Städten der Bundesrepublik Deutschland in beliebiger Fülle zusammentragen. Sie hatten ihren vorläufigen Höhepunkt in den Monaten Oktober, November, Dezember 1977 erreicht.

Ausgewogen ist dagegen alles andere. Was immer schon ausgewogen war. Wir verstehen uns schon. Wir brauchen nicht darüber zu reden. Im Klartext: Kritisches Denken ist unerwünscht, also ist es unausgewogen. Ausgesprochene Kritik ist ausgesprochen infam! Sie zerstört die Gesellschaft. Sie ist die Wurzel des Übels. Wir alle sind selbstverständlich gegen zerstörerische Kräfte. Wir sind also aufgefordert, von der Freiheit der Selbstzensur Gebrauch zu machen, um Mißverständnissen vorzubeugen. Eine Balance zwischen Gegensätzen durch eigene Urteilsbildung, durch Diskussion anstelle von Zensur, findet nicht statt. Heute noch über Veränderungen reden wollen heißt: Gewalt und Terror herbeipredigen. Gewalt und Terror verurteilen, dennoch aber über Veränderungen nachdenken, dieser Schluß ist unzulässig. Er verbietet sich durch die Selbstzensur der Gedanken. Denn wie heißt es in den Zehn Geboten: Schon wer in Gedanken sündigt, ist schuldig.

Anläßlich des in Erlangen von der CSU befehdeten Gastspiels der Roten Rübe am 2. November 1977 wandte sich der Programmbeirat des für die Veranstaltung verantwortlichen ›Theaters in der Garage‹ mit folgender Erklärung an die Öffentlichkeit:

»Entmündigung des Publikums?

Eine – übrigens unkorrekt zitierte und aus dem Zusammenhang gerissene – Textstelle aus dem jüngsten Gastspiel der ›Roten Rübe‹ in Erlangen gab bekanntlich Mitgliedern der CSU-Stadtratsfraktion Anlaß, administrative Gegenmaßnahmen zu fordern. Zu Recht wurde daraufhin von der Stadtverwaltung jeder Eingriff in die Stückauswahl des ›Theaters in der Garage‹ als von der Verfassung verbotene Zensur abgelehnt.

Verfassungswidrige Verletzung der Kunstfreiheit wäre es aber auch, wollte man über den Etat des Garagentheaters ›steuernd‹ in die Kompetenz des Theaterleiters eingreifen oder – wie neuerdings gefordert – die Bewilligung von Mitteln von der vorherigen Vorlage des Jahresprogramms abhängig machen. Denn ein Theater, dessen Eintritt weniger kostet als eine Kinokarte, kann nur von Subventionen leben. Jede Gängelung über den Etat beschränkt es daher in seinem künstlerischen Entscheidungsspielraum und läßt ihm allenfalls die ›Freiheit zur Selbstzensur‹, nämlich das auszuwählen, was den Geldgebern genehm ist. Auch verdeckte Zensur ist Zensur.

Bleibt die juristische Beurteilung damit eindeutig, so wenden wir uns darüber hinaus als Vertreter eines kritischen Stammpublikums der ›Garage‹ gegen jede Art obrigkeitlicher Bevormundung. Sollte der Spielplan allein auf ›harmlose‹ Stücke beschnitten werden, die nirgendwo Anstoß erregen, würde das zu einer allgemeinen Verödung des Theaterlebens führen und letztlich jede geistige Auseinandersetzung im Einheitsbrei einer angepaßten und nivellierten Meinung ersticken lassen. (Nach Artikel 10 der Verfassung des Freistaates Bayern ist das kulturelle Eigenleben vor Verödung zu schützen.) Die angestrebte Zensur träfe mit dem Garagentheater zudem eine Einrichtung, die durch Phantasie und Organisationsgeschick (und mit wenig Geld) in kurzer Zeit über Erlangen hinaus als Ort lebendigen Theaters bekannt wurde.

Gutes Theater setzt niemals voraus, daß sein Publikum sich jederzeit mit den dargebotenen Inhalten identifiziert; es muß bisweilen provokativ sein. Der mündige Zuschauer hat auch die Freiheit, eine Aufführung aus eigenem Urteil abzulehnen.«

Verein der Freunde und Förderer des Theaters in der Garage und der Programmbeirat.

Erlangen, November 1977«

Anlaß zu dieser Erklärung gab ein umstrittenes Textzitat aus dem Stück der Roten Rübe *Liebe, Tod, Hysterie – ein Zirkus*, in dem deutsche Zustände angeprangert wurden. Da war man geneigt zu sagen:

»Wehe dir, du deutsches Volk, wie steht es um deine Staatsordnung! Verrat lauert im Hinterhalt, Gewalttat zieht auf der Straße. Der Bruder belügt den Bruder, und Betrug treibt der geistliche Stand. Gewalttätigkeit schießt auf. Recht vor Gericht welkt dahin. Seht doch, wie Euch der Papst mit dem Netz des Teufels fängt. Ihn aber lehrt solches jetzt das Buch von der Schwarzen Kunst, das ihm der Schwarze aus der Holle gegeben hat, und aus Euch wählt er sich seine Sprachrohre.«

Diese Zeilen sind nun nicht etwa eine Collage aus dem Textbuch der Roten Rübe, obwohl dem Sinne nach zum Verwechseln ähnlich, sie stammen vielmehr von Walther von der Vogelweide und sind zwischen 1198 und 1210 geschrieben worden. In der Literaturgeschichte sind sie als Sprüche unter *Philipp* und unter *Otto* eingeordnet. Die Übertragung stammt von Peter Wapnewski in der Textausgabe von 1962. Zur Erläuterung: Die Collage nimmt Bilder oder Texte aus ihrem ursprünglichen Zusammenhang, setzt sie neu zusammen und spitzt dadurch den Inhalt auf eine eindeutige Aussage zu. Aus einer Tendenz wird eine Tendenzverstärkung und schließlich ein unleugbares Indiz.

Die Technik der Collage läßt sich mit ähnlichen Ergebnissen beliebig praktizieren und natürlich ebenso wirkungsvoll bei Karl Friedrich von Schiller (man denke nur an *Die Räuber* mit dem Leitruf »In tyrannos!«) anwenden wie bei Heinrich von Kleist, Georg Büchner, Frank Wedekind, Bertolt Brecht, um nur einige ganz wenige zu nennen. Joachim Kaiser hat in der Weihnachtsausgabe der *Süddeutschen Zeitung* (1977) eine Gegenüberstellung von Schriften der Weltliteratur zusammengetragen. Darin sind Texte von ein und demselben Dichter einmal als klassischer Lesebuchstoff ausgesucht und im Kontrast dazu als revolutionäres Gedankengut, das heute der Gedankenschere zum Opfer fallen müßte. (*SZ* 24./25./26. Dezember 1977).

Bei der Auslegung von Fragen der Kunstfreiheit darf es nicht darum gehen, welche verantwortlichen Personen (Oberbürgermeister, Kulturdezernent, Theaterleiter, Stadträte) sich mit welchen Äußerungen von Dichtern, Stückeschreibern und Theatergruppen identifizieren wollen oder nicht. Vielmehr geht es ausschließlich um die grundsätzliche Freiheit der Kunst und der Meinung, um die Verantwortung von Künstlern und Vermittlern, die allein diese zu tragen haben. Im politischen Handlungsraum dagegen geht es um die Entscheidung, ob bestimmte Stückeschreiber und bestimmte Theatergruppen dem Publikum gezielt vorenthalten sein sollen, um das Risiko eines Mißverständnisses, das Risiko einer unerfreulichen Auseinandersetzung, das Risiko eines unbequemen Frage- und Antworthickhacks aus Bequemlichkeits- oder Opportunitätsüberlegungen heraus zu vermeiden.

Als ich mit Kaninchenblick in der Erwartung kommenden Unheils vor der Roten Rübe saß, konnte ich das Erschrecken derer beobachten, die gegen ihre Salongewohnheiten nun einmal zu einer solchen *freestyle*-Darbietung gekommen waren. Die Reaktionen ließen mich an das mögliche Entsetzen eines Musikfreundes denken, der nach lebenslangem Umgang mit Mozart und Vivaldi plötzlich in ein Rockkonzert verschlagen wird. Sollen deshalb keine Rockkonzerte mehr gespielt werden? Oder dürfen nach dem Shakespeareschen Motto »Was Ihr wollt« und »Wie es Euch gefällt« die Leute eben dorthin gehen, wohin sie wollen und wo es ihnen jeweils gefällt? Muß der Schluß gezogen werden, daß anstelle der »eigentlich nicht gewollten« Zensur die Selbstzensur – von wem, für wen – zu treten hat? Sollen im ohnehin überwiegend der Unterhaltung gewidmeten Programmplan der vielen Einrichtungen der Stadt alle Kanten abgeschliffen, die Reibungsflächen geglättet werden? Gilt die Berechtigung der Subventionen und der Steuergelder nur für den Sonntagsanzug, nicht aber für das Fantasiekostüm, weil ja die Fantasie vermeintlich grenzenlos, womöglich sogar chaotisch und bisweilen anarchisch ist?

Im Theaterspielplan wird traditionell unterschieden zwischen Abonnement und einmaligem Gastspiel. Dabei wird selbstverständlich berücksichtigt, daß das Abonnentenpublikum am Feierabend zum Feiern im Sonntagsanzug kommt und weniger empfänglich für das Ärgernis ist als das Publikum im Fantasiekostüm, das aus freier Wahl eine bestimmte Gruppe sehen möchte und dabei auf die Auseinandersetzung gefaßt und vorbereitet ist. Das Publikum entscheidet durch seinen Besuch über seine Programmwünsche selbst. So will es der liberale Rechtsstaat, in dem wir noch leben, mit der ganzen Vielfalt aller Angebote an Kunst und Information, auch wenn wir uns des Risikos nicht immer bewußt und im Umgang mit beidem nicht immer geübt und sicher sind.

Tatsächlich ist es so, daß sich das kulturelle Angebot in einer Stadt aus sehr vielen Anteilen zusammensetzt: aus den Beiträgen der vielhundert Vereine, der Clubs, der Initiativen, der Galerien, der Kinos, der Buchhandlungen, der Institute, der Institutionen, der einzelnen Künstler schließlich. Sie alle handeln selbständig, in eigener Verantwortung. So regelt es das Grundgesetz in Artikel 5:

»Jeder hat das Recht, seine Meinung in Wort, Schrift und Bild frei zu äußern und zu verbreiten und sich aus allgemein zugänglichen Quellen ungehindert zu unterrichten. Die Pressefreiheit und die Freiheit der Berichterstattung durch Rundfunk und Film werden gewährleistet. Eine Zensur findet nicht statt ... Kunst und Wissenschaft, Forschung und Lehre sind frei.«

Ein Rechtsgutachten von Dirk Herwig über die künstlerischen Regiebetriebe der öffentlichen Hand sagt: Zum unverzichtbaren Verantwortungs- und Kompetenzbereich eines künstlerischen Leiters (Theater, Musik, Museen, Ausstellungen etc.) gehört die Auswahl und das Ansetzen von Stücken, das Engagement und der Einsatz des künstlerischen Personals, die Gestaltung künstlerischer Werke. Keineswegs ist ein Eingriff erlaubt oder geboten, wenn sich eine Aufführung, Ausstellung oder ein künstlerischer Gegenstand kritisch oder auch provokatorisch mit religiösen, weltanschaulichen und moralischen Auffassungen oder mit konkreten Gesellschaftsformen auseinandersetzt.

Weiter schreibt Dirk Hewig in den *Bayerischen Verwaltungsblättern* (Heft 2 1977):

»Kunst als Ausfluß schöpferischen Geistes ist nicht erzwingbar, nicht planbar, nicht machbar, sondern im letzten glückhaft, zufällig. Sie kann sich nur in einem Raum größtmöglicher Freiheit nach eigenen Gesetzen entfalten. Jeder Versuch, der öffentlichen Hand Einflußmöglichkeiten im künstlerischen Bereich einzuräumen, birgt die große Gefahr in sich, daß die nur zweckfrei sich entfalten könnende Kunst außerkünstlerischen Zielsetzungen untergeordnet wird und dadurch künstlerische Substanz verlorengeht.«

So hat schließlich auch der ehemalige Bundespräsident, Walter Scheel, die Dinge gesehen, als er bei der Eröffnung der 25. Jahresausstellung des Deutschen Künstlerbundes am 23. Juni 1977 im Plenarsaal der Paulskirche in Frankfurt ausführte:

»In unserer Verfassung ist von der Kunst nur einmal die Rede, in Artikel 5, Abs. 3, und da ist festgelegt, daß ›die Kunst ... frei‹ ist. Und das ist auch alles, was ein freiheitlich-demokratischer Staat über das Verhältnis von

Staat und Kunst festlegen kann. Jedes Wort mehr wäre von Übel. Unser Staat verbietet es sich grundsätzlich, in diesen Freiraum der Kunst einzugreifen. Wir gehen davon aus, daß die Kunst ein Bereich ist, in den der Staat nicht hineinzuregieren habe, weil die Freiheit des kreativen Schaffens Ausdruck dessen ist, was wir unter Freiheit überhaupt verstehen.

Wir müssen uns darüber klar sein, daß diese grundgesetzlich garantierte Freiheit eine rein formale Freiheit ist. Mit der Sicherung dieser Freiheit ist keineswegs gesagt, daß alles, was im Raum dieser Freiheit der Kunst geschieht, nun auch wirklich Kunst sei, sondern nur, daß der Staat sich eines Urteils darüber enthält, ob es Kunst sei. Darüber haben andere zu urteilen, vor allem die Künstler, auch die Kunsthistoriker und Kunstkritiker und vor allem wohl die Kunstgeschichte, die sehr bald die Spreu vom Weizen sondert. Der Künstler, der das Recht hat, Kunst zu nennen, was er hervorbringt, lebt meist nicht isoliert. Er schafft nicht nur für sich, sondern er will auch andere bewegen, anregen, erfreuen, erschrecken, schockieren manchmal. Er muß es hinnehmen, daß auch der, an den er sich wendet, die Freiheit hat, das Kunst zu nennen, was er will.

Die grundgesetzlich garantierte Freiheit der Kunst ist eine Chance, eine Herausforderung, die jeder einzelne nutzen und annehmen kann – oder auch nicht.«

(*Bulletin*; Veröffentlichung des Presse- und Informationsamtes der Bundesregierung Nr. 68, Bonn, 28. 6. 77).

Worin kann überhaupt eine Einwirkungsmöglichkeit des Kulturpolitikers bei der Zusammenstellung kultureller Angebote bestehen? Der Kulturpolitiker hat bekanntlich kein eigenes Instrument, er ist ja nicht Leiter eines Theaters, eines Museums, einer Ausstellungshalle, eines Kinos, einer Galerie, er ist nicht fliegender Händler auf dem Kunstmarkt, er ist nicht Künstler, er ist Politiker. Sein Tagesberuf besteht darin, sich mit der Wahrung und Durchsetzung von Interessen zu beschäftigen. Dies geschieht mit den Mitteln der Einflußnahme. Er nimmt Einfluß. Er kann Einfluß nehmen. Er nimmt nicht Einfluß. Darin liegen seine Möglichkeiten. Dabei ist es angemessener, sich der Einflußnahme zu enthalten als in Überschätzung einer vermeintlichen Position als Obergutachter Bewertungsnoten zu verteilen und Zensur zu üben, wo andere Kompetenzen gegeben und geregelt sind, an deren rühriger Wahrnehmung nicht zu zweifeln ist (z. B. durch Landesämter für Verfassungsschutz).

Das kulturelle Angebot in einer pluralistischen Gesellschaft ist vielfältig. Es entspricht den Strukturen der Gesellschaft. Sein Spektrum reicht von extremen Außenpositionen bis zur geballten Mitte. Die Mitte befleißigt sich bekanntlich einer deutlichen Anlehnung an die Tradition. Denn unter Tradition begreift man etwas, was sich bewährt hat. Ein Qualitätsmerkmal ist damit verbunden. Das war gut, da gehen wir wieder hin. Das war schon immer gut. Das kulturelle Angebot, das möglichst viele ansprechen und von möglichst vielen angenommen sein will, geht auf diese Sachlage ein, wohlwissend, daß damit ein gut Teil Trägheit verbunden ist. Das Gros der Programme enthält folgerichtig ein an der Tradition orientiertes, ein konventionelles Angebot.

Die Ausnahme liegt im Experiment. Damit sind Risiken verbunden, inhaltlicher und wirtschaftlicher Natur. Der Kulturpolitiker könnte nun seinen Einfluß geltend machen, neue Versuche zu erschweren, womöglich zu verhindern, indem er beispielsweise mit einem Versagen der Förderung droht. Zur wirtschaftlichen Absicherung von Versuchen ist ja in der Regel eine Hilfestellung, eine Subventionierung notwendig. Der Kulturpolitiker hat es in der Hand, sich für das von der Norm Abweichende, auch wenn es unbequem ist, einzusetzen oder es zu ignorieren. In seiner Aufmerksamkeit Neuem gegenüber und seiner Hilfsbereitschaft liegt seine Schlüsselfunktion.

Der Regensburger Marat-Skandal

Vor den Bundestagswahlen im November 1972 war im Stadttheater Regensburg eine Inszenierung des Peter Weiss-Stückes *Die Verfolgung und Ermordung des Jean Paul Marat* zu sehen. Unmittelbar vor den Wahlen veranstaltete der *Regensburger Tagesanzeiger* – der mittlerweile sein Erscheinen eingestellt hat – eine Kampagne im Stil des *Bayernkuriers,* um das sozialistische Gedankengut des Theaterstückes zu entlarven und dabei in einem Atemzug den Intendanten, den Kulturdezernenten, den Oberbürgermeister und die Mehrheitsfraktion im Stadtrat der Verherrlichung des Marxismus zu überführen.

»Solcher mit Obszönität angereicherter antiklerikaler Marxismus bei Verfälschung des wie auch immer sozialistischen Stückes ist das Schlimmste, was ich je auf dem Regensburger Theater gesehen habe . . . Wir brauchen kein Theater als dilettantisch geführte Akademie für sozialistische Gesellschaftskunde, sondern ein Theater, in dem die Kunst der wie auch immer gearteten Erbauung des Bürgers dient.« (Dr. Franz A. Stein, *Regensburger Tagesanzeiger* v. 22. 9.1972)

»Beifall für Marat.

Dem sozialistischen Polit- und Pornospektakel spendeten am Freitag demonstrativen Beifall: SPD-Bürgermeister Dr. Albert Schmid, Kulturdezernent Dr. Wolf Peter Schnetz nebst Gattin (SPD-Stadträtin) und Universitätsbeauftragter Dr. Franz Schmidl (SPD-Stadtrat) . . . Ich weiß nicht, ob die katholische Arbeitnehmerschaft in Regensburg gewillt ist, den marxistischen Kurs, den die SPD jetzt ganz offen eingeschlagen hat, mitzumachen.« (Hans-Günter Röhrig, *Regensburger Tagesanzeiger* v. 26. 9. 1972).

Da waren sie also entlarvt, die Kommunisten im Rathaus, die auf die Zerstörung der Gesellschaft hinarbeiten. In einem Akt der Selbstzensur des Theaters wurden schließlich die Papp-Penisse durch kräftige Zensurkreuze auf den Hosenlätzen der Trikots ersetzt.

»Ruppel und Kamm war die Entschärfung schwergefallen. ›Aber Powerplay wäre sinnlos gewesen‹, sagt Ruppel, ›die Fortschrittlichen in Regensburg hätten an Boden verloren, und die Jugendorganisationen hätten die Aufführung boykottiert.‹ Und Kulturdezernent Schnetz, keineswegs ein geschlagener Mann, sagt: ›Unsere Kulturpolitik hätte einen Rückfall erlitten.‹« (*ZEIT magazin*, Hamburg, 10. 11. 1972).

Der Diffamierungsversuch schlug letztlich fehl, weil die überregionale Presse, u. a. die Münchner *Abendzeitung*, der *Stern* und *DIE ZEIT* die ganze Kampagne als Machenschaft eines Kleinbürgerkartells in ausführlichen Berichterstattungen darstellten, und auch die lokale Wochenzeitung *DIE WOCHE* mit der balkendicken Schlagzeile »Sie sagen Sauerei und meinen Politik« die Hintergründe aufdeckte. Das *ZEIT magazin* faßte in einer Gesamtdarstellung vom 10. 11. 1972 zusammen:

»Gemäß der Denunziationsstrategie waren die Kampagne-Kumpane von der Pornographie auf den Sozialismus gekommen. Der ›Tagesanzeiger‹ wies dem Intendanten Ruppel nach, daß er sich ›mit Riesenschritten‹ ›auf den Marxismus hin‹ bewege, offensichtlich nur deswegen, weil Ruppel aus Hamburg kommt und mit seinen Kritikern nie ins Wirtshaus geht. Auch der Kulturdezernent Schnetz wurde marxistischer Ideen geziehen, damit nur niemand vergesse, wer da geschlachtet werden sollte: die Roten.

Aus Pornographie war Politik geworden, nur merkten das, im Rausch ihrer Entrüstung, einige katholische Laien nicht gleich. ›Die Pornoszene ist nach meinem Kunstverständnis keine künstlerische Darstellung und gehört ins Dirnenhaus und nicht in die Kulturstätte einer Großstadt‹, schrieb der katholische Kirchenfunktionär Konrad Wroblewski dem *Tagesanzeiger*.

In den Regensburger Dirnenhäusern verbat man sich diesen Hinweis. Als ich Frau Gitte, die tüchtige Chefin eines Damenetablissements namens *Club Erotica* von Wroblewskis Vorschlag erzählte, schimpfte sie. Sie beklagte sich über die absonderlichen Wünsche ihrer Regensburger Kundschaft. ›So was‹, sagte Frau Gitte, etwa 27, ›so was mög'n mir fei net bei uns. Pornographie is bloß was für Saubärn.‹

Unterdessen glaubte sich die Katholiken-Clique am Ziel: Während man in München und anderen deutschen Städten über ihre Manifestationen des Ekels bereits kicherte, überführte der *Tagesanzeiger* die gesamte SPD, ›ganz offen‹ den marxistischen Kurs eingeschlagen zu haben.

Regensburg ist für Zensurskandale ein berüchtigtes Pflaster. In der altehrwürdigen Bischofsstadt, die den Geist der einstigen freien Reichsstadt aus ihren Mauern gründlich verbannt hat, war beispielsweise 1959 die »Aktion Saubere Leinwand« gestartet worden. Die damalige Empörungs-Lawine war durch den Film *Die Sünderin* mit Hildegard Knef in der Titelrolle ausgelöst worden. *Corpus delicti* war der nackte Busen der Knef, der im Film von einem Maler porträtiert wurde. Katholische Verbände hatten daraufhin eine Schließung des Kinos, in dem der Film zu sehen war, erzwingen wollen und in einer großangelegten Unterschriftenaktion (in Kirchen und Schulen) die »saubere Leinwand« gefordert. Im Vordergrund stand der Vorwurf der Pornographie, im Hintergrund ging es um handfeste Politik, genauso wie 1972 bei der Inszenierung des Marat-Skandals. Seither sind noch keine fünf Jahre vergangen, da dringt neue Kunde aus der Dom- und Donaustadt. Der Regisseur Peter P. Pachl hat die *Salome* von Richard Strauss mit einigen erotischen Details ausgestattet, einem Schleiertanz, der allzuviel Nacktes durchblicken ließ und eregierten Penissen, die an Statuen aus Pappmaschee prangten und von Salome geliebkost wurden. Anlaß genug für einen erneuten mehrwöchigen Theaterskandal mit Bühnenbegehungen durch eine Stadtratsdelegation, Anordnungen, Veränderungen. Selbstzensur war die Folge, wieder war die Pornographie der Vorwand, wenige Wochen vor den Kommunalwahlen können allerdings auch hier politische Motive nicht ausgeschlossen werden.

Der Wink mit dem Geld des Steuerzahlers

Am häufigsten kommt dabei der Wink mit dem Geld des Steuerzahlers. Wer auch immer mit einer Sache nicht einverstanden ist, gebraucht als schnellfertiges Argument den Hinweis auf das amorphe Gebilde des Steuersäckels: Es geht nicht nur um mein Interesse, es geht um das öffentliche Interesse, es geht um unser aller Geld, das nicht an Leute verpulvert werden darf, die nur an unserem Staat herummeckern. Die sollen doch gleich in die Ostzone gehen. Das ist die Redensart der Straße, der Wirtshäuser, der Badestuben. Von Verharmlosung und Verherrlichung von Moskau ist da die Rede, vom Feindbild des Kommunismus, von Gewalt, Umsturz, Terror. Das ist die Schublade, aus der die Schablonen reihenweise gezogen werden, um den, der anders oder differenziert denkt, zu kennzeichnen, zu isolieren, unmöglich zu machen, auszuschließen.

»Zeitgeist am Ende
des 30jährigen Friedens
Ich verdächtige dich.
Dies genügt, dich zu kennzeichnen.
Wenn du anhebst,
dich zu verteidigen,
bist du schon verloren:
›warum verteidigt er sich?
er hat wohl etwas getan?
er ist schuldig.‹
Was denn als Worte
hättest du mir entgegenzuhalten,
wenn ich sage,
du bist einer von denen, die,
du bist nicht auf unserer Seite;
wie willst du beweisen,
daß du, der du ja nicht
auf unserer Seite bist,
dennoch keiner von denen bist, die,
ich werde dich verdächtigen, wenn,
also: sei still oder
stell dich auf unsere Seite.«

(VHS-Workshop für Literatur, *Plakatgedicht*, Erlangen, Oktober 1977)

»Der Nürnberger Beamtenanwärter Manfred Häberlein war von 1963 bis 1970 Mitarbeiter in der evangelischen Kirche in Nürnberg. Während dieser Zeit wurde er wiederholt zum Vorsitzenden des Bezirksjugendkonvents der Evangelischen Jugend in Nürnberg gewählt. 1969 trat er in die Internationale der Kriegsdienstgegner ein. Während seines Studiums wurde er Mitglied der Gewerkschaft Erziehung und Wissenschaft.

Bei der Einstellungsprüfung 1976 bestand er die erste Lehramtsprüfung mit der Gesamtnote gut. Obwohl er sich im August 1976 schriftlich zur Verfassungstreue verpflichtete, lehnte die Ansbacher Regierung seinen Antrag auf Zulassung zum Vorbereitungsdienst ab.

Bei zwei Einstellungsgesprächen bei der Regierung lehnte er ab, über den Sozialismus in der DDR und der UdSSR zu antworten. ›Ich halte es für müßig.‹

Zum Begriff Revolution befragt, äußerte er: ›Wenn jemand zum Glauben an Jesus Christus kommt, dann ist das eine Revolution.‹ Er sei in vielen Punkten als Christ anderer Auffassung als ein Kommunist. Das hindere ihn jedoch nicht, einen Kommunisten als Mitmenschen zu sehen und mit ihm zu diskutieren.

Die mündliche Verhandlung vor dem Verwaltungsgericht war zeitweise durch heftige Debatten zwischen der Landesanwaltschaft und dem Vertreter des Klägers, Rechtsanwalt H. E. Schmitt-Lermann aus München, gekennzeichnet. Der Rechtsanwalt warf dem Leiter der Landesanwaltschaft unter anderem vor: ›Was Sie sagen, ist das Niveau eines Passauer Volksschullehrers aus dem Jahre 1953‹ oder ›Die Revolution ist Ihre Sache, Herr Oberlandesanwalt, Sie haben versucht, meinen Mandanten in den Bauch hineinzufragen.«

(*Nürnberger Nachrichten* v. 21./22. 1. 1978)

Allzuoft sehen sich Kulturpolitiker gezwungen, im Stimmungsnebel unterzugehen. Es ist ja schließlich die öffentliche Meinung, die den Ausgang der nächsten Wahlen bestimmen wird. Um Schlimmeres zu verhüten, muß man an der Macht bleiben. Es ist also ein Gebot der Taktik, der öffentlichen Meinung stattzugeben. Die Folge ist, daß man dieser Meinung recht gibt. Dies wiederum bewirkt ein Beharren auf der einmal zugestandenen Position. Es wird immer schwerer, Verständnis für neue Denkansätze, für Innovationen, für Kritik zu finden.

Von Politikern ist zu hören, daß man durchaus einsehe, daß in einer Demokratie auch von der allgemeinen Meinung abweichende Auffassungen vertreten und diskutiert werden müssen, aber – und jetzt kommt das schwerwiegende *aber* – das soll dem freien Spiel der Kräfte überlassen bleiben, dazu ist das Geld des Steuerzahlers nicht da, Kritik öffentlich zu subventionieren durch das Überlassen von Räumen an mißliebige Gruppen oder durch finanzielle Absicherung des Experiments. Die Wirtschaft arbeite ja schließlich auch auf eigenes Risiko. Das stimmt. Aber die Wirtschaft läßt sich sehr wohl das Experimentieren, die Forschung, durch die öffentliche Hand subventionieren.

Gegensteuern von rechts

Kulturpolitik erfordert den Mut zum Risiko. »Das Risiko muß subventioniert werden!« (Klaus H. Revermann, Kulturdezernent, Wuppertal). »Der Kulturpolitiker muß gegensteuern« (Winfried Zehetmeier, CSU-Bürgermeister und Korreferent des Kulturressorts, München). Es ist allerdings fast aussichtslos, mit dem Mut des Einzelgängers Risikobereitschaft zu beweisen und mit Knüppeln zwischen den Beinen über Fallstricke zu laufen.

Das Einlenken ist die Regel. Die Kurskorrektur. Um dem »übergeordneten Anliegen« nicht zu schaden.

»Man braucht schon die Finger beider Hände, um die Städte abzuzählen, deren Theater in letzter Zeit in präventiver Selbstzensur vorbereitete oder bereits in Produktion befindliche Stücke absetzten, um nur ja nicht in den Geruch terroristischen Sympathisantentums zu geraten. Ein vierteljahrhundertaltes Stück: *Die Gerechten* von Albert Camus erschienen fast einem halben Dutzend Theater als zu brisant, um in diesen Tagen von Entführung und Mord einem Publikum zugemutet werden zu können, das anscheinend für bereits so hysterisiert gehalten wird, daß man ihm die Unterscheidung zwischen einem fiktiven Vorgang auf der Bühne und einem realen auf dem Fernsehschirm nicht mehr zutraut.«

Dies schrieb der Kritiker Helmut Schmitz am 2. 11. 1977 in der *Frankfurter Rundschau*.

Wie ist nun überhaupt noch ein Gegensteuern möglich? Der Einzelgänger hat in der Kulturpolitik kaum eine Chance. Am allerwenigsten dann, wenn ihm bereits Vorurteile entgegenschlagen. Um der Person einen Stempel aufzudrücken, baut man einen Popanz auf, schafft eine politische Einordnung, die möglichst weit abseits liegt. Von daher ist es dann leicht, das Gegensteuern als Steuern zu klassifizieren, als Versuch, mit administrativen Maßnahmen die Kultur zu lenken. Von Dirigismus ist dann die Rede. Von Bürokratie. Vom Abwürgen der bürgerschaftlichen Initiative. Vom Vergeuden der Steuergelder usw. Ein neuer Gedankenansatz müßte folglich als Gegensteuern von rechts begriffen werden, wenn es überhaupt noch eine Gemeinsamkeit von liberalen Demokraten gibt, an die appelliert werden kann.

Kein Geringerer, allerdings auch kein in den eigenen Reihen mehr Umstrittener, als der Stuttgarter Oberbürgermeister, Manfred Rommel, hat diese Überlegung ins Spiel gebracht. Am 21. Januar 1978 wurde er in München mit der Theodor-Heuss-Medaille für »seinen Mut zum liberalen Rechtsstaat« ausgezeichnet. Es liegt jetzt in der Hand der Konservativen, in der Kulturpolitik den Freiraum zu erhalten und zu verteidigen, der nötig ist, um Kreativität zu gewährleisten. Denn für die kulturelle Entwicklung gilt letztendlich der gleiche Grundsatz, der unser aller Dasein bestimmt: Ohne Experimente, ohne Versuche, ohne Ausbrechen, ohne Grenzüberschreitungen, ohne Provokationen findet eine Auseinandersetzung nicht mehr statt. Ihr Ende würde dann auch die Entwicklung der freien Persönlichkeit besiegeln: Sie wird frühzeitig genormt und in genehme Bahnen gelenkt. Wie heißt es dagegen so schön im bayerischen Erwachsenenbildungsgesetz:

> »Die Erwachsenenbildung ermöglicht den Erwerb von zusätzlichen Kenntnissen und Fähigkeiten, fördert die Urteils- und Entscheidungsfähigkeit, führt zum Abbau von Vorurteilen und befähigt zu einem besseren Verständnis gesellschaftlicher und politischer Vorgänge als Voraussetzung eigenen verantwortungsbewußten Handelns. Sie fördert die Entfaltung schöpferischer Fähigkeiten.«

Hoffentlich bleibt es bei diesen Grundsätzen.

Die Nahrungskette
Zeichnung: Marie Marcks
Nicht gedruckt.
Während der Fernsehfilm ›Holocaust‹ in der Bundesrepublik zu sehen war, wurden Giftfässer eines großen deutschen Chemiekonzerns entdeckt, die eine Katastrophe für die Umwelt zu bescheren drohten. Die hier abgedruckte Zeichnung wäre von einer Zeitung abgenommen worden, wenn die Autorin die Hakenkreuze entfernt hätte.

KLAUS STAECK

Eine Zensur findet gelegentlich statt

Es gibt in der Bundesrepublik Deutschland 1978 keine Zensurbehörde, keine Stelle, die als Amt Manuskripte, Bilder und Noten beurteilt. Es gibt keine Stelle, bei der man sich Auskunft und einen Stempel, kein *imprimatur* für weltliche Schriften holen könnte. Trotzdem gibt es in der Bundesrepublik immer mehr Menschen, die in der apodiktischen Feststellung des Grundgesetzes »Eine Zensur findet nicht statt« nur noch eine ironische Floskel sehen, ein Relikt aus liberaler Zeit. Zwischen Augenzu und Panikmache hat sich eine Grauzone gebildet, die zur allgemeinen Verunsicherung beiträgt. Es gehört zum Wesen der Zensur, daß man sie nicht klar definieren kann. Der weiße Fleck in der Zeitung, das geschwärzte Bild sind romantische Relikte aus einer Zeit, in der es Leute gab, die ganz offiziell die Berufsbezeichnung Zensor trugen. Bald jeder Narr weiß inzwischen, daß die Selbstzensur das eigentliche Problem der Zensur ist. Die Selbstzensur macht die Zensur, den Eingriff von außen, überflüssig. Funktioniert sie total, kommt die Zensur denkgesetzlich gar nicht mehr vor. Der Verfassungssatz »Eine Zensur findet nicht statt« würde formal voll erfüllt, weil eine Notwendigkeit zum Eingriff gar nicht mehr vorkommt.

Zur Beschreibung der Grauzone gehört auch der Mißbrauch, der mit dem Wort Zensur gelegentlich getrieben wird. In einem Klima, in dem Zensur und Selbstzensur grundsätzlich als möglich erscheinen, entschuldigt sich mitunter auch die Unfähigkeit mit der Zensur, um die Verwirrung komplett zu machen.

Dabei hält die Gesellschaft schon immer zwei Mittel bereit, um mit dem Unbequemen, dem Ungewöhnlichen und Ungewohnten fertig zu werden: Konsumierung oder Kriminalisierung mit vorausgegangener Isolierung. Nachdem Jahre ins Land gegangen sind, ohne daß die Wirksamkeit meiner Arbeiten wesentlich unter dem Verschleiß gelitten hätte, dem jeder Konsum ausgesetzt ist, wird die zweite Variante von meinen politischen Gegnern um so intensiver geprobt. Für mich sind Zensur und Selbstzensur keine inhaltsleeren Begriffe, mit denen ich auf akademischen Podiumsdiskussionen jongliere, sondern dutzendfach erfahrene Realität.

Dabei tritt die Zensur in immer neuen Formen auf, oft schwer nachweisbar, relativ selten direkt und offen, manchmal freiwillig mitvollzogen, gelegentlich in einer Art Überreaktion auch nur eingebildet. In Zeiten wie diesen wird aber auch vieles der Zensur zugeschrieben, das in Wahrheit nur der Feigheit zum Opfer fiel. Ein Ziel jeder Zensurmaßnahme ist die Erreichung eines Zustandes, der den nächsten Eingriff nicht mehr erforderlich macht. Zensur war immer unpopulär. Erst die für Dritte kalkulierbare Form von Selbstzensur erübrigt das Verbieten, Streichen, Schneiden. Die Angst des Individuums, der Zensur zum Opfer zu fallen, produziert den von Beginn an gereinigten Text, der des Zensors nicht mehr bedarf. Im Laufe der Zeit sind immer größere Bereiche entstanden, von denen »man ja weiß, daß man dies und jenes nicht mehr schreiben und senden darf«: in Sendeanstalten, Zeitungen, Verlagen, Studios, Abteilungen, Referaten, Gremien. Die Zensur ist eine Seuche, die immer dort erfolgreich war, wo sie in totaler Selbstzensur endete. Im *Bayerischen Rundfunk* wird künftig kaum noch Anlaß für Zensur bestehen, da fast niemand mehr da ist, der die von oben vorgegebene deadline überschreiten wird. Der Gedanke an eine Zensur bei *Bild* ist schon deshalb ein Witz, da das negative Ausleseprinzip der Institution *Bild* die Redakteure nur *Bild*-konform handeln läßt. Die institutionalisierte Selbstzensur hat das Phänomen Zensur abgeschafft.

Am Beispiel weniger ausgesuchter Fälle soll aufgezeigt werden, wie ein Klima entsteht, das Zensur und Selbstzensur begünstigt, wenn nicht gar herausfordert, Angst schürt und unfreiwillige Beschränkung der Freiheit fördert. Aus über hundert Zwischenfällen in den letzten beiden Jahren wurden einige ausgewählt, um die Voraussetzungen für Zensur zu beschreiben.

1. Nachdem alle noch so verwegenen Attacken gegen meine Person (»Volksverhetzer«, »Schmierfink«, »Linksradikaler«, »Politpornograf«) die Wirkung meiner Arbeiten nicht beeinträchtigen konnten, schrieb ein Bundestagsabgeordneter aus Melsungen im Mai 1976 an die *Hersfelder Zeitung* einen Leserbrief: »Diese Agitation Staeck's ist typisch faschistisch. Wenn sie ›Kunst‹ ist, dann sind auch die Hetzkarikaturen der Nazis, mit denen sie im *Stürmer* unsere jüdischen Mitbürger verächtlich machten, nachträglich als ›Kunstwerke‹ anzusehen.«

Dankbar hatte ein Politiker die absurde Vorgabe der *Frankfurter Allgemeinen Zeitung* (»Goebbelspropaganda«) aufgegriffen und noch ein wenig zugelegt. Eine neue Waffe sollte erprobt werden, nachdem alle bisherigen Diffamierungsversuche im wesentlichen fehlgeschlagen waren. Mit einer später vom Landgericht Fulda bestätigten einstweiligen Verfügung wurde der wirre Faschismusvorwurf vorerst untersagt. Doch der Abgeordnete, der erst kürzlich in der Begleitung von Franz Josef Strauß bei dessen berüchtigter Chilereise in Erscheinung trat, war sich seiner Sache sehr sicher. Am 7. Juni 1977 hob ein Kasseler Senat des OLG Frankfurt die Verfügung in letzter Instanz wieder auf. Auch dem Gericht war die inzwischen eingetretene politische Klimaveränderung nicht verborgen geblieben. Was ein Jahr zuvor noch als undenkbar erschien, wurde nun der staunenden Öffentlichkeit als Beispiel für Meinungsfreiheit angepriesen. Einer Öffentlichkeit, die zu diesem Zeitpunkt in der Bundesrepublik schon nicht mehr intakt war. Bis auf zwei nichtssagende Zeitungs- und wenige kritische Rundfunkkommentare wurde dieses Urteil nicht weiter zur Kenntnis genommen. Immerhin wurde soviel bekannt, daß kaum noch eine Ausstellung oder Veranstaltung mit meinen Plakaten stattfindet, ohne daß meine Gegner mir vielstimmig den Faschismusvorwurf entgegenhalten. Eine makabre Situation: Die Rechtesten der Rechten beschimpfen den Antifaschisten mit juristischer Billigung als Faschisten. Angesichts dieser Begriffsverwirrung fällt es naiven Zeitgenossen zunehmend schwerer, sich in diesem Dschungel zurechtzufinden. Da für den einen oder anderen Rechten das Wort Faschist wiederum keine richtige Beschimpfung ist, wurde ich am 5. Oktober 1977 zu einer Veranstaltung in Schwäbisch Hall von einem Studiendirektor im *Haller Tagblatt* als Linksfaschist begrüßt.

Für Professor Helmuth Schoeck waren die Terroristen wiederum nicht Hitlers, sondern unsere Kinder, die Heinrich Bölls und mir. Das OLG-Urteil hat insoweit verheerende Konsequenzen, als künftig jeder die politische Fotomontage als faschistisch denunzieren darf. Wer aber will schon faschistische Propaganda in seinem Rathaus, Gemeindesaal, Turnhalle, Bibliothek, Schule oder Universität sehen. Dieses Urteil ermöglicht dem reaktionärsten CSU-Anhänger, sich als Hüter der Demokratie aufzuspielen, indem er faschistische Plakate von der Gemeinde abwendet. Bei jedem versuchten oder erfolgreichen Ausstellungsverbot aus der jüngsten Zeit spielte dieses Urteil eine Rolle. Nicht zu zählen die Schar jener, die aus Furcht, sich einem absurden Vorwurf auszusetzen, unter diesen Umständen von vornherein auf eine Ausstellung verzichten.

2. Zensur und Selbstzensur gedeihen nur in einem spezifischen Klima der Verunsicherung. Dafür, wie man dieses Klima schafft, einige Beispiele aus der Praxis.

Im Dezember 1976 fällt der Haller Jusovorsitzende einer Polizeistreife durch ein defektes Rücklicht auf. Bei der Kontrolle des Wagens werden im Kofferraum noch einige Plakate »Deutsche Arbeiter! Die SPD will euch eure Villen im Tessin wegnehmen« gefunden. Die Plakate wurden wegen Verdachts auf Verbreitung verfassungsfeindlicher Propaganda beschlagnahmt. Anläßlich einer Dienstaufsichtsbeschwerde stellt sich später heraus, daß die Polizei schon während des Wahlkampfes die gleichen Plakate heimlich entfernt und zur Überprüfung eingesandt hatte. Da man nichts wieder gehört hatte, ging man von der Strafbarkeit aus und beschlagnahmte. Auf Beschwerde wird die Beschlagnahme wieder aufgehoben.

Kürzlich verbot der Oberbürgermeister von Weiden im Jugendzentrum eine Ausstellung meiner Plakate ohne jede Begründung. Einige Zeit zuvor hatte der Oberbürgermeister von Donauwörth die Veranstalter vor die Alternative gestellt, entweder Schließung der Ausstellung oder des ganzen Jugendzentrums. Zu einer öffentlichen Diskussion über das Verbot konnte es in der Stadt selbst nicht mehr kommen. Alle Gasthäuser zogen unter Druck ihre feste Raumzusage wieder zurück. Etwa zur gleichen Zeit gerieten die Jugendlichen von Emsdetten in eine ähnliche Lage. Inzwischen ist das Jugendhaus ganz geschlossen. Als kürzlich in der Teestube von Hagen bei Cuxhaven unter fadenscheinigen Gründen eine Ausstellung geschlossen wurde, war ein Hotel zur Übernahme bereit. Der Besitzer erhielt daraufhin per Post anonym ein auf rotes Papier geklebtes Streichholz. Das sind wenige Beispiele von über siebzig Ausstellungsverhinderungen in den letzten drei Jahren. Es gibt aber auch Beispiele erfolgreicher Gegenwehr: In Meitingen klagte die örtliche SPD eine Ausstellung in der Gemeindehalle ein. Die Gemeinde hatte sie zuvor »aus politischen Gründen« abgelehnt.

Gelegentlich gebiert das neue Klima auch Wunderliches: Nachdem neulich ein Stuttgarter Gericht einem Strafgefangenen mein Filbinger-Plakat wegen vermuteter Gotteslästerung beschlagnahmte, beschloß kürzlich die CDU-Fraktion Berlin-Kreuzberg, das Rathaus während der Dauer meiner Ausstellung nicht mehr zu betreten. Mangels Mehrheit hatte man die Ausstellung nicht verbieten können. Dafür wollte mich ein Abgeordneter aus Berlin-Tiergarten am liebsten gleich »eliminieren«. Wo sich die Mehrheitsverhältnisse geändert haben, muß möglichst viel mit verändert werden. Als in Lahn/Gießen die CDU mehrheitsfähig geworden war, erinnerte sie sich sofort eines Wandbildes nach einem meiner Plakate. Der zuständige Stadtrat erschien in einem Jugendhaus gleich mit einer Malerkolonne, um das Wandbild vor den Jugendlichen schwarz übermalen zu lassen.

3. Zensur ist Aggression – Selbstzensur die Unterwerfung unter diese reale oder auch nur eingebildete Aggression. Selbstzensur ist die Folge der eingestandenen, akzeptierten Ohnmacht. Deshalb ist die Grenze zwischen berechtigter Angst und bloßer Feigheit so fließend. Habe ich Angst oder bin ich ein Feigling, wenn ich ein kürzlich auf einem Heilbronner Schulhof gefundenes anonymes Flugblatt ernst nehme, das meinen Namen und Adresse mit dem Zusatz nennt: »Rache für Hanns-Martin Schleyer. Tod allen Roten!« Vielleicht bin ich leichtsinnig, wenn ich es völlig ignoriere.

Das schwierigste Problem: Inwieweit trägt wiederum die Beschreibung der Zensur zur Verstärkung der Selbstzensur bei. Dazu ein Beispiel: Heinrich Böll hat in der *Frankfurter Allgemeinen Zeitung* eine mir gewidmete Erzählung veröffentlicht. Ihr liegt der reale Sachverhalt zugrunde, daß ein Lehramtskandidat in Süddeutschland ernsthafte Schwierigkeiten bekam, nur weil er mich kannte. Ein anderer Lehramtskandidat erfährt beim Lesen dieser Erzählung von dem Sachverhalt und fühlt sich auch betroffen. Er schreibt gerade an einer Zulassungsarbeit über meine Plakate und ändert sofort den Titel seiner Arbeit, um einem ähnlichen Schicksal zu entgehen. Ergebnis: Hätte ich Böll den Sachverhalt nicht mitgeteilt, hätte er diese Erzählung so nie geschrieben, hätte der zweite Kandidat nichts von dem Vorfall erfahren und somit auch nicht sein Thema ändern müssen.

Als Frage bleibt, ob die Schilderung einer Einschränkung nicht zu neuen Einschränkungen einlädt. Naiv gesagt, wer nicht weiß, daß man für etwas gerügt werden kann, ist vielleicht mutiger, weniger ängstlich. Wirkt die ständige Schilderung einzelner Fälle von Repression am Ende verstärkend auf die allgemeine Repression. Es ist eine Situation vorstellbar, in der die immer neue Aufdeckung von Fällen der Zensur und Selbstzensur auf einen Normalbürger derart entmutigend wirkt, daß er zu dem bißchen selbstverständlicher Courage, der jede Freiheit bedarf, nicht mehr fähig ist.

Endlich sind wir bei der Frage nach dem Nutzen oder Schaden

eines Buches wie diesem. Schafft es eine heilsame Unruhe, die für ein Erkennen des Mißstandes und eine Umkehr notwendig, oder verbreitet es durch die Fülle von teils niederschmetternden Einzelfällen nur noch mehr Ratlosigkeit und Bedrückung. Diese Folge wäre für das herrschende Klima katastrophal. Niemand sollte deshalb dieses Buch als Jammerbeitrag von weinerlichen Intellektuellen abtun. Niemand sollte es auch als Vorwand für eigene Untätigkeit mißbrauchen. Wenn Mißstände geschildert werden, so nur mit dem einen Ziel, daß sie rasch überwunden werden. Dieses Buch wendet sich nicht an die schweigenden Dulder, die sich nur in ihren apokalyptischen Vorstellungen bestätigt sehen wollen. Es wendet sich vor allem an jene, die bereit sind, auch unter Inkaufnahme persönlicher Nachteile unsere Verfassung offensiv zu verteidigen. Es soll ein Beitrag zur Stärkung der Abwehrbereitschaft, nicht zur Lähmung sein.

Das tückische an Zensur und Selbstzensur bleibt, daß niemand weiß, ob auch dieses Buch über die Zensur alle Beiträge so enthält, wie sie geschrieben wurden, und alles, was gedacht wurde, auch wirklich geschrieben wurde. Wichtig bleibt, dafür zu kämpfen, daß ein Buch wie dieses auch noch in einem Jahr erscheinen kann. Solange man noch über Zensur und Selbstzensur in der Öffentlichkeit reden kann, besteht eine Chance, beide zu überwinden. Ein bißchen mehr Mut zur Meinung als bisher wird allerdings zur Verteidigung der Freiheit in der Demokratie schon nötig sein.

KLAUS VÖLKER

Probleme der Zensur und Selbstzensur im Theater

Im Vergleich zu Zensurmaßnahmen bei Zeitungen, den Radio- und Fernsehanstalten sind Verbote oder Eingriffe in die vom Gesetzgeber zugesicherte künstlerische Freiheit am Theater im allgemeinen weniger rigoros. Voraussetzung für die Nutzung aller Möglichkeiten sind allerdings ein geschickt ausgehandelter Dienstvertrag des Theaterleiters und dessen Bereitschaft, in kritischen Situationen den Wünschen seiner Vertragspartner nicht nachzugeben. Der »Freiraum« für ungewöhnliche Unternehmungen, für schwierige Stoffe und heikle Themen ist beim Theater zunächst größer, denn die Zahl der Kontrolleure ist überschaubarer. Die Möglichkeit, ohne Vorzensur ein brisantes Stück vor ein Publikum zu bringen, hängt vom Mut der Theaterleute ab, sich vorher nicht bei offiziellen Stellen und dem Verwaltungsrat »abzusichern«. Die Aufführung kann dann zwar nachträglich noch verboten werden, aber immerhin hat sie eine kleine Öffentlichkeit erreicht, und die Absetzung kann nicht ohne Aufsehen erfolgen.

Theater hat weiterhin den Vorteil, daß die Verinnerlichung der üblichen Zensurmechanismen sich auf ein Kollektiv von Produzierenden verteilt, für die als Einzelperson nicht soviel auf dem Spiel steht, während bei den Massenmedien die Autoren der Beiträge oder Sendungen ihre »Ware« bereits den Ressortleitern und Funktionären der Apparate, die ihre Produktionsmittel in Händen haben, in »verkäuflicher« Form vorlegen müssen. Bei den finanziell abhängigen Autoren findet schon in hohem Maße Selbstzensur statt, ehe die Zensur, die es offiziell nicht gibt, ausgeübt wird. Für die in einem Theater Arbeitenden sind die Risiken etwas geringer, und zumindest die künstlerischen Persönlichkeiten, die einen Namen und dadurch einen gewissen Marktwert haben, können die Eingriffe der Verhinderer wirksamer abwehren. Sie setzen dabei ihren bestehenden Arbeitsvertrag aufs Spiel, aber sie erhalten sofort wieder neue Angebote und können anderswo versuchen, ihre Projekte zu verwirklichen. Die »frei« arbeitenden Künstler führen einen ständigen Kampf mit den fest angestellten Mitarbeitern eines Theaters, die sich nicht durch die Ergebnisse auf der Bühne profilieren können und Gefahr laufen, entlassen zu werden, wenn sie nicht im Sinne der Verwaltung für einen reibungslosen Ablauf sorgen.

Mit der Zeit erlahmt auch bei den Künstlern der Mut zu Auseinandersetzungen mit den unerfreulichen Betriebszwängen, weil man, um effektives Theater machen zu können, die entsprechenden Partner braucht, und weil jeweils immer viel Zeit vergeht, bis sich die passenden Leute zu einem Ensemble an einem anderen Theater zusammenfinden, vorausgesetzt, es besteht überhaupt die Möglichkeit zu einem kollektiven Ensemble-Austausch. Die Bühnengenossenschaft, in kulturpolitischen Fragen meistens rückschrittlich orientiert, hat nämlich die Tendenz, von Massenkündigungen zu sprechen, wenn es um die Sicherung von zeitgemäßer, dem Publikum auch eine gewisse Anstrengung zumutender Form von Theater geht.

In den letzten Jahren haben sich die Meldungen über das Absetzen von Stücken im Zusammenhang mit den Diskussionen über Terror und Sympathisantentum gehäuft. Schon bei Titeln wie *Die Entführung aus dem Serail* ist so manchem Provinzkulturbeamten die Angst in die Knochen gefahren. In Bonn fiel sogar eine Operette der Offenbachzeit der Terrordebatte zum Opfer. Ehe jemand an ein Verbot dachte, wollte hier wohl ein beflissener Intendant durch das Absetzen eines Stücks seine uneingeschränkte Staatstreue bekunden. Gegen die Praxis derartiger Verbote, Spielplankorrekturen und Zensurmaßnahmen muß entschieden protestiert werden. Dennoch ist der erzwungene Verzicht auf ein Stück von Böll in Würzburg oder die zeitweise Absetzung eines Dramas von Camus in Osnabrück die harmloseste Form von Zensur, sie signalisiert lediglich die Angst verschreckter Intendanten, die »linke Farbe« in ihrem ansonsten farblosen Routineangebot könnte unliebsamen Ärger einbringen statt literarischen Glanz und Anerkennung für das pro Spielzeit einmal gewagte Experiment mit zeitgenössischer Dramatik.

Viel schlimmer als der Verzicht auf die Alibifunktion des brisanten Stücks ist die derzeit verstärkt auftretende Tendenz, kontinuierliche Theaterarbeit, die die Institute, in denen sie stattfindet, belastet und die die Zuschauer fordert, in jedem Fall zu verhindern. Die Voraussetzungen für Theater, das ernst zu nehmen ist und somit für Zensoren in Betracht kommt, sind die Arbeitsbedingungen. Nur Regisseure, Dramaturgen und Schauspieler, die sich durch genauere Arbeit zusammengefunden und auch über die Inhalte der Produktionen verständigt haben, machen den Kulturbehörden Schwierigkeiten, beziehungsweise kommen zu einem Theaterverständnis, das das Publikum wirklich noch erregen, irritieren und begeistern kann.

Weniger das Theater allgemein, sondern einzelne Produktionen vermögen heute etwas zu bewirken. Herausragende Produktionen werden fast nur noch gegen die bestehenden Apparate durchgesetzt. Diese Situation bedingt, daß immer mehr reine Verwaltungsintendanten als Theaterleiter fungieren, während die Regisseure jede Verantwortung für das »Haus« (was immer darunter zu verstehen ist) ablehnen oder delegieren und sich auf das Durchsetzen der notwendigen Arbeitsbedingungen für ihre jeweilige Inszenierung konzentrieren. Daß Regisseure inszenieren und nicht Intendant spielen, ist an und für sich sinnvoll, aber nur eine Künstler-Persönlichkeit hat die nötige Autorität, Eingriffe in die künstlerische Freiheit nicht einfach hinzunehmen. Reine Verwaltungsintendanten sind offener für die Wünsche der Rechtsträger und übergeordneten Behörden der Theater. Lassen Intendanten sich auf die Risiken ein, die die Künstler eingehen wollen, gefährden sie den üblichen Betrieb und ihre Stellung. Wer heute sinnvolle Theaterarbeit durchsetzen, wer gegenwartsbezogene Inszenierungen und »schwierige« neue Stücke spielen will, der muß einen Dreifrontenkrieg führen: gegen die politischen Gremien, gegen die verwaltende Behörde und gegen die Bühnengenossenschaft.

Mit der Ausarbeitung des Spielplans befassen sich Direktion, Dramaturgie und die fest engagierten Regisseure eines Theaters. Zunächst wird der Dramaturg einen Idealspielplan durchsetzen wollen, er ist aber bald gezwungen, auf eine Reihe von bestehenden Gegebenheiten Rücksicht zu nehmen: Es können nur Werke zur Aufführung gelangen, die eine ausreichend lange Zeit in der betreffenden Stadt nicht mehr inszeniert worden sind, die Stücke müssen vom personellen und technischen Aufwand her im Rahmen der finanziellen Möglichkeiten realisierbar sein, sie müssen außerdem im Hinblick auf die Fähigkeiten, Rollenerwartungen und Rollenansprüche der Schauspieler ausgesucht werden. Da in den meisten Stadttheatern Oper und Schauspiel stattfindet und in der Regel auch zwei bis drei Räume gleichzeitig bespielt werden, haben zwangsläufig auch die Disponenten ein gewichtiges Wort bei der Stückwahl mitzureden. Und schließlich bleibt jeder Vorschlag des Dramaturgen nur eine schöne Idee, solange nicht ein Regisseur für die Realisierung auf der Bühne gewonnen ist. Alle für den Spielplan Verantwortlichen sind nicht nur mit Wünschen und Vorlieben, sondern ständig auch mit Zwängen und unvorhergesehenen Zwischenfällen konfrontiert, die auf ihre Entscheidungen Einfluß haben. Wichtige Vorhaben bleiben sehr oft im Dschungel solcher Betriebszwänge auf der Strecke. Solange die Beteiligten damit bewußt umgehen und sich über die Gründe ihrer Entscheidungen genau Rechenschaft ablegen, kann man hier nicht von Zensur oder Selbstzensur sprechen. Erst wenn die Einschränkungen blind akzeptiert werden, erst wenn die Betriebszwänge als unumstößlich aufgefaßt und verinnerlicht werden, waltet, was normalerweise Schlamperei genannt wird, als ärgerliche Zensurbehörde. Dann ist daran zu erinnern, daß nicht die Betriebszwänge die Produktionsbedingungen und Spielpläne gestalten dürfen, sondern Verwaltungsapparat und Betriebsbüro sich gefälligst nach den Vorstellungen der Künstler zu richten haben.

Alle mit sachlicher Autorität herbeigeführten Entscheidungen sind im Bereich des Theaters normal, alle nur mit Macht durchgesetzten Beschlüsse wirken sich destruktiv aus. Mit Machtmitteln bedrängen inkompetente Lokalpolitiker, ehrgeizige Funktionäre und der geschäftige Kulturklüngel einer Stadt »ihr« Theater, sie wollen Einfluß nehmen wie einst die Hofbeamten der Fürsten und Hoheiten, die sich ein Theater zu leisten pflegten. Im Unterschied zu jenen haben die meisten der heutigen Stadt- oder Parteivertreter weder Geschmack noch genügend Wissen in Sachen Kunst, glauben aber ohne Vorkenntnisse und Kriterien mitreden zu können. Nicht mit dem Geschehen auf der Bühne, sondern mit dem Gerangel um Direktoren, Etats und Spielpläne wird die Bevölkerung heute in erster Linie konfrontiert, und die Kritiker schreiben inzwischen auch vorzugsweise über grundsätzliche Trends, Regiestile und personelle Erwägungen, die erst drei Jahre später zur Debatte stehen. Die Arbeit eines Regisseurs zum Beispiel, die er 1979 in West-Berlin leistet, ist für die Presse, wenn er am Markt gehandelt wird, kaum noch der Beschreibung wert, man spekuliert dagegen mehr über die Pläne, die er 1980 in Frankfurt realisieren möchte, und noch lieber über die Frage, ob er möglicherweise 1982 Intendant in München wird. Man verschaukelt nicht nur die künstlerische Eigenart von Regisseuren, die doch 1980 zu einer Arbeitsmethode gekommen sein können, die dann gar nicht mehr den Voraussetzungen entspricht, unter denen die zwei bis drei Jahre zurückliegende Absprache mit ihnen getroffen worden ist, man ignoriert auch einfach bis 1980 die Arbeit des Frankfurter Theaters, das zur Zeit noch von Peter Palitzsch geleitet wird. Mit dem Theater ums Theater wird das lebendige Bühnengeschehen massiv gestört und in einem Maße beeinflußt, die viel wirkungsvoller als eine einzelne Zensurmaßnahme ist. An Stelle von künstlerischer Produktivität und inhaltlichen Überlegungen prägen Machtfragen und Profilierungsdenken das Theaterleben.

Das Theater dient Leuten, die Feinde der Produktion sind, als Instrument zur Erprobung ihres politischen Ehrgeizes. Die Befähigung eines Intendanten wird gemessen an seinem Talent, sich unablässig beiseite nehmen zu lassen und offen zu sein für die Ratschläge von Mächtigen, die bei der Bevölkerung mit ihren Ansichten Furore machen wollen. Das Beispiel Stuttgart hat gezeigt, daß künstlerische Qualität letztlich nicht zählt und auch gute Platzausnutzung, Presseerfolg sowie ein guter Ensemblegeist auf die politischen Funktionäre keinen Eindruck machen. Claus Peymann und seine Stuttgarter Theaterarbeit wurden als Fall gebraucht, mit dem man Wählerstimmen gewinnen kann. Nicht das Publikum, das ins Theater geht, entscheidet, sondern jene anonyme Masse, die sich nicht für Theater interessiert und der man weismacht, ihr Steuergroschen finanziere die Zahnbehandlung von volksfeindlichen Terroristen. Die Polemik gegen Peymann enthüllte, daß die Mächtigen dem Theater eben nur die Funktion zugestehen wollen, vom grauen Alltag abzulenken. Wenn Künstler zeigen, wie die Gewalt, die täglich geschieht, die Menschen deformiert und bei denen, die ihre Ohnmacht gegen die Gewalt nicht länger ertragen können, aggressiven Gegenterror auslöst, werden sie zu Sympathisanten und Irren verteufelt. Die Empörung der Bevölkerung gegen unmenschliche Verhältnisse wird umgemünzt in Empörung über die Darstellung schlimmer Zustände auf der Bühne.

»Ernst ist das Leben, heiter ist die Kunst«, diese nicht gerade umwerfende Schillersche Maxime hängt als Damoklesschwert über den Theatern, die den Mut zum künstlerischen Risiko und zur Auseinandersetzung mit Problemen der Zeit nicht scheuen. Das Damoklesschwert ist die Meinung, daß die mit Steuergeldern subventionierten Bühnen die Zuschauer mit zuviel kritischer, »sperriger« Kunst konfrontieren und nicht genug erfreuliche Erbauung, Besinnliches oder Heiteres bieten. Die Klassiker, so hört man ständig, werden zu modern, zu elitär und zu verfremdet aufgeführt. Die Stücke der besten und literarisch angesehensten Zeitgenossen werden a priori als offensichtliche Wahngebilde monomaner Künstler betrachtet, die allenfalls eine nicht repräsentative Minderheit zu interessieren vermögen.

An der Entmenschlichung einer Stadt wie Basel sollen dann

plötzlich »fragwürdig-elitäre« Stücke wie *Der Irre* von Edward Bond und *Der Stern auf der Stirn* von Raymond Roussel Schuld haben. Ursache und Wirkung werden geschickt verwechselt, und man verdrängt, daß vor allen Dingen die Chemieabgase der Humanisierung der Stadt im Wege stehen und nicht die angeblich verrückten Stücke, die die Basler Theater aufführen. Merkwürdigerweise wird immer nur das für kulturelle Dinge ausgegebene Geld des Bürgers als kostbare Sache behandelt; über die für Waffen, Geheimdienste oder Autobahnen verschleuderten Steuergelder gibt es keine Diskussion. Der Steuerzahler wird zur Majestät erklärt, der in Fragen von Kunst und Künstlern nun demokratisch mitbestimmen darf, was ihm ansonsten strikte verweigert wird. In Wirklichkeit bestimmt das Publikum dann doch nicht mit, sondern die städtischen Behörden drehen die Geldhähne je nach Gefälligkeit der Theaterleitung auf und zu. Kein Theater kommt zur Zeit mit den bewilligten Subventionen aus, da die festen Kosten laufend steigen. Nahezu der gesamte Etat ist bereits verplant, ehe der Vorhang überhaupt aufgeht. Die künstlerische Freiheit bewegt sich nur innerhalb des Geldes, das noch für die Produktionen selbst zur Verfügung steht. Auf diese Weise wirkt sich die von vorneherein bestehende Zensur am härtesten gegen künstlerische Qualität und gegen die Autoren aus, deren Stücke noch tantiemepflichtig sind.

Daß sich Politiker dem Theater gegenüber in der Regel so wie in Stuttgart verhalten, kann niemand verwundern. Sie brauchen Sündenböcke, damit sie die wahren Ursachen ihrer verfehlten Politik besser verschleiern können. Bezeichnend ist auch, daß Claus Peymann von Mitgliedern des Stuttgarter Theaters denunziert wurde. Da dieser Regisseur zu den Künstlern gehört, die vom Staatstheaterapparat ungewöhnliche Leistungen ertrotzen, hat er beim stark strapazierten technischen Personal kaum Anhänger. Wie in fast allen Theatern zählen Opernchor und Opernorchester, auch wenn gut musiziert wird, zu den in personalpolitischer Hinsicht unkünstlerisch denkenden Abteilungen, so daß sogar das Vorgehen gegen den Stuttgarter Schauspieldirektor von einer »demokratischen« Mehrheit abgesichert gewesen ist. In Kenntnis der wahren Machtverhältnisse im Theater hätte Peymann »geschickter« sein können. Fragwürdiger als dessen mangelnde Vorsicht ist allerdings das Verhalten des Intendanten Doll, der sich nicht eindeutig genug dem Bevormundungsversuch seiner Behörde widersetzt und vor seinen Schauspieldirektor gestellt hat. Er machte sich sofort, als Peymann zu keinem »Arrangement« bereit war, auf die Suche nach einem anderen, möglichst ebenso progressiv einzuordnenden Mitarbeiter, den er in dem Kölner Schauspieldirektor Heyme auch fand.

Weil Theaterleute selten zur Solidarität fähig sind, von privaten Animositäten oft nicht absehen können und immer nur die eigenen Interessen im Auge haben, können sich die Politiker und Verwaltungsgremien immer wieder vertragswidrige Eingriffe und Bevormundungsaktionen erlauben. Jeder Intendant, der sein Amt antritt, neigt zur Verharmlosung der Umstände, die ihm zu seiner Stellung verholfen haben, er wiegt sich in der Hoffnung, sein Konzept mit mehr Geschick und besserer Taktik als sein Vorgänger an den Mann bringen zu können.

Für die Theaterarbeit entscheidend ist, ob ein funktionierendes künstlerisches Team die Richtlinien für die Taktik bestimmt oder ob die Taktik von den einflußnehmenden Mächtigen aufgezwungen wird. Nicht immer wird ein Theater so offen und spektakulär wie in Stuttgart zensuriert, wo das hysterische politische Klima das harte Vorgehen gegen mißliebige Inszenierungsarbeit erleichterte. Der Druck, der üblicherweise von außen auf Theaterleute ausgeübt wird, ist subtiler beschaffen und viel redlicher verpackt.

In Basel hatte man den Plan, Marlowes selten gespieltes, wüstes Rächerdrama *Der Jude von Malta* aufzuführen. Es sollte in Zusammenhang mit der Inszenierung von Brechts Greuelmärchen *Die Rundköpfe und die Spitzköpfe* zur Diskussion gestellt werden. Der berechtigte, aber verhängnisvolle und kurzsichtige Gerechtigkeitswahn des Bauern Callas, dessen Kohlhaas-Natur, hat zu tun mit den unangemessenen Rachegedanken und dem machiavellistischen Ideenfanatismus des Juden Barabas, der sich an denen grausam rächt, die ihn beraubt und ihm Schmach angetan haben. Der »Jude«, eine stereotype Theaterfigur der elisabethanischen Epoche wie der »Indianer« im Wildwestfilm, verhält sich wie das Bild, das sich die Christen vom gemeinen Juden machen. Er spielt immer nur die Rolle, die christliche Vorurteile ihm zubilligen. Das Drama *Der Jude von Malta* ist außerdem ein ungestümes Schimpfstück Marlowes wider die Unmoral und Verlogenheit seiner Zeit, in der ein Außenseiter wie er streng verfolgt und gedemütigt wurde. Marlowes »Jude« war der Vorläufer von Shakespeares Shylock-Figur.

Dreißig Jahre nach Auschwitz besteht noch immer eine berechtigte Scheu, auf deutschen Bühnen Stücke wie *Der Jude von Malta* oder *Der Kaufmann von Venedig* aufzuführen. Ein gedankenloser Umgang mit solchen Stücken könnte Vorurteile und Sehweisen bestätigen, die heute unbedingt zu bekämpfen sind. Aber es muß auch die Möglichkeit geben, böse Juden zu zeigen, ohne sofort des Antisemitismus verdächtigt und ohne mit antisemitischen Schmierereien von Altnazis oder rechtsradikalen Jugendvereinigungen in Verbindung gebracht zu werden. Die Diskussion über Fassbinders sicher unausgegorenes, grotesk-überspitztes Stück *Die Stadt, der Müll und der Tod* zeigte schon deutlich die mangelnde Bereitschaft, aufrichtig und vorurteilsfrei die Judenfrage zu behandeln. Gerade die »persönliche« Schreibweise Fassbinders, seine Unbekümmertheit und Wut verstörten die repräsentativen Meinungsmacher, die lieber ideologische Scheuklappen tragen und an Gefühle appellieren, um eine sachliche Aufklärungsarbeit zu verhindern. Ausgerechnet der Hitler-Biograph Joachim Fest, der mit seinem Film über Hitler eine gefährliche Verharmlosung des Nazitums betreibt, unterstellte Fassbinder Antisemitismus und mobilisierte Kräfte, die nicht nur den *Suhrkamp Verlag* veranlaßten, das bereits gedruckte Textbuch zurückzuziehen, sondern auch den WDR zwangen, eine mit Fassbinder bereits getroffene Vereinbarung über einen Film nach Gustav Freytags Roman *Soll und Haben* aufzukündigen.

In Basel folgte das Satyrspiel zu diesen Vorgängen. Der Journalist Seelmann-Eggebert verbreitete im *Rheinischen Merkur* und in der *Neuen Zürcher Zeitung* die Meldung, am Basler Theater werde demnächst außer kommunistischer Agitation auch noch antisemitische Hetze betrieben. Begründet wurde die Behauptung mit dem Hinweis, der Regisseur des *Juden von Malta,* Bernard Sobel, sei in Ostberlin »geschult« worden und im Programmheft zu seiner Pariser Inszenierung des Marlowe-Stücks hätte er die Stellungnahme von Marx zur Judenfrage drucken lassen. Die törichten Vorwürfe bewirkten, daß einige Mitglieder der Israelitischen Gemeinde erschrocken das Stück lasen und sich daraus Zitate notierten, die ihrer Ansicht nach, auf der Bühne zum Basler Publikum gesprochen, unweigerlich eine neue Antisemitismus-Welle in der Schweiz begründen würden. Die Erläuterungen der an der Produktion beteiligten Theaterleute vermochten nichts gegen die Bedenken und Ängste der jüdischen Gemeindemitglieder auszurichten. Das Plädoyer für Marlowe und den »Juden« von Bernard Sobel, der zwei Jahre Schüler des Berliner Ensembles war und selbst Jude ist, wurde als »pervers« abgewiesen. Man war nur zu Mißverständnissen bereit.

Weder Fests Hitler-Film, noch andere, äußerst fragwürdige Literaturerzeugnisse oder Filme mit faschistischer Tendenz, haben je die Gemüter der jüdischen Gemeindemitglieder von Basel so zum Widerstand aufstacheln können wie gerade diese geplante Aufführung des *Juden von Malta.* Offenbar hält man sich dem Theater gegenüber, das nicht wie die Kinos oder Verlage ökonomisch rentabel geführt werden kann und nur mit Hilfe öffentlicher Gelder existenzfähig ist, für mitbestimmungsberechtigt. Solange damit Geld verdient wird, ist die Verbreitung inhumaner Auffassungen kein Skandal. Erst wenn unliebsame Stücke im Spielplan des subventionierten Stadttheaters auftauchen, sorgt man sich vehement um den Fortbestand der Demokratie und erklärt die Menschlichkeit für gefährdet. Will eine Interessengruppe die Absetzung eines Stücks erreichen, ist ihr jedes Mittel recht. Der Direktor des Theaters wird mit Briefen und Telefonanrufen überschüttet, der Vorsitzende der Israelitischen Gemeinde droht mit einer Interpellation bei der Regierung und mobilisiert alle Instanzen, bei denen er mit einem offenen Ohr rechnen kann. Die Absetzung des *Juden von Malta* wird erzwungen, aber niemand hat die Aufführung des inkriminierten Stücks ausdrücklich verboten. Die Beteiligten werden nur in einem Maße »bearbeitet«, daß sie jede Lust verlieren, gegen die breite Front von empörter Betroffenheit und doktrinärer Gesinnung ein Projekt aufrechtzuerhalten, das eine differenzierte, offene Betrachtungsweise erfordert. Die Vertreter mächtiger Interessengruppen können also ziemlich leicht bewirken, daß Künstler Selbstzensur üben, ehe ihnen Zensur auferlegt wird.

Die Basler Absetzung des *Juden von Malta* zeigt ein Dilemma der Künstler, bei dem Festigkeit der Standpunkte und Aufrichtigkeit nicht weiterhelfen. Das Beharren auf dem Vorhaben hätte das gesamte Theater in eine Diskussion verwickelt, die in keinem Verhältnis zum Anlaß mehr gewesen wäre. Eine vorurteilsfreie Rezeption der Aufführung ist nicht mehr gewährleistet. Die geübte Selbstzensur ist dennoch sehr prekär, denn aus dem Nachgeben in einem bestimmten Fall wird die nächste Interessengruppe die Berechtigung ableiten, ebenfalls auf den Spielplan des Theaters einwirken zu müssen. Es gibt keine stichhaltigen Argumente dafür, dem Theater ganze Stoffkreise zu verbieten, solange nicht feststeht, welche Stellung Künstler dem gewählten Stoff gegenüber beziehen wollen. Da der Antisemitismus als Problem noch existiert, darf er nicht einfach tabuisiert werden, genausowenig wie das Thema »Terror« zum Tabu erklärt werden darf. Eine entscheidende Aufgabe des Theaters besteht gerade im Bemühen, Tabus aufzugreifen und abbauen zu helfen. Die Bereitschaft der öffentlichen Behörden, die über die Vergabe der Subventionen befinden, das Programm der Theater ohne Einschränkungen zu tolerieren, scheint immer halt zu machen vor der Angst, liebgewordene Gewohnheiten ändern zu müssen.

Je großzügiger die übergeordneten Instanzen dem Theater Freiraum gewähren, um so verantwortungsbewußter wird er auch genutzt werden. Der Umgang mit offiziell bestehender Zensur schult die Kraft des Widerstands. Es bedarf dann der Fähigkeit, kunstvoll und mit List gegen die Zensurbestimmungen zu verstoßen. Viel schwieriger ist dagegen der Umgang mit der offiziell nicht eingestandenen Zensur. Der Zwang zur Anpassung und das ständige Eingehen auf die Wünsche einflußreicher Dunkelmänner schaffen die Voraussetzung für unbewußte Selbstzensur. Sie führt zur gefälligen Kunst, zur unverbindlichen Theaterroutine. Verantwortungsbewußtes Theater entsteht, wenn die Künstler selbst die Kriterien für die Zensur ihrer Arbeit festlegen und sie nach außen hin auch benennen. Dramaturgie heißt in diesem Fall, Entscheidungen zu treffen und zum Beispiel auf bestimmte Stücke und Autoren zu verzichten, nicht nach ideologischen, Rücksicht nehmenden, sondern nach thematischen, stofflichen und vor allen Dingen künstlerischen Gesichtspunkten. Uneingeschränkte Freiheit gibt es nicht. Dramaturgie an einem Theater beinhaltet die Verpflichtung zur Zensur: keine Freiheit für eine Kunst, die Kriegshetze betreibt, die dem Rassenhaß Vorschub leistet oder die es vorsätzlich auf die Verdummung des Publikums anlegt. Der schlimmste Zensor des Theaters ist die Kritiklosigkeit der Künstler sowie die durch sie bedingte Angst vor Unternehmungen, die nicht ohne weiteres ungeteilten Beifall finden. Es braucht Mut, sich gegen den oberflächlichen, meistens falschen Beifall und die Routine zu behaupten.

KLAUS STILLER

Zensur findet statt

Ein interdisziplinäres Promotionsthema für Politologen, Soziologen und Literaturwissenschaftler: Die Mechanismen von Zensur und Selbstzensur in unserer scheinbar zensurfreien Gesellschaft. Die vorausgesetzte These stellt eine Verfassungsgarantie in Zweifel und behauptet: Zensur findet statt. Nicht »*eine* Zensur« im plumpen, traditionellen Sinn, ausgeübt von einer spezialisierten staatlichen Behörde, sondern »Zensur« nach den allgemeinen Regeln pluralistischer Einflußverteilung und Selbstverantwortung, eine demokratisch-verbrämte Zensur gleichsam.

Die schlichte Behauptung des Grundgesetzes, »Eine Zensur findet nicht statt«, läßt sich am besten über den zeitgeschichtlichen Kontext der ersten Nachkriegsjahre verstehen. Der Satz beschreibt keinen damaligen Zustand, sondern stellt eine utopische Forderung. Die Nazizensur ist dank den Siegern zwar aufgehoben (ohne Reich keine Reichsschrifttumskammer), aber die Sieger selbst haben die Vorzüge der Zensur erkannt und üben sie zunächst einmal nach eigenem Gutdünken aus. – So ironisch waren die »Väter des Grundgesetzes« nicht, sich in so ernster Zeit derartige Witze zu erlauben. Das Ergebnis allgemeiner Wunschvorstellung vorwegnehmend, gaben sie lediglich der leisen Hoffnung Ausdruck: »Eine Zensur findet nicht statt!« – Revolutionärer Kampfruf vor Durchführung der Währungsreform? Hochheiliges Versprechen der autoritär Gescheiterten, in Deutschland künftig Demokratie und bürgerliche Freiheiten zu achten? Naiv-opportunistisches Lippenbekenntnis politisch Ohnmächtiger?

Der Satz »Eine Zensur findet nicht statt« hat ebensoviel Gewicht wie die Feststellung »Es regnet nicht!« – Beide können ein mildes Klima nicht herbeiführen oder garantieren, auch wenn wir in Mitteleuropa mitunter Sonnentage erleben, die zu Illusionen verleiten. Wir haben uns daran gewöhnt, Zensur nur in Form direkter Verbote wahrzunehmen. Nach Vorschriften Ausschau haltend, vermeinen wir, den letzten Zufluchtsort von Zensur entdeckt zu haben: die totalitären Staaten. In die Ferne schweifend, verlieren wir den Blick für das Nächstliegende. Gewaltige Unterdrückung anderswo vermutend, ahnen wir nicht die Macht der Privilegien über und um uns herum. Überall bei uns findet

Zensur statt. Sie ist öffentlich. Es ist nicht jene kleinlich-beckmesserische, mit dem Lineal arbeitende Zensur, die am Ende meist den eigenen Maßstab wegzensiert, nein, es ist eine verschwenderische, erdrückend-großkotzige, freiheitliche Zensur, die sich weltoffen gebärdet, um die eigene Provinzialität hinter scheinbarer Liberalität zu verstecken.

Deutlich läßt sich die vorherrschende Zensurpraxis in der durchsubventionierten Theaterlandschaft studieren. Unsere Intendanten, Regisseure und Dramaturgen wirken in einem Freiraum schier unbegrenzter Möglichkeiten. Fast risikofrei können sie dem Publikum Stücke aus allen Epochen und Literaturen vorsetzen, ohne von einer beigeordneten Behörde zur Ordnung gerufen zu werden. Thematisch haben sie – bis auf eine Ausnahme – keinerlei Einschränkung zu beachten, historische und lokale Begrenzungen gibt es – wiederum bis auf eine Ausnahme – nicht. Das bedeutet: Wir haben nicht nur ein wohlsituiertes, sondern auch ein so weltoffenes Theater, daß auf diesen Brettern die besondere Situation der westdeutschen Gesellschaft in Bedeutungslosigkeit versinkt und nicht mehr der Rede wert erscheint. Unsere Theatermacher sind freiwillige Opfer ihrer bequemen Abhängigkeiten. Würden sie die Bühne als das begreifen, was alle großen Dramatiker vom Theater gefordert haben, nämlich auf die spezifische Problematik des eigenen Publikums unkonventionell zu antworten, würden sie also – mit einem Wort – politisches Theater machen, müßten sie ja riskieren, in kürzester Frist mittels Subventionsentzuges aus den Blütenträumen ihrer vermeintlichen künstlerischen Freiheit verscheucht und in die Kunstferne einer geistfeindlichen Stimmung entlassen zu werden. Wie im Zentrum des Hurrikans absolute Windstille herrscht, so finden wir inmitten der hypertrophen Theateraktivitäten unseres Landes keinerlei Drang zur Darstellung hiesiger Wirklichkeiten.

Und was sich am Beispiel Subventionstheater am leichtesten beobachten läßt – Zensur durch Förderung der konkurrierenden Irrelevanz – gilt selbstverständlich für sämtliche Bereiche des wuchernden Kulturbetriebs. In den überraschenden Genuß dieser Situation kommen die »Unpolitischen« jeder Art, aber auch aus Osteuropa herübergewehte Kollegen, die – daheim als kritische Intellektuelle beargwöhnt – hier nun, oft gegen die eigne Absicht, zu Apologeten des westlichen Status quo hochstilisiert werden. Ihre politische Vermarktung findet statt, während die unbequemen Stimmen unserer eigenen Gesellschaft zum Schweigen verurteilt werden sollen.

LUISE RINSER

Geschichte einer bundesdeutschen Hexe

Eigentlich war ich seit 1945 eine als Schriftstellerin anerkannte, als moralische und politische Person geachtete Erscheinung. Im Ausland bin ich das noch, auch in vielen Kreisen Deutschlands. Sogar Herr Axel Springer erklärte mir sein Wohlgefallen: Er sagte mir vor etwa dreizehn Jahren, ich sei eine der wenigen Autoren, die noch »Werte hochhielten«. Er meinte, von mir spräche man noch, wenn man Namen wie Grass und Böll vergessen habe. (Ich erlaubte mir ein Lächeln.) »Werte-hoch-Halten«, das tue ich immer noch, jedenfalls bin ich mir da keiner Änderung bewußt. Ich habe Kisten voller Briefe von Menschen, die sich bei mir bedanken für die Hilfe, die ich ihnen geleistet habe, damit sie ihrerseits Werte hochhalten konnten: Sie bedanken sich dafür, daß ich sie abhielt von der Ehescheidung, von der Abtreibung, vom Austritt aus ihrer (was immer für einer) Kirche, vor dem Eintritt in obskure Sekten, vor dem Selbstmord; einfach, schreiben sie, durch mein Dasein oder durch meine Bücher oder durch Antwortbriefe auf ihre Klagen. Auch 1977 erhielt ich, wie immer, solche Briefe. Und als ich dann politisch schmählich angegriffen wurde, erboten sich Hunderte (multipliziert durch Hunderte von Unterschriften), mich öffentlich zu rehabilitieren.

Bin ich nun 1977 eine andre geworden? Habe ich mich plötzlich zum Schlechten verändert? Oder hat sich etwas anderes zum Schlechten verändert? Nun, etwas Böses habe ich allerdings schon 1970 getan: Ich griff mehrmals von »rechts« kommende Ungerechtigkeiten an, oder Institutionen und Aktionen, die mir mißfielen. Und ich machte Propaganda für die SPD, eine gutbürgerliche Partei, nebenbei gesagt. Aber das nahm man mir übel. Ich verlor viele Leser. So ist das eben. Aber ich gewann viele andere, ich gewann vor allem immer mehr junge Leser. Das ist freilich gefährlich: Einfluß zu bekommen auf junge Deutsche und sie zur kritischen Wachheit zu erziehen, in einer Zeit, in der man nur brave folgsame C-Kinder oder forsche und blinde Gefolgsmannen der NPD brauchen kann.

Mein Verbrechen also heißt: Christin zu sein und als Christin

Sozialistin, dafür auch noch Propaganda zu machen und einen wachsenden Einfluß besonders auf die Jugend zu haben. Wahrlich: eine gefährliche Person. Ich sehe es ein ...

Ich stehe seit etwa einem Jahrzehnt auf der Abschußliste der CSU. Es ergab sich nur keine rechte Gelegenheit, mich einzusperren, zu foltern, umzubringen oder wenigstens mundtot zu machen. Aber 1977 da kam endlich ihre Stunde: Die Rinser ist, wir wissen's, eine Sympathisantin der Terroristen, denn sie hat 1970 solche bei sich »aufgenommen«. Die *Quick* sagt's.

Und was ist an der Sache?

Ich habe mich, als gelernte Psychologin und Pädagogin und als Mutter zweier Söhne, immer für die Probleme junger Menschen interessiert. Immer kamen junge Leute zu mir, um sich Rat oder Hilfe zu holen. So standen auch am 4. Januar 1970 zwei junge Leute vor meiner Tür und baten, eintreten zu dürfen. Ich hatte sie nie vorher persönlich kennengelernt. Sie stellten sich vor: Es waren Gudrun Ensslin und Andreas Bader. (Gott hab sie selig, wie man bei uns auf dem Land in Oberbayern sagte, wenn man von Toten sprach.) Sie blieben ein paar Stunden, Bader redete, die Ensslin schwieg. Ich hörte zu, warnte vor revolutionären Taten; von Gewalt war nicht die Rede. (Das alles ist nachzulesen in meinem Buch *Grenzübergänge*, in dem ich 1972, ältere Tagebuch-Notizen ausarbeitend, jene Begegnung in aller Offenheit und Öffentlichkeit schilderte.) Dann sah ich die beiden nie wieder.

Das also nennt die *Quick* »Terroristen aufnehmen«. So kann man's natürlich sehen. So hat's auch ein gewisser Herr Hans Habe (Gott hab' auch ihn selig, auch er starb 1977) gemacht, 1972, als die Bader-Meinhoff-Gruppe, wie sie damals noch hieß, zum erstenmal gewalttätig wurde, indem sie schoß und traf. Ich mißbilligte das sehr, denn ich bin gegen jede Gewalt, sei es die mit Schußwaffen, sei es die mit Verleumdungen. Jene schossen, das war schlecht und im politischen Sinne auch noch töricht. Aber was las ich da in Axel Springers ehrenwertem Blatt *Die Welt*? Unter der geschmackvollen Überschrift »Jetzt wirst du blaß, Luise« schrieb Herr Habe, ich habe ja selbst gesagt, die Bader-Ensslin-Leute bei mir aufgenommen zu haben, siehe mein Buch *Grenzübergänge*. Eines freilich sagte Herr Habe nicht, nämlich: Wann jener Besuch stattgefunden hatte. Und das ist ja wohl ein kleiner Unterschied, ob man Leute ins Haus eintreten läßt, die ein Warenhaus angezündet und Haftunterbrechung haben oder die gemordet haben und polizeilich gesucht werden. Hans Habe hat geflissentlich das Datum weggelassen. Damit hat er provoziert, daß ich, wie einige andre Leute, die jemals einen nachmaligen Terroristen bei sich hatten, verhaftet worden wäre. In der Tat tauchte die italienische Polizei hier auf (auf wessen Befehl eigentlich?), aber sie ging auch gleich wieder, da inzwischen meine Unschuld in Deutschland erwiesen war.

Nun, das alles ist aktenkundig und man kann nichts dazu erfinden, was man nicht schon wüßte. Aber die *Quick* braucht sich nicht nach Dementis zu richten, oh nein, die darf wieder behaupten, was längst widerlegt ist. Und dann dürfen auch andre Leute sagen, die paar rechten oder vielmehr unrechten Gerlinger zum Beispiel, die sich kühn eben auf die *Quick* berufen. »Die hats ja gesagt, da wirds doch stimmen«; so Gerlingens kleiner Verleger Körner, der mit dieser Großtat in die deutsche Literaturgeschichte eingeht. Ja, Gerlingen: Ich sollte dort, wie an andern Orten, im Oktober 1977 aus meinen Werken lesen. Überall vom Bodensee bis Kleve und Dortmund gab's zuerst Stunk meinetwegen, es gab sogar Bombendrohungen an die Veranstalter. Wieso? Weil die *Quick* gesagt hatte, ich sei eine Sympathisantin der Terroristen. Ja, das vergaß ich: Ich habe einen Brief an Gudruns Vater, den Pfarrer Ensslin, geschrieben und darin gesagt, Gudrun habe in mir eine Freundin fürs Leben gefunden. Und *wann* bitte, hab ich das geschrieben? 1969, als ich in Verbindung mit der Direktorin des Frankfurter Gefängnisses, in dem Gudrun einsaß (wie man sagt), über die soziale Rehabilitierung der Gudrun nachdachte, wenn sie aus dem Gefängnis entlassen würde. Da ich mich für viele Strafgefangene einsetzte und es auch heute tue (für kriminelle, bitte), durfte ich wohl auch damals es zu tun mich anbieten. Das ist der Hintergrund zu jenem alten Brief, den ich selbst übrigens damals vor der Presse erwähnte, ach, in einer Zeit, in der man derlei furchtlos tun durfte . . .

Nun, die *Quick* und ihre Nachläufer überlegten das alles nicht. Wozu auch? Man wollte mich erledigen, fertig machen, mundtöten. Dazu war und ist jedes Mittel recht. Den Gerlingern war's sehr recht: Sie sagten meine Lesung ab, und ließen mir dazu sagen, man garantiere nicht für meine Sicherheit. Auf gut Gerlingisch-Deutsch: Man würde mich zusammenschlagen, zumindest das. Zur Ehre Gerlingens sei gesagt, daß sich sofort eine Gegen-Bürgerinitiative bildete, daß man mich bat, trotzdem zu lesen, und daß, als ich das ablehnte, eine feierliche Abordnung zur Lesung ins benachbarte Calw kam (vom ZDF gefilmt, also nicht hinwegzulügen). Ich machte die ganze Lesereise aber unter Bombendrohung und Polizeischutz. Und das in einer freien Demokratie.

Und bitte, warum und wieso? Weil die *Quick* gesagt hatte, ich sei Sympathisantin der Terroristen? Nein, das war nur der Aufhänger: Weil ich unbequem bin als Christin, Katholikin (das auch noch!) und Sozialistin, und *überhaupt*, nämlich als alte und neue Antifaschistin. *Das* ist es, jetzt ist's heraus. Und weil man das weiß, drum muß man's auch gleich wieder leugnen: Die neueste Erfindung jener Leute ist, mir abzustreiten, ich sei je Antifaschistin gewesen. Ich hätte kein Berufsverbot gehabt, kein Todesurteil, hätte statt dessen »braune Exzesse« begangen, die, man denke (mehr hat man beim besten Willen nicht herausgekratzt aus meiner Vergangenheit), darin bestehen, daß ich während des Krieges ein Gedicht auf Hitler und Krieg geschrieben hätte und daß ich dem NS-Lehrerbund angehört habe, was übrigens ich selber gesagt hatte, ohne zu wissen, ob das stimmte. Ich dachte nur: Wenn der NS-Lehrerbund eine jener Nazi-Organisationen war, in die man automatisch eingereiht war (wie auch zum Beispiel der »Rechtswahrerbund« der Juristen) in den paar Jahren, in denen ich Lehrerin war, dann müßte ich wohl auch drin gewesen sein, aber ich weiß es wirklich nicht. Bei der »Entnazifizierung« durch die Amerikaner 1945/46 war ich jedenfalls, trotz strengster Untersuchung meiner Vergangenheit (da mich die Amerikaner an ihre Zeitung holten, waren sie besonders streng) »vom Gesetz *nicht* betroffen.« Und jenes Gedicht? Ich habe es eidesstattlich schon einmal erklärt, wie und wann es entstand: In einem Lager des freiwilligen Arbeitsdienstes im Frühling 1933 (*kein* Nazi-Arbeitsdienstlager!). Da schrieben einige Berliner Kommunisten (ich hielt sie jedenfalls dafür) Spott- und Schocklieder als Karikaturen zu den ernstgemeinten Liedern der jungen Nazis, die es auch gab in jenem Lager in Maibrunn im Bayrischen Wald, und vermutlich dichtete ich da mit. Eines dieser Gedichte wurde nach Zeugenaussagen gefunden: nach 1945 auf der Latrine eines Flüchtlingslagers. *So* also ist das. Und wenn jemand zweifelt, dann vergleiche er mein erstes und damals einzig erschienenes Buch *Die gläsernen Ringe* mit jenem Gedicht. Man wird ja wohl meine geistige und sprachliche Handschrift im Buch erkennen und nicht im Gedicht. *Das* also sind meine »braunen Exzesse«. Das wissen meine Feinde alles, aber was kümmert sie die Wahrheit? So wird das gemacht, genau so: Man behauptet was, irgendein Springer-Blatt druckt's nach, und es bleibt was hängen. *Das* eben will man, und man erreicht's unter hoher Protektion von Leuten, denen Pinochet Freund und Vorbild ist. Hat unsereiner da noch was zu hoffen?

Ich hoffe dennoch, denn es gibt nicht nur das braunschwarze Deutschland, sondern das andre, das weder braun noch schwarz, noch rot, noch rosa ist, sondern vernünftig und menschlich und freiheitsliebend. Auf *das*, das *andre* Deutschland, hoffe ich.

Deutsches Herz verzage nicht ...
Zeichnung: Marie Marcks
Nicht gedruckt.

REINHOLD NEVEN DU MONT

Selbstzensur im Buchverlag

In der Bundesrepublik findet Zensur als staatliche Aufsicht über Buch- und Presseveröffentlichungen, ausgeübt in der Absicht, unerwünschte Meinungen auszuschalten und Schriftsteller und Publizisten im Sinne der Staatsführung zu beeinflussen, nicht statt. Es existiert bei uns keine Institution wie die von Maximilian II. angeordnete kaiserliche Bücherkommission oder die von Friedrich II. erlassenen Zensur-Edikte; keine Behörde prüft, genehmigt, verwirft hinter den Kulissen oder ungeniert vor den Augen der Öffentlichkeit auf allerhöchsten Geheiß das geschriebene Wort, so wie es in autoritären Staaten geschieht. Seien wir also behutsam im Umgang mit dem Begriff »Zensur«, bei inflationärem Gebrauch könnte er seinen Schrecken einbüßen.

Andererseits ist die Freiheit der Meinungsäußerung nur so lange garantiert, wie Verstöße gegen sie aufgedeckt und mit größter Aufmerksamkeit registriert und diskutiert werden. Wenn es sich irgendwo lohnt, den Anfängen zu wehren, dann hier. Nun durchläuft die Bundesrepublik schon seit einiger Zeit eine Entwicklungsphase, in der sich bei entschlossenen Demokraten die stets gebotene Aufmerksamkeit zu begründeter Besorgnis steigert. Mit unguten Gefühlen verfolgen sie den Perfektionismus von Politikern und Verfassungsrichtern, die – statt Freiräume zu schützen – mit ihrem Drang, alles und jedes durch Gesetze zu reglementieren, eine der wichtigsten Voraussetzungen für eine intakte Demokratie abbauen: die Aufforderung an den einzelnen, sich eine Meinung zu bilden, die er – sich seiner Mitverantwortung für das Wohl der anderen bewußt – vor seinem Gewissen vertreten kann. Je enger das Korsett der Paragraphen, je lückenloser das Gestrüpp der Erlasse und Verordnungen, um so mehr wird sich die Angst verbreiten, etwas Unrechtmäßiges zu sagen oder zu tun. Von den Vorboten dieser Angst, der Verunsicherung und der Entmutigung werden zunehmend auch Schriftsteller und Verleger befallen.

Kein anderes Druckerzeugnis wird nämlich von Eingriffen der Justiz so hart getroffen wie das Buch. Rechtsmittel, die vor Hetze,

Diffamierung und unerlaubtem Eingriff ins Privatleben schützen sollen, haben, gegen eine Buchveröffentlichung eingesetzt, viel schwerwiegendere Folgen, als wenn sie gegen Zeitungs- oder Zeitschriftenartikel verwendet werden. Es genügt unter Umständen ein Detail, eine vom Autor aufgestellte Behauptung von möglicherweise ganz untergeordneter Bedeutung, um auf dem Wege einer einstweiligen Verfügung die Verbreitung eines aus politischen oder anderen Gründen unliebsamen Buches zu verhindern. Zeitungen oder Zeitschriften können sich mit einer Gegendarstellung in der nächsten Ausgabe helfen, beim Buch besteht diese Möglichkeit nicht. Die Auslieferung ist unterbrochen, Bestellungen können nicht ausgeführt werden, die Bestände liegen unter Verschluß; »für jeden Fall der Zuwiderhandlung«, d. h. für jedes einzelne nach Zustellung der einstweiligen Verfügung noch verbreitete Exemplar, droht dem Autor und dem Verleger eine Geldstrafe, die in die Hunderttausende gehen kann, oder eine Haftstrafe von mehreren Monaten. Diese Anordnungen trifft das Gericht von Fall zu Fall nach freiem Ermessen.

Durch Erlaß einer einstweiligen Verfügung ist in keiner Weise festgestellt, daß die Darstellung des Autors falsch ist und daß der Antragsteller sich zu Recht zur Wehr setzt; Behauptung steht gegen Behauptung. Aber es verstreicht wertvolle Zeit, während der das Buch blockiert ist. Stellt der Antragsteller es geschickt an und nennt die Stellen, die er beanstanden will, nicht auf einmal, sondern nach und nach, so kann er den Termin für eine mündliche Verhandlung und damit bis zur Klärung der strittigen Punkte so lange immer wieder hinauszögern, bis endlich das Gericht seine Taktik durchschaut. Das aber kann Wochen, kann Monate dauern. Inzwischen gerät das Buch bei der Öffentlichkeit in Vergessenheit. Auch wenn Autor und Verlag letztlich Recht zugesprochen wird, auch wenn am Inhalt nichts geändert werden muß – der richtige Zeitpunkt ist verpaßt, das Buch hat an Aktualität eingebüßt, es hat keine Chance mehr, sich durchzusetzen. Die Gegenseite trägt die Anwaltskosten, aber niemand ersetzt Autor und Verlag den entstandenen moralischen Schaden. Verhinderte Verbreitung wäre auch durch Geldentschädigungen nicht wiedergutzumachen.

In Kenntnis der für eine Buchveröffentlichung verheerenden Folgen durch allzu bereitwilligen Einsatz eines unbestritten notwendigen Rechtsmittels werden Autoren und Verleger zu einem verzweifelten Schritt gezwungen: zur Selbstzensur. Sie streichen die beanstandeten Stellen heraus, flicken neue Texte ein, noch bevor der Richterspruch vorliegt, nur um den Anschluß nicht zu verlieren. Sie müssen, um das Buch zu retten, neu drucken und wieder lieferbar sein. Und sie nehmen es in Kauf, daß die »freiwilligen« Änderungen ihnen von einer Öffentlichkeit, die die Zusammenhänge nicht durchschaut, ja selbst vom Gericht, als Eingeständnis der Schuld ausgelegt werden.

Mit einstweiligen Verfügungen dürfte gegen Bücher nur im schwerwiegenden Ausnahmefall vorgegangen werden. Die Leichtigkeit, mit der einstweilige Verfügungen an deutschen Gerichten zu haben sind, und die demütigenden Folgen solch bedachtloser Anwendung, müssen auf Autoren und Verleger entmutigend wirken. Kommt dann noch ein beängstigendes finanzielles Risiko dazu, verursacht durch die die Höhe aller Prozeß- und Anwaltskosten bestimmenden Streitwerte, die das Gericht aus der Sicht der Betroffenen ganz willkürlich, jedenfalls oft in völliger Fehleinschätzung der einem Autor und einem Verlag zur Verfügung stehenden Mittel festsetzt, so wird die Folge sein, daß ein Teil der Autoren kritische Themen erst gar nicht mehr aufgreifen, andere gezwungen sind, sich so allgemein auszudrücken, daß niemand mehr sich angegriffen fühlen kann.

Die Verleger sollten diesen Anpassungsprozeß nicht fördern, tun es aber häufig. Sie wissen, daß Bücher, die Tabus verletzen, die versuchen, nichtöffentliche Räume öffentlich zu machen – wie Günter Wallraff es genannt hat –, fast immer auch anfechtbare Bücher sind. Ihre Veröffentlichung bringt wenig Ehr', aber viel Ärger. Ist der Autor nicht sehr prominent oder der Fall nicht spektakulär, so setzt nach Einschreiten der Justiz eine für den Verleger lähmende Stille ein. Die Presse greift den Fall nicht auf, er erscheint ihr zu unbedeutend. Auch in den Feuilleton-Redaktionen der Zeitungen und Zeitschriften und den für Literatur zuständigen Abteilungen der Rundfunk- und Fernseh-Sender hat die Tendenzwende ihren Grauschleier hinterlassen. Zensur wird nicht ausgeübt, aber es wird häufiger geschwiegen als früher. Und schweigen zu einem politisch engagierten Buch heißt, es totschweigen. Dafür gibt es Beispiele. Ein Buch braucht die Bereitschaft zur kritischen Auseinandersetzung. Es kann nur dann den Prozeß der Meinungsbildung fördern, wenn es von der Presse und damit von der Öffentlichkeit wahrgenommen und zum Gegenstand der Diskussion gemacht wird. Die Rezensenten sind ängstlicher geworden; sie zögern, für den Verleger spürbar, sich für Bücher einzusetzen, die in einem nicht gerade fortschrittsfreundlichen Klima als unbequem empfunden werden.

Auch der Buchhandel hat eine wichtige Rolle, wenn es darum

geht, die Meinungsvielfalt zu erhalten; auch er trägt Verantwortung. Er kann seinem Kunden den gängigen Bestseller, er kann ihm aber auch den Neuling oder Außenseiter empfehlen. Gerät ein Buch in die Mühlen der Justiz, so hat sein Verlag große Mühe, den Buchhandel zu beruhigen und ihm klarzumachen, daß eine Auseinandersetzung vor Gericht nicht automatisch ein Verkaufsverbot oder gar die Beschlagnahme im Laden nach sich zieht.

Das alles aber hat Auswirkungen: Der Mut zur Meinung nimmt ab, die Bereitschaft zur Selbstzensur in den Verlagen aber zu.

Die schändliche Verunglimpfung von Schriftstellern wie Heinrich Böll als Wegbereiter des Terrorismus, das skandalöse Verbot des bayerischen Kultusministers, literarische Texte unliebsamer Autoren wie Günter Wallraff, Wolf Biermann, Hubert Fichte und Erich Fried in Schulbüchern abzudrucken, sind deprimierende Anzeichen für die Tendenz, der Meinungsfreiheit das Primat unter den demokratischen Grundrechten abzusprechen. – Aber es gibt auch Stimmen, die Mut machen: »Die streitbare Demokratie wird am verläßlichsten durch streitbare Demokraten geschützt. Der Preis für die Freiheit steigt, wenn die Nachfrage sinkt.« Diese guten Sätze stammen von Helmut Simon. Er ist Richter am Bundesverfassungsgericht.

BERNT ENGELMANN

Zensur tut not!

Aufgrund der Erfahrungen des Jahres 1977 richte ich namens des Verbands deutscher Schriftsteller an die Regierungen des Bundes und der Länder die Bitte, für Veröffentlichungen aller Art so bald wie möglich die Vorzensur wiedereinzuführen. Die bundesdeutschen Autoren erhoffen sich davon eine wesentliche Verbesserung des gegenwärtigen geistigen Klimas. Erfahrungsgemäß wirkt es stets beruhigend und überwiegend wohltätig, wenn der Staat die politische und sittliche Verantwortung für sämtliche Veröffentlichungen übernimmt. Im Schutz der Zensur könnten wir Autoren künftig frei von Furcht, Anstoß zu erregen, unserer Arbeit nachgehen. Wir hätten die Gewähr, daß der Inhalt unserer Werke stets im Einklang mit den An- und Absichten der Obrigkeit und mit dem gesunden Empfinden großer Bevölkerungsteile steht. Die für die Verbreitung unserer Werke bislang Verantwortlichen in allen Medienbereichen sowie die Politiker in Bund, Ländern und Gemeinden würden nicht mehr von Zweifeln gequält, ob und gegebenenfalls inwieweit ein Autor dem Publikum oder wichtigen Teilen davon, etwa dem Ring heimatvertriebener Taxifahrer, noch zugemutet werden kann. Es bliebe vielbeschäftigten Politikern erspart, sich auch noch mit Literatur zu befassen oder gar, wie der damalige Herr Bundestagspräsident Carstens, persönlich den – sich bekanntlich hinter dem Pseudonym K. Blüm verbergenden – Dichter Heinrich Böll als Gewaltverherrlicher entlarven zu müssen. Und auch die breite Öffentlichkeit könnte fortan sicher sein vor Verwirrung, Denkanstößen und Kritik ohne Sympathie.

Obwohl wir zuversichtlich sind, daß die für die erbetene Einführung der Vorzensur scheinbar nötige Grundgesetzänderung eine überwältigende Mehrheit im Bundestag finden würde, machen wir vorsorglich darauf aufmerksam, daß die Verfassung auch in der bisherigen Weise ignoriert werden könnte.

Schließlich weisen wir auf einen zusätzlichen Nutzeffekt hin, den die Erfüllung unseres Wunsches hätte: Bei rund 600000 Neuerscheinungen seit 1945, allein auf dem Buchmarkt, und bei der Fülle der zu zensierenden Aufsätze, Bühnen-, Film-, Fernseh-

und Hörfunkstoffe ist für die zu schaffenden Zensurbehörden ein Personalbedarf errechenbar, der zur fast völligen Beseitigung der Arbeitslosigkeit führen könnte. Mindestens 80000 neuzuschaffende Planstellen für höhere Beamte, dazu ein Vielfaches an Hilfskräften, würden die Bundeszensur gleichrangig neben Bahn und Post stellen. Das Amt des Zensors könnte auch und gerade für Jugendliche zu einem Traumberuf werden! Erprobte Fachleute zur Schulung des Zensorennachwuchses sind glücklicherweise noch hinreichend vorhanden.

Und für das Amt des Präsidenten des Bundesamtes für Zensur böte sich ein hoher, wegen seiner kürzlichen Pensionierung zur Verfügung stehender Richter an, etwa Herr Dr. Karl-Günther Stempel vom Obersten Bayrischen Landesgericht. Er hat sich vom jungen SS-Haudegen zum Vollblut-Abendländler entwickelt und steht an der Spitze des *Deutschen Kulturwerks Europäischen Geistes e. V.*, einer nur in Österreich zeitweise verbotenen, in Bayern als förderungswürdig anerkannten, im Verfassungsschutzbericht schon seit Jahren nicht mehr als »rechtsradikal« eingestuften Dachorganisation. Mit einem solchen quasi »Zensur-Stempel« als Gütesiegel wäre auch jene Ausgewogenheit garantiert, die das Hauptanliegen freiheitlich-demokratischer Vorzensur sein sollte und die wir, gerade bei Dichterlesungen, oft vermissen: Auch zur zensierten Grass-, Böll- oder Walser-Lesung gehört ein Kommentar von Matthias Walden! (Ich selbst würde mich bescheiden mit Herrn Krämer-Badoni begnügen.)

Galgenlied
Zeichnung: Marie Marcks
Erst im zweiten Anlauf von einer Wochenzeitung gedruckt.

DIETER LATTMANN

Kultur braucht Freiheit

Alles Zögern gegenüber großen Wörtern sei vorausgesetzt. Klein und genau, in einzelnen Sachfragen, an bestimmten öffentlichen Punkten, in der Kommunikation der einzelnen und der vielen auf dem kommunalen Schauplatz vollzieht sich Demokratie am deutlichsten. Wenn von der Kultur neue Impulse zur Überwindung einer hierzulande so erwiesenen wie aktuellen *Demokratieschwäche* ausgehen sollen, dürfen kulturelle Ereignisse und erst recht kulturpolitische Programme nicht Zugaben für eine Minderheit bleiben wie bei einer Tageszeitung das Feuilleton – sie gehören mitten in das Leben einer *polis,* dieser Urform einer politischen Gemeinschaft.

Der *Kulturbegriff* sei dabei weit gefaßt, also keineswegs nur bezogen auf Kunst, Literatur und Geisteswissenschaft, vielmehr verstanden als schöpferische Gesamtleistung einer Gesellschaft in der Ausprägung ihrer über das bloß Materielle hinausgehenden Existenzform, Überlieferung und ethischen Substanz.

Daß in der Kulturstadt München die Musen unter die Leute gehen, ist alter Brauch. Daß jedoch ein einfallsreicher Kulturreferent mit seinen Mitarbeitern und einer Schar unkonventioneller Initiatoren auf der Grundlage einer kulturpolitisch offenen Konzeption der ältesten in München amtierenden Partei in vielen Stadtvierteln eine kreative Bürgerbewegung – eine Kultur des Spiels auf öffentlichen Plätzen – zustande bringt, ist keine Selbstverständlichkeit. Es geschieht obendrein in einer Zeit, in der Kultur mit ihren Werten und Zielen grundsätzlich umstritten und umkämpft ist und antidemokratische Kräfte ihren Freiheitsspielraum bedrohen, während sie kein Wort abgegriffener und sinnentleerter im Munde führen als die Parole der Freiheit.

Von Freiheit reden ja alle. Sie ist die mächtige Fanfare, in die jedes Parteiprogramm bläst. Wenn die Forderung nach der Freiheit allzu vordergründig aufscheint, ist der Verdacht der Unfreiheit legitim. *Freier deutscher Autorenverband* nannte sich eine antigewerkschaftliche Vereinigung schreibender oder auch überwiegend nur lesender Zeitgenossen, die nach klassischem Muster mit CSU-

Wohlwollen in München gegründet wurde, als die CSU-Staatsregierung dem *Verband deutscher Schriftsteller*, dem VS, zur Strafe für seinen Anschluß an die *IG Druck und Papier* die Fördermittel und Sozialzuschüsse sperrte. Von Freiheit redet auch Franz Josef Strauß, wenn er als Chile-Heimkehrer ein weiteres Mal seine durch und durch unkultivierte Vorliebe für Militärdiktaturen publiziert. Keine Redewendung perlt Ordnungspolitikern der Rechten im Bayrischen Landtag und im Bundestag geläufiger von den Lippen als die von der freiheitlich demokratischen Grundordnung. Man höre auf, von Freiheit zu tönen, man praktiziere Sie!

Das freilich fällt der in Bayern machthabenden Partei, die schon wähnt, auch München zu behalten, über die Maßen schwer. Wer mit dem Begriff der Freiheit prahlerisch umgeht und auf der Jagd nach mehrheitsträchtigen Emotionen damit hausieren geht, muß sich in erster Linie abnötigen lassen, daß er klarstellt, welche Freiheit für wen er will.

Freiheit für die Fernsehzuschauer in Bayern, die den Film *Die Konsequenz* nicht sehen dürfen, obwohl die Kritiker des Informationsdienstes *Kirche und Rundfunk* diese WDR-Produktion der ARD inzwischen als »bestes Fernsehspiel« der letzten Monate ausgezeichnet haben mit der Begründung, daß »noch nie das Thema Homosexualität mit so ausgesprochen künstlerischen Mitteln angepackt worden ist, so ohne Agitation, ohne Selbstmitleid«?

Freiheit für Heinrich Böll, dessen Interview zuerst abgesetzt und dann mit einem schurigelnden Kommentar gesendet wird, weil der Programmdirektor des Hörfunks in Bayerns wichtigstem Medium das CSU-Geschrei vom »Rotfunk« offenbar ernst nimmt und vor lauter Willfährigkeit schwarze Gewichte des Auswiegens bis zur Neige auf die kollabierende Waage häuft?

Freiheit für Julian Beck, den Leiter des *Living Theater*, den man unlängst in München auf Weisung eines dem CSU-Justizministerium unterstellten Staatsanwalts aus dem Bett holte, damit er auch später in Übersee ein schönes Deutschlandbild in Erinnerung behält?

Oder Freiheit in erster Linie für Renegaten wie den CSU-Bundestagsabgeordneten Günther Müller, der Kinder in Münchner Kindergärten in einer ihm mißfallenden Obhut als »Rekruten des Terrors« diffamierte und das obendrein mit seiner Abneigung gegen frühzeitige sexuelle Aufklärung durcheinander brachte? Und natürlich für das in München erscheinende CSU-Organ *Bayernkurier*, das vier Bundestagsmitglieder, die den Artikel 38 des Grundgesetzes für sich in Anspruch nahmen und gegen das

Kontaktsperregesetz stimmten, als »Vierer-Bande« verunglimpfte.

»Die Liberalität unserer Stadt«, meinte dem gegenüber unser damaliger SPD-Oberbürgermeisterkandidat Max von Heckel fast zu nobel, »das Münchner Leben und Lebenlassen darf nicht in provinzieller reaktionärer Enge ersticken. Derlei paßt in ein Klima von Zensur und Bevormundung, nicht aber zu Münchens Ruf als Kulturstadt.« Wie recht hat Heckel, wenn er mit dem Blick auf CSU-Aggressionen wider Meinungsfreiheit und kulturelle Vielfalt feststellt: »Jeder einzelne Fall ist vielleicht noch kein Skandal, insgesamt aber handelt es sich um ein erschreckendes Mosaik.«

So übel einem zu Mute werden kann, wenn man politischen Unrat anpackt, um ihn beiseite zu räumen – unter dem Thema »Kultur braucht Freiheit« darf man nicht verschweigen, was in unserer gegenwärtigen Situation die konkrete Unfreiheit vor Ort befördert. Oft ist es vor allem das *denunziatorische Klima,* mit dem die im angeblichen Freistaat staatstragende Partei durch ihre Scharfmacher im vorpolitischen Raum das Verhalten von Eingeschüchterten und die marode Gesinnung der *neuen Mitläufer* heranzüchtet.

Ein Klima, in dem immer mehr Lehrer an bayerischen Schulen berichten, daß von Schülern ihre Sätze mitgeschrieben werden, wenn sie sich allen Ernstes um einen aufklärerischen Demokratie-Unterricht bemühen. Sie erfahren, wie sich über konservative Elternhäuser die Reaktion oft im Elternbeirat in Form von Beschwerden bei der Schulleitung multipliziert. Und das in einem Land, in dem die Kenntnis unserer unbewältigten Vergangenheit und der Ursachen von Demokratieverlust keineswegs allgemein zur Schulweisheit gehört. Vielmehr haben Schüler unlängst in einer Umfrage Auskünfte gegeben wie diese: »Adolf Hitler war Italiener.« »Hitler gehörte der CDU an.« »Er hat den 2. Weltkrieg zwischen der DDR und der BRD angefangen.« – So das Ergebnis der Untersuchung eines Pädagogen*, der über 3000 Schüler befragte und eine Menge haarsträubender Antworten wie die hier zitierten zutage förderte. Ähnliches ergab eine Emnid-Umfrage unter 16- bis 24jährigen.

Nicht zuletzt deswegen hat der Vorsitzende des *Bayerischen Elternverbandes* (BEV), Willi Hertlein, vor kurzem »mit riesigem Schrecken« auf den Artikel »Vom jugendfrohen Anfang der Tyrannis« in der Zeitschrift *Schule und wir* des CSU-Kultusministe-

* Dieter Boßmann (Hg.) »Was ich über Adolf Hitler gehört habe...«, Frankfurt [Fischer Taschenbuch Bd. 1935] 1977. [Anm. d. Red.]

riums reagiert. Es sei unglaublich, meinte der BEV-Vorsitzende, daß sich das Ministerium »zum Erzieher der Nation« aufschwinge. In einer fast verantwortungslosen Unbekümmertheit werde behauptet, die antiautoritäre und emanzipatorische Erziehung habe viele Eltern zur Kapitulation gezwungen. Der verantwortliche Kultusminister müsse eingreifen, um die aus Steuermitteln finanzierte Zeitschrift zu einem wirklichen Beratungs- und keinem Diffamierungsinstrument zu machen. – Letzteres heißt allerdings, die Repression mit der Reaktion austreiben wollen.

Denn daß das CSU-Kultusministerium in Bayerns Metropole seit Jahr und Tag zur bildungspolitischen Gegenreformation ausholt und auf die demokratische Öffnung Ende der sechziger, Anfang der siebziger Jahre mit immer rücksichtsloserem Druck antwortet, läßt sich an unzählbaren Beispielen belegen. Ich erwähne nur

- den ununterbrochenen Mißbrauch des Extremistenerlasses, zielgerichtet auch und gerade gegen Sozialdemokraten und Gewerkschafter, vor allem in der GEW;
- die CSU-Klage gegen das Ausbildungsplatzförderungsgesetz beim Bundesverfassungsgericht;
- die Maulkorb-Anweisungen zur Reglementierung der Schülersprecher;
- die Abschaffung der verfaßten Studentenschaft, harte Ordnungsmaßnahmen und Verzögerung der Studienreform an Münchens wie an Bayerns Hochschulen;
- die Ablehnung des bundesgeförderten Modellversuchs ›Schauspieler an Schulen‹ im Land der CSU-Kulturhoheit;
- das Unterlaufen der bundesweiten Bildungsreform mit besoldungstechnischen Mitteln durch die Verhinderungsmacht der CDU/CSU im Bundesrat;
- die Verfestigung des Drei-Klassen-Schulsystems durch die Novellierung des Lehrerbildungsgesetzes mit der Rücknahme des Stufenlehrers;
- die Ablehnung von Arbeitnehmer-Vertretern im Strukturbeirat von Fachhochschulen;
- die Verhinderung der Transparenz aller Zusammenhänge zwischen Ausbildungssystem, Beschäftigungssystem und Einkommensstruktur;
- schließlich die Indizierung der Schriftsteller Wolf Biermann, Hubert Fichte, Erich Fried und Günter Wallraff durch Schreiben des Kultusministeriums vom 28. November 1977 an einen Dortmunder Schulbuchverlag;

– die fanatische, alternativlose Ablehnung der Gesamtschule zugunsten eines starren Festhaltens am dreischichtigen Schulsystem seitens des CSU-Kultusministeriums.

Im engeren Bereich der Künste und der Literatur aber hatten wir einen CSU-Landesvater Goppel, der sein intimes Verständnis für so sensible Berufe unter anderem durch folgende Äußerung nachwies:

»Auf jeden Fall aber gibt es Versuche, Kritik an der staatlich verfaßten Gesellschaft zu üben, diese Kritik unter dem Vorwand der Kunst der Gegenkritik zu entziehen und zugleich der staatlichen Förderung zuzuführen . . . Nun, die Versuche mit einer politisierten, besser: politisierenden Kunst, die sich eine Weile aufdrängen wollten, sind inzwischen wohl wieder auf dem Rückzug begriffen. Wenn ich es recht sehe, war politische Kritik im engeren Sinn freilich kaum je die eigentliche Aufgabe jenes Unternehmens der Gestaltung, als das ich die Kunst einmal bestimmen möchte.«

So Goppel bei der Einweihung eines Theaterneubaus schon 1975. Wie mag das erst werden, nachdem Strauß sich zum *Landesstiefvater* aufgeschwungen hat und gleichzeitig Kanzler werden möchte? Sollen dann alle kritischen Geister auf sein Kommando hören oder verstummen?

Wir stehen und standen heute wie in all den zurückliegenden Jahren vor dem Problem, eine offene, eine progressive, soziale und demokratische Kulturpolitik zu machen in einer Landeshauptstadt, deren Mehrheitspartei auf Landesebene genau dies nicht will. Deswegen sind unsere kommunalen Vorgänge in der Kulturpolitik beeinträchtigt durch exemplarische Behinderungen wie

– den Versuch, den langjährigen verdienten Leiter der Münchner Volkshochschule, Dr. Rieger, wegen einer Äußerung über angeblich milde Polizisten-Urteile ins Umfeld sogenannter Sympathisanten zu rücken;
– alle Möglichkeiten für die CSU-nahe *Hanns-Seidel-Stiftung*, konservative Aspekte bayerischer Geschichte in einer Wanderausstellung vorzustellen, zugleich aber den Versuch, eine alternative Ausstellung aus der Sicht der Arbeiterbewegung durch die vergleichbare *Georg von Vollmar-Akademie* aus den Museen und anderen Institutionen herauszudrücken;
– die absurden Angriffe auf die »Soldat«-Ausstellung unlängst im Münchner Stadtmuseum, als sei Pazifismus unzulässig;
– und natürlich solch wegweisende Erklärungen wie die des CSU-Oberbürgermeisterkandidaten*, er wolle keine öffentliche För-

* Erich Kiesl ist seit 1978 Oberbürgermeister der Stadt München. [Anm. d. Red.]

derung für private Theater ohne Wohlverhalten im Sinn von »kein proletarisch-marxistisches Theater«, »kein Agitprop«. Was eigentlich soll man von Schiller über Brecht bis zu Oskar Maria Graf dann noch aufführen?

Es ist deswegen auf dieser vorwiegend kommunalpolitischen Kulturkonferenz auch erforderlich, aus bundespolitischer Sicht generell auf Kampagnen gegen unabhängige Meinungen und Kritikfreiheit einzugehen.

Als im Bundestagsplenum am 28. Oktober 1977 während der ersten Lesung der sogenannten Antiterrorgesetze Willy Brandt Schriftsteller wie Heinrich Böll, Günter Grass, Luise Rinser – der vortreffliche Thaddäus Troll ist dringend hinzuzunehmen – gegen unqualifizierte Unterstellung in Schutz nahm und von Oppositionsrednern wie Dregger und Zimmermann aggressive Töne gegen Intellektuelle zu hören waren, gab es wie üblich in den mittleren Bankreihen Kontroversen, die selten ins Protokoll eingehen. Ein CDU-Abgeordneter schob mir einen Zettel zu, auf den er notiert hatte: »Ich reagiere höchst sensibel auf Bölls Attitüde der pontifikalen moralischen Überlegenheit und Unfehlbarkeit . . .«

Welch ein grundlegendes Mißverstehen. Es wäre wirklich gut, wenn man derlei öffentlich klären könnte. Es gibt viel Umstrittenes und gewiß manches Anfechtbare neben vielem Notwendigen in Bölls politischen Äußerungen. Aber nicht zu sehen, daß Bölls ganzes Werk von den Grundzügen der *Fehlbarkeit* des Menschen, der Schuld und dem Verzeihen, vor allem aber der Auflehnung gegen Unmenschlichkeit geprägt ist, das heißt viel.

Es ist deswegen erforderlich, keinen Zweifel daran zu lassen, daß die Angriffe auf gesellschaftskritische Künstler und Schriftsteller in der Bundesrepublik das Ausmaß einer Massenpsychose anzunehmen drohen. Demokratie lebt von der Auseinandersetzung um unterschiedliche Überzeugungen und vom Widerspruch gegen Konformismus. Die deutsche Gegenwartsliteratur hat zum Ansehen Westdeutschlands in aller Welt Bedeutendes beigetragen. Daß der Literaturnobelpreisträger Heinrich Böll gemeinsam mit dem Friedensnobelpreisträger Willy Brandt einer Helfershelferrolle zum Terrorismus verdächtigt wird, erinnert an eine unselige deutsche Tradition: Es war immer das Bestreben reaktionärer Kräfte, kritische Geister aus Deutschland auszubürgern – in eine äußere oder innere Emigration.

Wenn Schriftsteller und Künstler sich zu politischen Fragen emotional äußern, wenn sie den Standpunkt einer radikalen, also grundsätzlichen Moral einnehmen, entspricht das ihren Voraussetzungen und ist für sie selbstverständlich. Wenn jedoch Politiker ähnlich emotional reagieren, versäumen sie ihre Pflicht zur Sachlichkeit. Deswegen ist es für die parlamentarische Demokratie in der Bundesrepublik angesichts des Terrorismus von lebenswichtiger Bedeutung, die ideologische Polarisierung zu überwinden. Hört damit auf, möchte man den Abgeordneten zurufen, so zu tun, als gäbe es nicht beides – reaktionäres Handeln und unbeirrbar demokratisches Bemühen – in allen Lagern.

Es ist in jüngster Zeit ein plebiszitäres Element in die Entscheidungen aller Bundestagsfraktionen eingedrungen, das die Verfassung der Bundesrepublik aus triftigem Grund nicht will. Ginge es in der Strafgesetzgebung kurzfristig und oberflächlich nach der aufgebrachten öffentlichen Meinung, so wären die freiheitlichen Grundrechte in manchem Augenblick nichts mehr wert.

Die nur zu verständliche Empörung der Bevölkerung über die Morde und Geiselnahmen mäßigt sich um so weniger, je länger umfassende Fahndungserfolge ausbleiben. Der Eindruck von Wehrlosigkeit des Staates, den die Terroristen bisher mit massenpsychologischer Perfektion zu erwecken wußten, schlägt an den Stammtischen der Republik um in Aggressionen. Wenn man der Täter nicht habhaft werden kann, sucht man *Ersatzschuldige*. Anzeichen eines Klimas von stellvertretender Hexenjagd auf kritische Köpfe in der Kulturszene sind keine Seltenheit mehr.

Warum reagiert man in Deutschland auf Ereignisse, wie sie auch anderen Ländern schwer zu schaffen machen, wieder einmal mit der historisch so oft erwiesenen Maßlosigkeit? Der Terrorismus ist dann erfolgreich, wenn wir uns von ihm terrorisieren lassen. Kein Vernünftiger wird terroristische Verbrechen auch nur im Ansatz bagatellisieren. Doch die Vorstellung, daß einige Dutzend oder hundert kriminell gewordener junger Leute, die zumeist aus dem Überdruß großbürgerlichen Wohlstands stammen, die Grundfeste eines Landes mit 60 Millionen Einwohnern ernsthaft erschüttern können – diese Vorstellung ist absurd, solange nicht Wahn die öffentliche Vernunft verdrängt.

Was in diesem Zusammenhang not tut, ist allerdings auch der Abbau überreizter Empfindlichkeit auf Seiten kultureller Wortführer. Denn zumindest einige von ihnen besitzen eine begrenzte Meinungsmacht. Wer sie gebraucht in scharfer Auseinandersetzung mit gegnerischen Meinungen, muß selber Schärfe ertragen, solange sie nicht zur Diffamierung wird.

Sensibilität, die nur der eigenen Person gilt, ist keine. Die

»Sinnvermittler« und Multiplikatoren in den Medien und kulturellen Bereichen, die Intellektuellen insgesamt müssen sich fragen lassen, welche gemeinsame öffentliche Verantwortung sie zu übernehmen bereit sind. Denn ganz so bindungslos, wie mancher von ihnen es möchte, ganz als unkritisierter Kritiker der Gesellschaft wird es nicht weitergehen in einer Lage, in der das öffentliche Bewußtsein infolge weit verbreiteter Übertreibungssucht und teilweise manischer Hysterisierung fast aller wichtigen politischen Gegenwartsthemen aus den Fugen zu geraten droht.

Auch diesen Gesichtspunkt wenigstens anzudeuten und ihn unter anderem zur Diskussion zu stellen sollte hier nicht unterlassen sein. Doch zurück zur Münchner Kulturszene. Den Ausgangspunkt dazu könnte eine frische Erfahrung abgeben:

Als ich dieser Tage an der Aufzeichnung einer Diskussion zum Thema »Demokratie in der Krise?« im Bayerischen Rundfunk teilnahm, ergab sich ein Gegensatz, der mir so schlagend wie exemplarisch erschien. Mein Gegenüber von der CSU, der Bundestagsabgeordnete Theo Waigel, Mitglied der Grundsatzkommission seiner Partei, machte sich stark für die Überzeugung, Demokratie sei nur brauchbar für die staatliche Organisation und Ordnung, sie sei nicht ohne weiteres als Lebensform übertragbar auf andere Bereiche, zum Beispiel nicht auf Familie, Schule, Wirtschaft und anderes mehr. Wir Sozialdemokraten, meine ich, sind durchdrungen vom Gegenteil. Soll politische Kultur gelingen, basiert sie auf demokratischen Grundfreiheiten, die nicht in unterschiedliche Lebensbereiche auseinander dividierbar sind. Ernsthaft kann von Demokratie nur die Rede sein, wenn sie dem ganzen Menschen gilt, allen humanen Voraussetzungen, Organisationsformen, Berufen, Daseinsäußerungen und Tätigkeiten. Es ist schwer zu begreifen, daß dies nicht in einem Staat, der sich Demokratie nennt, so selbstverständlich ist, wie das Grundgesetz das will. Freiheit und Demokratie aber beginnen oder enden in der Kultur, die wir uns geben – aus Vergangenheit, Gegenwart und unserer Vision der Zukunft.

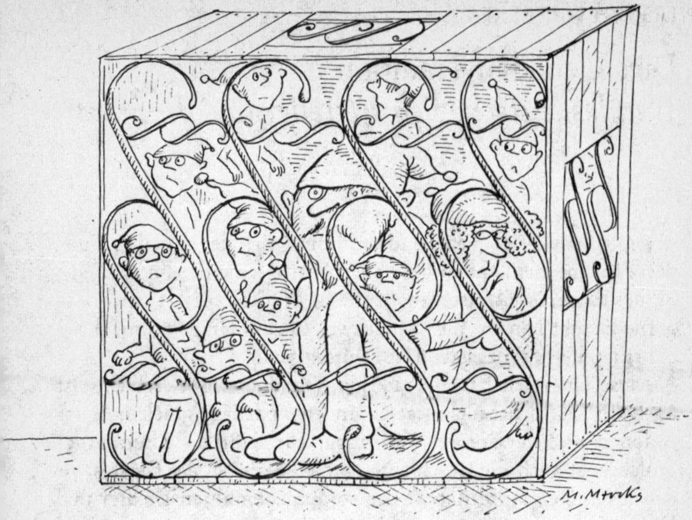

Hinter (Paragraphen-)Gittern
Zeichnung: Marie Marcks
Gedruckt.

ULRICH WALBERER

Dies Elend hat Tradition
*Bundesdeutsche Schriftsteller und ihr Staat**

Für T. B.

»Es gibt schwierige Vaterländer«, führte sich der damalige Bundespräsident Heinemann bei seiner Antrittsrede in sein Amt ein: »Eines davon ist Deutschland.« Dieser Merksatz läßt sich verlängern. Es gibt Länder, die sich schwer tun im Umgang mit ihren Schriftstellern. Eines davon ist Deutschland.

Diese Querelen haben Tradition. Die deutsche Geschichte ist auch die Geschichte nicht stattgefundener oder mißglückter Revolutionen und versäumter Reformen. Die deutsche Literaturgeschichte ist auch die Geschichte von Niederlagen des Geistes vor den jeweiligen Autoritäten. Die so gern bemühten Dichter und Denker haben, nimmt man alles nur in allem, in Deutschland wenig bewegt oder erst mit Verspätung. Selten lebten Macht und Geist in leidlicher Harmonie. Die Minnesänger hatten nicht viel zu klagen, die Barockschreiber kuschelten sich an die Höfe an, die Weimarer Klassiker machten nicht viel Kummer – ein paar untypische Perioden.

Friktionen waren häufiger, wenn es gut abging. In weniger günstigen Fällen wurden die häufig unerwünschten Werke unterdrückt, verboten oder verbrannt, die Verfasser exiliert. Ein Gutteil der Texte, die heute zu den besseren Stücken der deutschen Literatur zählen, entstanden außerhalb des Landes oder im Widerspruch zu ihrer Umgebung.

Das Malheur ist nachweisbar.

Vor der Niederschrift dieses Textes habe ich wieder in zwei Büchern geblättert, die mich seit Jahren begleiten. Das eine ist die nicht sonderlich bekanntgewordene Anthologie *Deutsche beschimpfen Deutsche*. Ohne Prätention und ohne Anspruch, eine These zu beweisen, versammelt der Herausgeber Jürgen Moeller – ein eingestandener Anhänger der CDU übrigens – darin Schmäh- und Scheltreden aus vier Jahrhunderten. Seine Zeugen gehören zum Besten, was die deutsche Literatur zu bieten hat. Kein Bildungsbürger ließe etwas auf sie kommen.

* Vortrag, gehalten auf Einladung der Germanistischen Gesellschaft von Hokkaido im Dezember 1977.

Hölderlin und Forster treten mit ihren Texten auf, selbst Goethe und Schiller fehlen nicht, Hegel oder Büchner noch weniger. Bis hierher gibt es nicht allzu viele Schwierigkeiten. Die Autoren sind lange tot, schön weit weg, vermeintlich ungefährlich. Bildungsgut eben. Weniger Verständnis gibt es schon bei Heine, den Brüdern Mann, Ossietzky. Heine ist bis heute nicht wirklich heimgeholt, für viele gelten die Brüder Mann bis heute als vaterlandslose Gesellen, Heinrich vor allem, der wichtigere. Thomas wird bis heute von vielen nicht verziehen, daß er seine politisch anfechtbaren *Betrachtungen eines Unpolitischen* später mit klügeren Einsichten kompensierte. Ossietzky? Der kommt in der öffentlichen Debatte so gut wie gar nicht vor. Freilich hat er auch ziemlich spröde geschrieben.

Für einige Erregung sind Namen wie Böll, Enzensberger oder Walser gut. Die leben noch und mischen sich ins Tagesgeschehen ein – was ihnen nicht gut bekommt. Allen gemeinsam ist, so der Herausgeber im Vorwort, »ein tiefes Leiden an den deutschen Verhältnissen, an der verfehlten bürgerlichen Entwicklung, an den restaurativen und stagnierenden Elementen des deutschen politischen Lebens«. Die deutsche Misere zwischen zwei Buchdeckeln.

Seit Jahrhunderten berufen sich deutsche Machthaber gern auf Ideen wie: Autorität, Herrschaft, Staat, Macht, Ordnung und Disziplin, wie im September der Führer der Christdemokraten auf der »Grundwerte«-Tagung seiner Partei. Dem hält Freimut Duve, Publizist und Herausgeber der Buchreihe *rororo-aktuell*, entgegen:

»Alle Begriffe, die Kohl hier für die Union in Anspruch nimmt, gehören auch in das Sprachreservoir der vordemokratischen absolutistischen, ja der feudalen Zeit. (...) Die Vorkämpfer unserer Bundesrepublik im 19. Jahrhundert sind ohne die Begriffe Reform, Befreiung, Demonstration, Protest gar nicht denkbar, aus ihnen ist die bürgerliche Republik entstanden – ohne sie hätte es die Paulskirche nie gegeben. Und die für die deutsche Geschichte so verhängnisvollen kontinuierlichen Restaurationen, mit denen diese bürgerlich-demokratischen Strömungen erstickt wurden, sind stets von Begriffen wie Autorität, Herrschaft, Staat, Macht und Ordnung getragen gewesen.«

Davon handeln, *grosso modo*, die Beiträge des einen Buches. Im anderen ist nachlesbar, wie es speziell zur Malaise in der Bundesrepublik kam und wie sie sich – nach einem Zwischenhoch gewissermaßen – wieder neu entwickelt. Es handelt sich um den Band *Bestandsaufnahme*, der 1962 von Hans Werner Richter, dem Leiter der damaligen »Gruppe 47«, herausgegeben wurde. Siebzehn Jahre nach Kriegsende und siebzehn Jahre vor unserer Zeit.

Viele der darin versammelten Denkwürdigkeiten gelten noch heute – oder wieder.

Bis in die sechziger Jahre ballten Westdeutschlands Schriftsteller und Intellektuelle ihre Fäuste meist in den Hosentaschen, murrten in den Nachtstudios, trieben Opposition im Feuilleton. Wie es ihr Geschäft ist, analysierten und diagnostizierten sie. Für ihre Umgebung fielen ihre Einsichten kaum schmeichelhaft aus. Hans Werner Richter beschreibt den Gang der Dinge in der Nachkriegszeit:

»... In Deutschland (hatte) die kleinbürgerliche Crème de la Crème, die dem Nationalsozialismus ihre Stimme gegeben hatte, zwar verloren und doch mit Hilfe der Alliierten zur gleichen Zeit wiederum gesiegt. In dem diffusen Dämmerlicht zwischen den beiden Thesen ›Kollektivschuld‹ und ›Umerziehung zur Demokratie‹ konnten sich jene Kräfte wieder regen, die eben erst geschlagen worden waren, und mußten jene untergehen, die ein neues, anderes Deutschland wollten.«

Richter meinte vor allem die frühe Phase der Bonner Republik, in der die damalige Regierung Kalten Krieg mitspielte, Antikommunismus einen erheblichen Teil der Regierungspraxis ausmachte und die Bundesrepublik sich anschickte – der Schwur permanenter Waffenlosigkeit war kaum verhallt – Europas bestgerüstete Armee aufzustellen. Selbst einen sonst so friedfertigen Mann wie Erich Kästner trieb es damals zu Demonstrationen auf die Straßen. Richter stellte fest:

»Für das Volk hatte die Obrigkeit gewechselt, nicht das System, und aus dem geforderten Lippenbekenntnis zur Demokratie entstand die Neigung zu einer Art Demokratie, die man später als ›formale Demokratie‹ bezeichnete. (...) So blieb die seelische Erkrankung eines ganzen Volkes unangetastet, eine Krankheit, die lange vor 1933 begann, deren Fieberkurve 1945 ihren Höhepunkt schon überschritten hatte, in einer Agonie nur scheinbar endete und die nun untergründig, verdrängt und schleichend fortbesteht.«

Deutschlands Nachkriegsschriftsteller bohrten im Brunnen der Vergangenheit fast allein, immerhin bohrten sie tief und heftig. Für sie gab es tatsächlich – aber eben nur für sie – so etwas wie eine Stunde Null. Auch deswegen, weil sich das großplakatierte Stichwort von der *Inneren Emigration* als Etikettenschwindel erwiesen hatte. Die Schreibtischladen der Inneren Emigranten waren leer. Anknüpfungspunkte an gewissermaßen unbefleckte Vor-Nazi-Zeiten gab es so gut wie nicht. Auf die eine oder die andere Weise waren die im Lande verbliebenen Autoren kompromittiert oder wurden dafür gehalten. Paradoxerweise gibt es kaum ein Volk, das von seinen Schriftstellern so eindringlich über sein Tun und Unterlassen aufgeklärt wurde wie das deutsche – und auch so folgenlos. Jedenfalls hatten die deutschen Autoren auf Jahre ihr Thema: Wie konnte es dazu kommen? So weit es die Autoren betrifft, wurde in Deutschland nichts verdrängt.

In allen literarischen Gattungen, in Dramen und Romanen, Parabeln und Dokumentationen, in Hörspielen und Gedichten suchten sie dem Übel auf die Spur zu kommen und – wichtiger noch – künftigen Fehlentwicklungen gegenzusteuern. Die quälerischen Selbstbefragungen verschlugen wenig, als die Bürger Restdeutschlands (erst Westzonen, dann Bundesrepublik) daran gingen, ihr Land wieder aufzubauen nach dem Scarlett-Schwur (*Vom Winde verweht*): »Nie wieder arm, nie wieder Hunger, nie wieder Niederlage«. Die materiellen Argumente waren zugkräftiger.

Richter und seine Autoren-Freunde galten bei der Mehrzahl ihrer Zeitgenossen als Störenfriede, so weit sie überhaupt zur Kenntnis genommen wurden. Unversehens fand sich mancher Autor in der ehrenwerten Gesellschaft der »Nestbeschmutzer« und »Zersetzer« wieder. Dennoch legte Richter seinen Bilanz-Band zu einer Zeit vor, die im Rückblick fast idyllisch anmutet. Zu einer Zeit zwar, in der Adenauers Außenminister Brentano im Parlament Bert Brecht mit dem Nazi-Idol Horst Wessel verglich, Ludwig Erhard nichtkonforme Schriftsteller zu »Pinschern« ernannte. Zu einer Zeit auch, als jener Dekan, der den Entzug des Ehrendoktorats von Thomas Mann unterzeichnet hatte, in Bonn als Ordinarius wirkte.

Jedoch Kritik am Gemeinwesen war noch frei vom Ruch der Staatsgefährdung. Gäbe Hans Werner Richter seine Bilanz jetzt heraus, müßte er wohl einige *statements* einflechten, die über seine Treue zur Verfassung keinen Zweifel lassen, und schicklicherweise Sympathie für Gewalt und Terror deutlich von sich weisen. Das geht auf das Konto der bundesdeutschen Terroristen, die am Sinn der mühseligen Reformarbeit in der Bundesrepublik zweifelten – überhaupt an ihrer Reformierbarkeit – und statt zu Argumenten zu Bomben und Granaten griffen. Für den Augenblick brachten sie alle Kritiker in Verruf, die die Bundesrepublik nicht für die beste aller Welten halten. In diesen Monaten müssen sich die Autoren gegen Diffamierungen wehren wie noch nie seit Bestehen der Bundesrepublik.

Davor allerdings sorgte jenes Zwischenhoch für (trügerische) Zuversicht, von dem vorhin die Rede war.

Ab Beginn der sechziger Jahre begnügten sich die Autoren nicht mehr mit ihrem in feine Formulierungen geronnenen Ärger. Sie verließen ihre Schreibtische und mischten sich ins Parteiengetümmel. Sie halfen nicht unentscheidend mit, daß 1969 in Bonn die Regierung wechselte. Wortführer dieser schreibenden Staatsbürger war damals Günter Grass, der den meistbeachteten Beitrag für eine Broschüre zur Bundestagswahl 1961 schrieb, die *Alternative* hieß und für die Sozialdemokraten warb.

Vier Jahre später zog er 52mal als Wahlredner durch deutsche Städte und warb für Willy Brandt und seine Partei. Er sang – unter anderem – sein »Loblied auf Willy« und setzte seinen Zuhörern auseinander, daß die Emigration häufig »den besseren Teil der deutschen Geistesgeschichte« darstellte, nahm Brandt also vor bornierten Anwürfen in Schutz, die auf dessen Emigrationszeit und auch auf dessen uneheliche Geburt zielten. Mit auf der Seite von Grass stritten Schriftsteller wie Siegfried Lenz oder der Komponist Hans Werner Henze.

Wiederum vier Jahre später fanden sich zahlreiche Autoren in den sogenannten Wahlkontoren ein und leisteten mit ihren Schreiberfahrungen den professionellen Wahlkämpfern Formulierungshilfen. Eine Arabeske am Rande: Grass schrieb Brandt viele »R«s in dessen Reden, die Brandt immer publikumswirksam anbrachte.

Mit knapper Mehrheit konnten die Sozialdemokraten in Koalition mit den Freidemokraten die Regierung übernehmen. Mit Sympathie und Argwohn zugleich verfolgten die Autoren den Regierungsalltag: Entkrampfung den osteuropäischen Ländern gegenüber, Reformen in Sozial- und Bildungswesen, im Straf- und Familienrecht. Und viele ihrer hochgespannten Erwartungen wurden enttäuscht. Hinzu kam, daß weiten Kreisen der Bevölkerung Reformen und Umstellungen viel zu weit gingen, die andere als nicht weit genug erachteten.

Wie in allen Industrieländern machten in der Bundesrepublik Ölembargo und folgende Rezession strukturelle Versäumnisse deutlich. Unversehens sah sich die Bundesrepublik nach jahrelang gewohnter Hochkonjunktur Hunderttausenden von Arbeitslosen gegenüber, davon fast ein Viertel Jugendliche. Der gestörte soziale Friede wurde zusätzlich durch die Gewalttaten der Terroristen belastet, über deren Ursachen mittlerweile Fachtagungen abgehalten werden.

Einige Ursachen sind gar nicht so schwer zu orten. Dazu gehören neben Jugendarbeitslosigkeit (vor allem für Universitätsabsolventen) und Radikalenerlaß (der von prospektiven Bewerbern für den Staatsdienst lupenreine politische Vergangenheit und künftige Verfassungstreue verlangt) vor allem der Generationskonflikt zwischen den Studenten dieser Jahre und deren Eltern. Die allzu hurtige Verdrängung in den frühen Jahren der Bundesrepublik zeitigt wahrhaft dramatische Folgen. Der Schriftsteller Richard Hey schrieb dazu einen Artikel, der am 3. Dezember 1977 in der *Frankfurter Rundschau* erschienen ist. Es heißt da:

»(...) Der Terrorismus ist der Schatten, den die bürgerliche Gesellschaft auf sich selbst wirft. (...) Ich habe den Eindruck, daß eine große Zahl von Jugendlichen in der Bundesrepublik in Angst lebt. (...) Diese Angst ist der Nährboden des Terrorismus. Der Sympathisantensumpf, den es da auszutrocknen gilt, wäre unter den verantwortlichen Politikern der letzten zwanzig Jahre zu suchen (...) Gudrun Ensslin hat Ende der sechziger Jahre gesagt: ›Wie kann man noch mit Leuten reden, die für Auschwitz verantwortlich sind.‹ Ein Hinweis darauf, daß Eltern, die keine Vergangenheit haben wollen, ihren Kindern die Zukunft nehmen.«

Der *Guardian* v. 11. Dezember 1977 kommentiert ausführlich die augenblickliche Situation in der Bundesrepublik, und zitiert dabei Studenten, von denen geschätzte zehn bis fünfzehn Prozent für Radikalismus und Gewalttaten anfällig sind. Ein Mädchen klagt über ihre Mutter: »Sie brauchte fünfundzwanzig Jahre, bis sie mir etwas über eine Mädchenorganisation in der Hitler-Zeit erzählen konnte. Dabei hätte ich sie verstehen können. Sie war erst 20 Jahre alt. Aber warum konnte sie mit mir nicht darüber sprechen?« Weiter: »Meine Eltern wußten angeblich nicht, was los war. Doch sie lebten nur zehn Kilometer von einem KZ entfernt. Alle sagen sie, daß sie nichts gewußt haben. Aber wenn niemand etwas gewußt hat, wie war das alles möglich?« Ein anderer Student: »Wenn wir die westdeutsche Gesellschaft kritisieren, sagen unsere Eltern: Hau doch ab nach Ostdeutschland.« Ein zitierter Frankfurter Industrieller hat immerhin das Gefühl: »Wir haben alle viel zu viel gearbeitet und dabei unsere Kinder vernachlässigt.«

Solche Bekenntnisse sind selten. Einfachheitshalber wird von einem großen Teil der öffentlichen Meinung die Urheberschaft an Unruhe und Terror Schriftstellern, progressiven Intellektuellen und unorthodoxen Geistlichen zugeschoben. Zumindest müssen sie sich als »Sympathisanten« denunzieren lassen. Ins Schußfeld gerieten – stellvertretend wieder ein paar prominente Namen – vor allem Heinrich Böll, Günter Grass und Luise Rinser. Sie und ihre Gesinnungsfreunde stehen unter Rechtfertigungszwang.

Seit einigen Monaten ereignet sich in der Bundesrepublik, was zumal ausländischen Beobachtern als Hexenjagd erscheint. Tatsächlich wurden in den vergangenen Monaten einige Bühnen- und Fernsehstücke abgesetzt, gab es Schwierigkeiten bei Textveröffentlichungen, wurde die Wohnung von Bölls Sohn in verhältnismäßig kurzem Abstand viermal von Polizei untersucht, einmal von einer vierzigköpfigen Mannschaft. Der Staat demonstriert Autorität. Die Terroristen lieferten und liefern den *law-and-order*-Anhängern die Stichwörter.

Gewiß ist der Vergleich mit den »Karlsbader Beschlüssen« nicht statthaft, die Metternich 1819 zur Unterdrückung von »demagogischen Umtrieben« oktroyierte. Schon deswegen nicht, weil keine vergleichbaren Durchführungsbestimmungen für Universitäten und Verlage vorliegen. Dennoch ähnelt die augenblickliche Situation der damaligen Lage. Ein Ruch von Geistfeindlichkeit geht durchs Land. Der sich auch darin äußert, daß zum Beispiel der zuständige Minister nicht beim Begräbnis von Ernst Bloch erschien. Unter den Leserbriefen in den Zeitungen finden sich plötzlich Äußerungen, die noch vor ein paar Jahren undenkbar gewesen wären:

»Der Krebs der Demokratie wuchert« oder: »Zur Abhilfe empfehle ich folgende Utopie: Abgeschafft werden die Lehrfächer Soziologie und Psychologie sowie (in ihrer gegenwärtigen Lehrverfassung) auch Deutsch und Geschichte; – sie bleiben der Forschung vorbehalten und für ›postgraduate‹-Studien schon berufstätig-gereifter« (beide *Die Zeit* v. 4. November 1977) oder: »In meinen umfangreichen Bücherschränken sind seit heute keine Böll-Bände mehr. Ich habe sie nicht verbrannt. (...) Ich habe sie ganz einfach in den Mülleimer geworfen; da liegen sie nun, zwischen Zigarettenasche, Bananenschalen, verfaultem Brot und leeren Ölsardinendosen.« (*Der Spiegel* v. 10. Oktober 1977)

Manch ein Politiker hängt sein Mäntelchen nach dem Wind. Im Bremer Parlament fiel allen Ernstes das Wort *Bücherverbrennung*. Die Äußerung war auf den Lyriker und Übersetzer Erich Fried gemünzt, der seit seiner Emigration in London lebt.

Im Augenblick finden sich die prominentesten Autoren der Bundesrepublik in die Defensive gedrängt. Pikanterweise sind es genau die Schriftsteller, die am meisten zum Ansehen der Bundesrepublik im Ausland beigetragen haben. Böll errang als bislang einziger Autor der Bundesrepublik den Nobelpreis für Literatur. Grass, strenger Kritiker im Lande, wird bis heute nicht müde, Zerrbilder über die Bundesrepublik im Ausland zurechtzurücken. Luise Rinser ist seit je für nichts anderes als Toleranz und Verständigung eingetreten. Dennoch müssen sie und andere Dinge dementieren, sich von Äußerungen distanzieren, die sie nicht getan oder nicht zu verantworten haben.

Wie die Engländer treffend sagen: *Each cloud has its silver lining.* Willy Brandt kam mit seinem Motto: *Mehr Demokratie wagen* nicht voran und resignierte. Mit Brandt-Nachfolger Helmut Schmidt kamen die vormaligen Brandt-Sympathisanten nicht zurecht, sie fühlten sich, wie Grass es ausdrückte, »arbeitslos«, zogen sich an ihre Schreibtische zurück. Ins Private zurück.

Neuerdings haben sie ihre Stimme wiedergefunden. Es erschien ein Bändchen, in dem sie couragiert und engagiert zur Lage der Nation Stellung nehmen. Als Mitherausgeber der *Briefe zur Verteidigung der Republik* zeichnet Heinrich Böll.

Darin empört sich Walter Jens:

»(...) Dies ist nicht die Stunde, in der die sogenannten Intellektuellen, die Schriftsteller voran, irgendeinen Grund hätten, ein reumütiges pater peccavi zu artikulieren. Zur Selbstbezichtigung besteht nicht der geringste Anlaß. Die Beflissenheit, mit der man hier und dort in die Arena stürzt, um seinen Abscheu vor dem Terror und den Terroristen zu bekunden, scheint mir eben so makaber wie entwürdigend zu sein. Nein, wir haben es nicht nötig, denke ich, uns Selbstverständlichkeiten abverlangen zu lassen: Wir zu allerletzt, die seit eh und je für Toleranz und friedlichen Austrag der Gegensätze, für den Pluralismus von Kunst und Wissenschaft und die Freiheit, die, nach Rosa Luxemburg, mit der Freiheit der Andersdenkenden identisch ist, für Radikalität im Denken und für Absage an alle Gewalt eingetreten sind und dies, in unseren Schriften, Zeile für Zeile belegen können.« (S. 86)

Freimut Duve spricht den vormaligen Generalsekretär der CDU an, einen Professor der Rechtswissenschaften, und schlägt ihm vor, die Verfassung nicht auf den »Kopf zu stellen«:

»Sie haben davon gesprochen, der ›Staat habe zu viele Freiheiten gewährt‹. Wo in unserer Verfassung gewährt der Staat Freiheiten? Ist es nicht so, daß alle Gewalt vom Volke ausgeht, daß also der Souverän über seine Repräsentanten im Parlament dem Staat Gewalt gewährt und nicht umgekehrt, (...) daß der Staat eben nicht Gewährer von Freiheiten ist? Liegt nicht gerade hier der zentrale Unterschied der demokratischen Verfassungsstaaten gegenüber den Diktaturen?« (S. 30)

Jedenfalls stemmen sich so gut wie alle ernst zu nehmenden Autoren gegen jede Schmälerung der verbrieften Verfassungsrechte. Hauptsächlich deswegen: »Die Jubler von damals sind nach politischer Tendenz, Geistesart und Wortschatz vollkommen identisch mit denen, die heute die hysterische und rechtsstaatswidrige Hetze gegen die sogenannten Sympathisanten betreiben.« So der pensionierte Richter und Publizist Richard Schmid (S. 135). Sinngemäß klingt diese Diagnose an verschiedenen Stellen dieser Briefe an.

In noch direkterer Rede äußerte sich Luise Rinser in einem Interview, das sie im Oktober der *Deutschen Volkszeitung* (v. 27. Oktober 1977) gab. Vorausgegangen war, daß Luise Rinser in einer württembergischen Volkshochschule eine Lesung absagen mußte, weil die Leitung für ihre Sicherheit nicht garantieren konnte. Unter Berufung auf eine »Sympathisanten«-Dokumentation in einer Illustrierten waren Tätlichkeiten angedroht worden. Später erwies sich, daß diese Dokumentation in vielen Fällen mit unwahren Behauptungen, vor allem mit sinnentstellenden Zitaten operiert hatte. Nun Luise Rinser:

»Ich erinnere mich an die Ziele, die wir nach 1945 hatten, als wir ganz arm waren. Und jetzt? Wozu waren wir eigentlich während des 3. Reiches im Widerstand? Wir hatten uns anderes erhofft und für anderes gearbeitet, als wir 1945 an den Aufbau gingen. Wir haben damals dafür gesorgt, daß Deutschland für das Ausland trotz des Nazi-Faschismus noch positive Züge behalten hat. (...)

Man muß an die Wurzeln des Terrorismus gehen. Woher kommt der eigentlich? Ganz simpel gesagt: Es gibt Leute, die ein Interesse daran haben, daß nichts verändert wird in unserer Gesellschaft, aus egoistischen Gründen, aus Kurzsichtigkeit, aus Dummheit, aus Bosheit, aus Eigennutz alles in allem. Die anderen sind unzufrieden mit dem, was ist. Warum ist denn unsere Jugend so tief unglücklich? Warum die Selbstmorde, die gar nicht bekannt werden? Warum die Drogen, was ist denn da dahinter? Eine Ausdrucksform ist der Terror. Die Wurzeln dieser tiefen Unzufriedenheit zu behandeln, das wäre Aufgabe dieses Staats, nicht Terror mit Terror zu beantworten.« Schließlich: »Es ist ja kein Leitbild da. Nur Reichtum anhäufen und Sicherheit geben, das ist Gott sei Dank kein Motiv für die jungen Leute zu arbeiten.«

Solche Sentenzen hätten eben so gut in der *Bestandsaufnahme* von 1962 stehen können. Damals als Enzensberger gegen »diese Schlachtschüssel« zürnte, »dieses Schlaraffenland, wo es immer aufwärts geht, aber nicht vorwärts«. Als er die »Gratisangst« beschwor, die skrupulöse Selbstkontrolle beim Abfassen von Texten, die aus lauter Angst anzuecken, unangenehme Tatsachen gar nicht erst benennt. Diese Gratisangst geistert wieder und weiter.

Die jüngsten Meldungen und Briefe aus der Bundesrepublik erwecken den Eindruck, als sei der kollektive Schuldvorwurf an die Schriftsteller und Intellektuellen abgewehrt. Für Günter Grass noch kein Grund zum Frohlocken. Nach einer *Spiegel*-Kolumne, die in der Ausgabe vom 12. Dezember 1977 abgedruckt ist, sieht er »jene bundesdeutschen Mechanismen am Werk, die im Handumdrehen nach jedem Ereignis neue Tagesordnungen produzieren, zu denen man übergeht, kaum ist ›der obligate Aufschrei der Entrüstung‹ verhallt«.

Die Untersuchung
Zeichnung: Marie Marcks
Zu einer Verlagsdurchsuchung seitens der Polizei
und des Bundeskriminalamtes (1977).
Erst zwei Jahre später
in einem anderen,
nicht aktuellen Zusammenhang gedruckt.

ANGELIKA MECHTEL

Seltsame Gespräche mitten in Friedenszeiten

Anti-demokratische Tendenzen in der Bundesrepublik von Holland aus gesehen

HET HEDENSDAAGSE DUITSE BOEK steht in unübersehbaren Lettern am Dachfirst des großen Rotterdamer Konzert- und Kulturhauses, den Doelen. Dabei handelt es sich um die *Buchausstellung der Bundesrepublik Deutschland in den Benelux-Staaten 1977/78,* einer Ausstellung von 3000 Büchern und Zeitschriften von 280 Verlagen der Bundesrepublik und West-Berlin, zusammengestellt und organisiert von der *Ausstellungs- und Messe GmbH* des *Börsenvereins des Deutschen Buchhandels* in Frankfurt. Sie wandert durch eine Reihe von Städten der Benelux-Staaten und bietet in jeder Stadt ein anderes kulturelles Rahmenprogramm.

In Rotterdam zeichnet das *Goethe-Institut* verantwortlich für dieses Programm und neben Hugo Ernst Käufer, Josef Büscher, Kurt Küther und Rolfrafael Schroer bin auch ich eingeladen. Diese Einladung und meine Zusage liegen länger als ein Jahr zurück. Inzwischen hat sich das Klima erschreckend verschlechtert, das politische Klima in der Kulturlandschaft Bundesrepublik.

Im November 1977, auf dem Höhepunkt der Verteufelungskampagne unseres Berufsstandes als »Sympathisantensumpf«, hatte ich noch erwogen, meine Zusage, das literarische Rahmenprogramm in Rotterdam zu eröffnen, spontan zurückzunehmen, mich nicht vor einen Karren spannen zu lassen, der rückwärts in eine Zukunft fährt, die der Vergangenheit verteufelt ähnlich scheint. Im Zuge der Entwicklung, die das Negativ-Image der Bundesrepublik dann im Ausland nahm, entschloß ich mich, den leichteren Weg der Verweigerung nicht mehr zu gehen.

Meine Reise nach Rotterdam trat ich mit gemischten Gefühlen an. Da war wieder diese Scheu, als Deutsche ins Ausland zu reisen, die ich schon als junges Mädchen gekannt hatte; die Furcht, auf Ressentiments zu stoßen, meine Identität mit der historischen Identität meines Geburtslandes verknüpft zu sehen, Rechenschaft abzulegen, wo ich mir selbst der Notwendigkeit zur Rechenschaft nicht bewußt war. Diesmal wurde es eine Rechenschaft über die Zukunft dieses Landes, dem ich nun einmal zugehöre.

Da wird also nun in großen Lettern in der Innenstadt von Rotterdam die deutsche Buchausstellung angekündigt, und auch die deutschen Organisatoren dieser Ausstellung sehen der Eröffnung mit gemischten Gefühlen entgegen: Wie wird das kritische Holland reagieren? Schon vor der Eröffnung hat es eine Bombendrohung gegeben. Das *Goethe-Institut*, einige Straßenecken weiter, wird zwar dezent, aber rund um die Uhr geschützt. Der Rotterdamer Bürgermeister, André van der Louw, läßt seine Begrüßungsansprache verlesen, ist selbst nicht anwesend.

Abends hält Martin Ros, Direktor des Verlages *Arbeiderspers* in Amsterdam, einen Vortrag über das deutsche Buch in den Niederlanden. Er spricht Holländisch, das ich nicht verstehe. Dafür registriere ich zunehmende Zustimmung beim Publikum und zunehmende Unmutsäußerungen des bundesrepublikanischen Gereralkonsuls, der die Dinge, die Martin Ros anspricht, anscheinend nicht unwidersprochen »im Raum stehen lassen« will.

Sie bleiben jedoch unwidersprochen stehen; die Leitung des *Goethe-Instituts* ist als Initiatorin dieser Veranstaltung geschickt genug, ihre holländischen Zuhörer ohne eine Gegendarstellung des Generalkonsuls zu entlassen.

Auf mein Fragen hin erfahre ich, was Martin Ros angesprochen hat. Anhand eines Eklats, der in Amsterdam stattgefunden hat und den sowohl die bundesrepublikanischen, wie auch die holländischen Behörden auf ein Minimum an Öffentlichkeitswirkung zu beschränken bemüht waren (eine Einladung deutscher Stellen soll rückgängig gemacht worden sein mit der Begründung, der Referent sei Anhänger des Russell-Tribunals gegen die Bundesrepublik Deutschland), hat Martin Ros von anti-demokratischen Strömungen in der Bundesrepublik berichtet und betont, daß die Niederlande schon einmal Zufluchtsort für deutsche Autoren gewesen sind, die in die Emigration gehen mußten.

Sind wir schon so weit, von Fluchtpunkten für eine mögliche Emigration zu reden? Ich rede davon. Spreche von Irland, und meine holländischen Kollegen von Holland. Es sind seltsame Gespräche mitten in Friedenszeiten.

Für die Rotterdamer Vertreter der niederländischen Kulturszene bin ich in erster Linie Deutsche, dann erst Autorin. Ganz bestimmt ist es jedoch keine Antipathie, die sie mir entgegenbringen, dann würden sie nicht von Zuflucht in Holland sprechen, eher möchte ich es als skeptisches Interesse bezeichnen; Interesse an unserer Auflehnung gegen anti-demokratische Vorgänge in unserem Land, Skepsis, was den Erfolg dieser Auflehnung betrifft.

Obwohl diejenigen, mit denen ich spreche, kaum älter sind als ich, also der kriegs- und nachkriegsgeborenen Generation angehören (also nicht mehr aus der Vergangenheit kommen), kann ich mich während meines Rotterdamer Aufenthaltes keinen Augenblick des wahnwitzigen Gefühls erwehren, instinktiv haftbar gemacht, in die Verantwortung genommen zu werden; reagiere, wie bei meinen ersten Auslandsaufenthalten Ende der 50er/Anfang der 60er Jahre übersensibel auf alles, was sich an den Begriff *Deutsch-Sein* knüpft. Wahnwitzig deshalb, weil sich deutsche Vergangenheit und bundesdeutsche Zukunft plötzlich so beängstigend nahgerückt scheinen. Da ist wieder das Gefühl der Scham darüber, Deutsche zu sein, das wohl bei vielen unserer Generation ausgelöst wurde, als wir an der Schwelle zum Erwachsenwerden standen und uns dem Nachdenken über deutsche Vergangenheit nicht mehr entziehen wollten. Wir wurden empfindlich gegenüber allem, was sich vergangenheitsträchtig an diesen Begriff des *Deutsch-Seins* knüpfte, wurden vorsichtig im Umgang mit entsprechenden Vokabeln und hatten innerlich eine Sehnsucht, uns der Sippenhaftung, der wir uns im Ausland ausgesetzt sahen, oder ausgesetzt zu sein glaubten, zu entziehen. Es gibt da eine psychische Barriere, über die ich und andere nicht hinwegkönnen, einen Schrecken, der uns schon beim Wort *Vaterland* befällt.

Diese Phase der persönlichen Bewältigung des historischen Schreckens hätte ich überwunden, dachte ich. Und dann ist er wieder vorhanden und nicht mehr abweisbar. Für deutsche Vergangenheit hat mich niemand, der mein Geburtsdatum kennt, verantwortlich machen können (die Kollektivschuld eines Volkes lehne ich ab, nicht hingegen die Kollektivschuld einer Generation), für bundesdeutsche Zukunft lasse ich mich unwidersprochen in Verantwortung nehmen.

Als Teil dieser Gesellschaft, in der ich lebe, als Teil dieses Staates, den ich noch nicht als Obrigkeitsstaat, sondern nur auf dem Weg dorthin betrachte, sehe ich mich verantwortlich für das, was geschieht, verantwortlich, Demokratie zu verteidigen.

Ich spreche von Verteidigung der Demokratie und meine Empörung und Auflehnung gegen antidemokratische Tendenzen in unserem Land; eine Empörung, die eben auch aus dem Nachdenken über deutsche Vergangenheit resultiert. Sie wurzelt nicht zuletzt in der immensen Furcht vor einer neuen politischen Katastrophe, die übrigens jener Furcht nicht unähnlich ist, die man empfindet, sobald man sich des Gedankens nicht mehr erwehren kann, eine Krankheit innerhalb der eigenen Familie könnte erbbedingt sein.

In der Furcht vor einer neuen politischen Katastrophe sieht sich unsere Generation, die der Kriegs- und Nachkriegsgeborenen, an die Seite jener Generation gestellt, die als Intellektuelle von der Vergangenheit, dem Naziregime, noch unmittelbar betroffen war. Unsere Biografie schließt unabänderlich an die Biografie unserer Eltern an. Für viele von uns ist die Auseinandersetzung mit deutscher Vergangenheit auch eine familienbiografische Notwendigkeit. Und weil wir jener Generation angehören, die als erste in einer Demokratie aufgewachsen ist, haben wir eine historisch bedingte Verantwortung für unsere Gegenwart und die politische Zukunft dieses bundesdeutschen Staates.

Auf staatliche Ordnungsmaßnahmen haben wir seit der Notstandsgesetzgebung empfindlich reagiert, und unser artikuliertes Unbehagen hat sich mit jedem gesetzgeberischen Detail gesteigert. Heute gibt es die »Berufsverbote«, den § 88a und die Anti-Terrorgesetze. Es gibt die eingeschränkte Freiheit des Bürgers und die Bedrohung des Andersdenkenden. Es gibt Zensurmaßnahmen, Hetze gegen bestimmte Berufsstände und Kesseltreiben gegen einzelne. Unsere Freiheit scheint nicht mehr die Freiheit des Andersdenkenden zu sein. Es gibt eine Angst, die sich breit macht. Eine Angst, die dazu führt, daß Kollegen aus allen Bereichen, vor allem aber aus dem Bereich des Pressewesens, lieber nicht mehr von anti-demokratischen Vorgängen berichten, weil sie reglementierende und existenzbedrohende Folgen fürchten. Die Meinungsfreiheit ist in Gefahr. Der Mut zur Meinung wird schon zur Zivilcourage.

Das Nachdenken über deutsche Vergangenheit hätte mit dem Ergebnis einer fortdauernden Abschreckung abgeschlossen sein können. Heute jedoch stoßen wir auf Verfahrenstaktiken und Ordnungsmaßnahmen der staatlichen Gewalt, die uns fatal daran erinnern, daß diese deutsche Vergangenheit eben doch noch nicht lange genug zurückliegt, um prinzipielle Erfahrungswerte daraus zu ziehen. Wir entdecken, daß wir vielleicht doch nicht in der Lage sind, die Vergangenheit in Zukunft zu verhüten. Der Trend zur Intoleranz gegenüber dem Andersdenkenden und zur Konfrontation wächst beängstigend.

Vergessen scheint, daß es vor allem die Intellektuellen waren, die der Bundesrepublik Deutschland nach dem Zusammenbruch des ›Dritten Reiches‹ wieder zu moralischem Ansehen verholfen haben. Welcher Irrsinn steckt dahinter, wenn eine Persönlichkeit wie unser Kollege Heinrich Böll zum Feindbild aufgebaut, als Gefahr für die Demokratie personifiziert wird, obwohl es doch gerade er war, der mit seiner Arbeit jener bundesdeutschen Literatur im Ausland wieder zur Glaubwürdigkeit und Ansehen verhalf, die nicht zuletzt dazu beigetragen hat, das Vertrauen in die Demokratie der Westdeutschen zu festigen? Ein Irrsinn ist das, der Heinrich Böll veranlaßt, die Möglichkeit eines Exodus anzudeuten.

Über dieses Land soll ich Rechenschaft ablegen. Keiner der holländischen Kollegen in Rotterdam fordert diese Rechenschaft so von mir, als wäre ich mit schuld. Es ist vor allem die Ratlosigkeit, die sie fragen läßt. Ratlosigkeit und das Anerbieten möglicher Zufluchtsorte. Aber ich werde in den vier Tagen meines Rotterdamer Aufenthaltes eben dieses wahnwitzige Gefühl nicht los, nicht nur verantwortlich zu sein für die Zukunft dieses Landes, sondern auch instinktiv wieder einmal in die Kollektivhaltung genommen, verantwortlich gemacht zu werden für eine Verbindungslinie, die zwischen deutscher Vergangenheit und bundesdeutscher Zukunft immer noch zu existieren scheint.

Daß die Bundesrepublik Deutschland nicht nur aus Radikalenerlaß, § 88a und Anti-Terrorgesetzen besteht, nicht nur aus Isolations-Haft, anzweifelbaren Selbstmorden in der Justizvollzugsanstalt Stuttgart-Stammheim oder Lesebuchzensuren in Bayern, das wissen diejenigen in Rotterdam, die mit mir sprechen. Darüber müssen wir nicht reden. Reden müssen wir aber darüber, daß Nachdenken über deutsche Vergangenheit und ihren Bezug zur bundesdeutschen Gegenwart nicht bedeuten kann, in Geschichtlichem zu verharren, daß es vielmehr dazu führen muß, prinzipielle Ergebnisse dieses Nachdenkens zur Stärkung demokratischer Kräfte einzusetzen, das Nachdenken selbst auf Gegenwart und Zukunft zu projizieren. Wir haben eine Verpflichtung zur Empörung, eine Verantwortung, uns anti-demokratischen Kräften in unserem Land entgegenzustellen, uns nicht nur in ein allgemeines Klima des Unbehagens zurückzuziehen, müde vom Aufbruch, den wir Ende der 60er Jahre initiiert haben, resigniert in der Erkenntnis, daß ein neues Ufer doch weiter entfernt liegt, als wir glaubten.

Es wäre Leichtsinn, den leichteren Weg der Verweigerung zu gehen. Wir müssen nicht nur im Inland gegen die Beschneidung demokratischer Freiheitsrechte angehen, wir müssen auch für diese Republik, die die unsere ist, im Ausland darauf hinweisen, daß es Demokraten in diesem Deutschland gibt, das unseren

Nachbarn schon wieder Angst macht – auch, wenn es mir persönlich schon fast unmöglich geworden ist, den Begriff *freiheitlich demokratische Grundordnung* in der Bundesrepublik in der Diskussion zu verwenden, weil sich schon zu viele ultra-konservative Kräfte dieses Begriffes zur Bemäntelung machtspezifischer Interessen bedienen.

Diese Kräfte sind ja letzten Endes die Ursache dafür, daß es eine Bombendrohung gegen die Eröffnung der Deutschen Buchausstellung in Holland gibt, daß das *Goethe-Institut* in Rotterdam geschützt werden muß und auch, daß ein Holländer wie Martin Ros über antidemokratische Vorgänge in Zusammenhang mit der Bundesrepublik Deutschland berichtet; und ganz bestimmt sind sie für ein Klima verantwortlich, das Einschüchterungsversuche gegenüber Andersdenkenden fördert.

Sollten diese Einschüchterungsversuche Erfolg haben, könnte am Ende nur noch unfruchtbare, leblose und menschenfeindliche Kulturlandschaft übrigbleiben, ein Staatsgebilde entmündigter Bürger, eine Farce der Demokratie.

Holland hat schon einmal deutsche Emigranten aufgenommen, darunter waren auch Schriftsteller.

AXEL EGGEBRECHT

Einiges über Jugend, Alter und Optimismus

An jene, die ein halbes Jahrhundert nach mir geboren wurden, richte ich eine Bitte. Wenn man will: Eine Mahnung. Nicht etwa, um Altersweisheit weiterzugeben von meiner Generation an die übernächste, so war's von jeher üblich. Nein, mir geht es um etwas ganz anderes.

Ende der sechziger Jahre, zur Zeit der Studentenrevolte, kannte jedermann den forschen Slogan: Trau keinem über dreißig! Damals tröstete mich ein freundlich gestimmter Jüngling herablassend: Sie geht das nichts an – mit euch über fünfundsechzig kommen wir schon zurecht! Das war natürlich keine neue Entdekkung. Daß Großeltern und Enkel einander häufig besser verstehen als Eltern und Kinder, ist eine alte Erfahrung. Ich hatte freilich nicht so ganz daran geglaubt, bis ich selber in Großvaterjahre kam. Heute bin ich fest davon überzeugt, daß mir die Generation der Enkel nähersteht als die mittleren Jahrgänge.

Das ist auch nicht erstaunlich, finde ich. Wir Greise (um die gänzlich aus der Mode gekommene Bezeichnung zu verwenden) haben alles so ziemlich hinter uns, was den eigentlichen Lebensinhalt der Vierziger ausmacht: Rivalität, Kampf um Posten, Ehrgeiz, Statusstreben. Ich verallgemeinere ein bißchen, gewiß, doch im großen ganzen stimmt's schon. Nun – und die Jungen, die haben von diesen Dingen noch keine rechte Vorstellung, sie haben das alles noch vor sich, es geht sie noch nichts an.

Es *ging* sie nichts an. Bis vor einigen Jahren. Nun hat sich etwas verändert.

Allenthalben treffe ich auf junge Leute, die mir vorzeitig gealtert vorkommen. Sie passen sich mehr oder weniger gewitzt den berühmten ›Umständen‹ an. Dafür gibt es selbstverständlich sehr reale Ursachen, wer wüßte das nicht. Lehrstellen wurden knapp. Zum Studium werden fast nur noch Musterschüler zugelassen. Daher beginnt der Kampf um einen guten Startplatz früh, und er wird hart geführt. Kein Wunder, daß manche bald aufgeben; bestimmt nicht die Schlechtesten, sondern solche, die eigene Ansichten haben; denen es nicht gegeben ist, Selbstzensur zu üben.

Vor allem dies beobachte ich mit wachsender Sorge. Vor zehn Jahren war alles anders. Damals hatte ich mit der Ausbildung junger Rundfunkmitarbeiter zu tun, dadurch ergaben sich Erfahrungen mit der APO, bis hin zur Teilnahme an Demonstrationen. Da war ich mit vielem ganz und gar nicht einverstanden. Heute aber ist mir ein Zwanzigjähriger, der schon seine dereinst erreichbare Rente ausrechnet, weitaus unheimlicher als damals ein steinewerfender Rebell. Die Exzesse jener Zeit entstammen zumeist einem Überschwang an Hoffnung – die sich heute ausbreitende Resignation kommt aus nüchternem Pragmatismus; aus einer pessimistischen Haltung, wie ich meine. Und da bin ich beim entscheidenden Punkt.

Ich selber war immer Optimist, zu meinem Glück, wer weiß, wie ich sonst zwei Weltkriege, schwere Verwundung, mehrmals den Verlust aller Habe, Hitler-Diktatur, KZ überstanden hätte. Niemals gab ich die Überzeugung auf, daß letztlich – wenn auch sehr, sehr langsam – die Dinge sich zum Bessern hin entwickeln.

Für mich ist das keine bloße Utopie, darin bestärken mich gewisse Erfahrungen. So weiß ich aus eigner Anschauung, daß es zu Beginn dieses Jahrhunderts, in der angeblich guten alten Zeit, in vieler Hinsicht doch erheblich schlimmer zuging als heute; nicht nur auf sozialem Gebiet. Zum andern, und das ist vielleicht wichtiger gewesen, habe ich das Glück gehabt, ein paarmal einen Neubeginn, einen stürmischen Aufbruch mitzuerleben; so nach 1918 und wieder nach 1945. Man mag einwenden, da habe sich's immer nur um kurze Episoden gehandelt. Mir bedeutete es jedesmal das Wetterleuchten künftiger Triumphe – die ich sicherlich nicht miterleben werde, kann mich das wankend machen in meiner Zuversicht?

Wenn ich dergleichen offen heraus sage, dann begegne ich spöttischen Blicken, werde für naiv gehalten, gradezu für läppisch; oder für einen Lügner, der sich über die Lebensangst hinwegschwindelt. Leider reagieren neuerdings auch manche ganz junge Leute ähnlich. Auch sie halten Optimismus für leichtfertig, für primitiv, kurzum – er ist derzeit eben nicht ›in‹.

Ich dagegen finde, Pessimismus sei recht billig zu haben. Zumal wenn er nur gespielt ist, kein seltener Fall. Wirkliche Pessimisten sind selten. Die Mehrzahl der scheinbaren Lebensverneiner tut nur so. Als-ob-Schwarzseher spielen sich mit ständigen Klagen auf, erklären die Welt zum Jammertal, in dem sie sich aber pudelwohl fühlen. Kurzum – ein Snobismus ohne sonderliche geistige Unkosten. Zuweilen aber auch etwas anderes.

Nämlich ein simpler Aberglaube: Nur das Schicksal nicht herausfordern! Diese Methode entdecke ich just bei recht erfolgreichen, tüchtigen Leuten. Sie erklären alles in Bausch und Bogen für miserabel, dann kann die Realität sie nur angenehm überraschen. Sie sind also, genau betrachtet, zaghafte Optimisten, die sich nicht trauen, Ja zu sagen. Dieser Taschenspieler-Pessimismus liefert mir einen besonders schönen Beweis dafür, daß es authentische Pessimisten nur in Ausnahmefällen gibt.

Um so häufiger sind die erwähnten Als-ob-Schwarzseher. Leider auch unter Künstlern, Philosophen und Schriftstellern. Natürlich kenne ich unter ihnen manche in der Wolle gefärbte Skeptiker und Melancholiker. Viel weiter verbreitet ist aber gerade in diesen Bereichen jene fatale Rücksicherung – und hier hat sie noch einen besonderen Sinn: Pessimismus gilt als Kennzeichen der Begabung. Oder auch, das ist nur eine andere Spielart, als deren Fluch; jedenfalls als ungefähr so etwas wie eine Quelle der Produktivität.

Wer diesen Zusammenhang in Frage stellt, kompromittiert sich rettungslos als Banause. Nun denn, ich kompromittiere mich. Ich weigere mich, unsere Existenz als grundsätzlich tragisch zu sehen; und die Tragik, das ist ja ein wahrer Fetisch der Pessimisten. Indessen ist sie kein vorgegebener, unveränderbarer Zustand, sondern eine Spannung, eine Aufgabe. Ähnlich empfand das Goethe: »Alles Tragische beruht auf einem unausgleichbaren Gegensatz. Sowie Ausgleichung eintritt oder möglich wird, schwindet das Tragische.«

Goethe, wahrhaftig kein Umstürzler, aber ein Optimist, hält es also für selbstverständlich, daß die von Gegensätzen geprägte Welt verändert werden kann. Dies im Unterschied zu den, ihm zeitlebens verdächtigen Romantikern: Sie glaubten an schicksalhafte Verstrickungen, denen der Mensch sich unterwerfen muß. Sie waren Pessimisten; und das heißt, wie man nun einsehen kann, Reaktionäre. Die romantische Kapitulation hat über das 19. und 20. Jahrhundert hin fortgewirkt. Immer wieder wurde sie als unser ureigenstes Ideal verkündet, so auch heute wieder.

Nun ist zu beobachten, daß erhebliche Teile der jüngst noch rebellischen Jugend auf dieses deutsche Malheur hereinfallen. Sie wenden sich ab von der ach so bösen Realität und flüchten in alle möglichen erträumten Paradiese. Da packt mich helle Wut; eben die Wut, die mir und einigen meiner Altersgenossen zu einem hübschen Etikett verholfen hat; man nannte uns ›Die zornigen alten Männer‹. Warum auch nicht? Es muß nur noch etwas über diesen Zorn gesagt werden.

Es ist nicht nur der heilige Zorn über die ungerechte, unvollkommene Umwelt, der uns erfüllt. Es ist die Wut darüber, daß ihr Jungen euch nicht energischer wehrt, sondern es uns überlaßt, eure Rolle zuweilen mit zu übernehmen. Die traditionellen Rollen sind vertauscht: Wir fühlen uns manchmal alleingelassen mit unserm aufmüpfigen Optimismus. Das ist ja wohl ein etwas widernatürlicher Zustand.

Wir sollten ihn gemeinsam ändern.

Anhang

Literaturhinweise (in Auswahl)

Adomatis, Hans-Joachim (Hg.), ›Von Berlin aus gesehen: Die Springer Partei‹. Wuppertal (Hammer Verlag) 1975.

Arbeitsgemeinschaft der Verleger, Buchhändler und Bibliothekare in der Friedrich-Ebert-Stiftung (Hg.), ›»... Eine Zensur findet ~~nicht~~ statt.« Dokumentation zu einer aktuellen Diskussion‹. Verantwortlich: Waltraud Pröve. Bonn 1978 (zu beziehen über 5300 Bonn 2, Godesberger Allee 149).

Boehnke, Heiner/Dieter Richter, ›Nicht heimlich und nicht kühl‹. Berlin (Verlag Ästhetik und Kommunikation) o. J.

Broder, Hendryk M. (Hg.), ›Die Schere im Kopf. Über Zensur und Selbstzensur‹. Köln (Bund Verlag) 1976.

Brückner, Peter, ›Die Mescalero-Affäre. Ein Lehrstück für Aufklärung und politische Kultur‹. Hannover (Internationalismus Buchladen und Verlags-Gesellschaft) 1977 (zu beziehen über Prolit, 6300 Gießen).

Brückner, Peter/Alfred Krovoza (Hgg.), ›Innerstaatliche Feinderklärung in der BRD‹. Berlin (Klaus Wagenbach Verlag) [2]1976.

Buch und Bibliothek, Heft 10/1977 sowie Hefte 4 und 5/1978 (zu beziehen über 4710 Reutlingen, Postfach 327).

Delius, F. C., ›Unsere Siemens-Welt‹. Erweiterte Neuausgabe mit Anhang über den Prozeß. Berlin (Rotbuch Verlag) 1976.

Denninger, Erhard (Hg.), ›Freiheitliche demokratische Grundordnung. Materialien zum Staatsverständnis und zur Verfassungswirklichkeit in der Bundesrepublik‹. 2 Bde. Frankfurt (Suhrkamp Verlag) 1976.

Dreßen, Wolfgang (Hg.), ›Politische Prozesse ohne Verteidigung?‹. Vorwort von Gerhard Mauz. Berlin (Klaus Wagenbach Verlag) 1976.

Drewitz, Ingeborg (Hg.), ›Standortzuweisung. Linksliberal = »kommunistische Tarnorganisation«?‹ (= PDI-konkret Bd. 10, zusammen mit der Zeitschrift *konkret*) München/Hamburg 1977.

Drewitz, Ingeborg/Wolfhart Eilers/Wilmont Haacke/Angelika Mechtel (Hgg.), ›Zur Hetz- und Verleumdungskampagne gegen Schriftsteller und Publizisten in der Bundesrepublik. Umfrage 1977‹ (= Sonderheft der Zeitschrift *Publikation. Das Forum für Autoren und literarische Öffentlichkeit – Der literarische Markt*).

Duve, Freimut/Heinrich Böll/Klaus Staeck (Hgg.), ›Briefe zur Verteidigung der Republik‹, Reinbek (Rowohlt Taschenbuch Verlag) 1977.

›Es genügt nicht, nur einen Gedanken zu haben, es muß auch verboten sein, ihn auszusprechen‹. Frankfurt (sova gmbh) 1975.

›Der Freiheit eine Gasse. Dokumentation über die Repression im Theaterbereich‹. Offenbach (Verlag 2000) 1978.

Hansen, Karl-Heinz, ›Demagogie als Methode. Die Strategie der Unionsparteien‹ (= PDI-konkret Bd. 5, zusammen mit der Zeitschrift *konkret*). München/Hamburg 1976.

Hirsch, Kurt/Hella Schlumberger (Hgg.), ›Die Technik des politischen Rufmordes‹. Starnberg (Raith Verlag) 1974.

Die Horen. Zeitschrift für Literatur, Grafik und Kritik, Hefte 105–108 (zu beziehen über Wirtschaftsverlag NW, 2850 Bremerhaven 1).

Itzfeldt, Jürgen (Hg.), ›Meinungsfreiheit oder Schwarzfunk? Sender Wildbad Kreuth‹ (= PDI-konkret Bd. 9, zusammen mit der Zeitschrift *konkret*). München/Hamburg 1977.

Mende, Jochen (Hg.), ›Zum Gemeinschaftsfrieden‹. Gießen (Focus Verlag) 1976.

›Pro und Contra zum Ministerpräsidentenbeschluß‹, herausgegeben vom PDA, Hauptvorstand der GEW, Ausschuß junger Lehrer und Erzieher, Bundesvorstand der Jungsozialisten in der SPD, Bundesvorstand der Jungdemokraten, Bundesvorstand der Sozialistischen Jugend Deutschlands – Die Falken, Bundesleitung der Naturfreundejugend Deutschlands. München o. J. (zu beziehen über PDI, Münzstraße 3, 8000 München 2).

PDI (Hg.), ›Schwarzbuch: Strauß, Kohl & Co‹. Zusammen mit der Zeitschrift *konkret*. Köln (Verlag Kiepenheuer & Witsch) 1976

PDI (Hg.), ›Das schwarze Kassenbuch. Die heimlichen Wahlhelfer der CDU/CSU‹. Unter Mitarbeit von Bernt Engelmann, mit einem Vorwort von Heinrich Böll. Köln (Verlag Kiepenheuer & Witsch) 1973.

Das Politische Buch, Buchladen und Verlag GmbH. (Hgg.), ›Beschlagnahmt. Willkommen in der Bundesrepublik Deutschland‹. Berlin 1976 (zu beziehen über Maulwurf Buchvertrieb, 1000 Berlin 36).

Politische Buchhandlung Bochum u. a. (Hgg.), ›Das Diskussionsverbot. Eine Geschichte der Zensur, aufgeschrieben und vorgestellt anläßlich der ersten 88a-Prozesse. Politisches, Dokumentarisches, Literarisches‹. Bochum 1977 (zu beziehen über Prolit, 6300 Gießen).

Roth, Wolfgang/Ingrid Matthäus, D. Lasse/W. Haas, ›Schwarzbuch: Franz Josef Strauß‹. Köln (Verlag Kiepenheuer & Witsch) 1972.

Schlumberger, Hella, ›Was ist mit unserem Rundfunk los?‹. Herausgegeben von der Bayerischen Initiative Rundfunkfreiheit. München 1976.

Schmidt, Stephan (Hg.), ›Schwarze Politik aus Bayern. Ein Lesebuch zur CSU‹. Neuwied (Luchterhand Verlag) 1974.

›Schülerzeitungszensur in Bayern. Fälle und Folgen‹. Herausgegeben von PDI, Junge Presse Bayern e. V., Politischer Arbeitskreis Schulen, Landesverband Bayern der Jungsozialisten, Landesverband Bayern der Jungdemokraten (= PDI-konkret Bd. 4, zusammen mit der Zeitschrift *konkret*). München/Hamburg 1976.

Staeck, Klaus/Dieter Adelmann, ›Eine Zensur findet gelegentlich statt, oder: Kunst muß nicht schön sein, aber sie muß etwas sichtbar machen‹. Göttingen (Steidl-Verlag) 1977.

»›Terroristen-Sympathisanten?« Im Weltbild der Rechten. Eine Dokumentation mit Beiträgen von Luise Rinser, Horst Herrmann, Bernt Engelmann‹ (= PDI-Sonderheft Bd. 1). München 1978.

Verband des linken Buchhandels (Hg.), ›88a in Aktion. Wie man Bücher verbrennt, ohne sich die Finger schmutzig zu machen‹. O. O. 1976 (zu beziehen über Sozialistische Verlagsauslieferung GmbH, 6000 Frankfurt 90).

Warnecke, Klaus, ›Franz Josef Strauß im Zwielicht der Geschichte‹. Mit einem Vorwort von Dr. Jürgen Böddrich (= PDI-Sonderheft Bd. 5). München 1978.

Wulf, Joseph (Hg.), ›Literatur und Dichtung im Dritten Reich. Eine Dokumentation‹. Reinbek (Rowohlt Taschenbuch Verlag, Bde. 809–811) 1966.

›Zur politischen Unterdrückung in der BRD. Das Beispiel: Die Zensurgesetze. Dokumentation der Initiative von Verlegern, Buchhändlern und Kulturschaffenden gegen die 14. Strafrechtsänderung‹. Köln (Verlag Neue Welt) 1976.

Über die Autoren

Wolfgang BITTNER, geb. 1941 in Gleiwitz, übte verschiedene Berufstätigkeiten aus, bevor er Rechtswissenschaft, Soziologie und Philosophie studierte. 1972 Dr. jur., 1973 zweites juristisches Staatsexamen. Mitglied des VS. Lebt als freier Schriftsteller in Göttingen.
Zahlreiche Veröffentlichungen, u. a. ›Der Aufsteiger oder ein Versuch zu leben‹, Roman (1978); ›Alles in Ordnung‹, Satiren (1979). Herausgeber von ›Strafjustiz. Ein bundesdeutsches Lesebuch‹.

Heinrich BÖLL, geb. 1917 in Köln, nach seinem Abitur Beginn einer Buchhandelslehre. Erste schriftstellerische Versuche. Nach dem Krieg studierte er Germanistik in Köln. Wiederaufnahme seiner schriftstellerischen Arbeit mit Kurzgeschichten und Hörspielen. 1949 erschien sein erstes Buch: ›Der Zug war pünktlich‹. Seit 1952 erscheinen seine Werke bei Kiepenhauer & Witsch. Lebt in Köln.
In den letzten Jahren erschienen u. a.: ›Gruppenbild mit Dame‹ (1971); ›Berichte zur Gesinnungslage der Nation‹ (1975); ›Gedichte/Collagen‹ (1975; zusammen mit Klaus Staeck); ›Die verlorene Ehre der Katharina Blum‹ (1974); ›Einmischung erwünscht‹ (1977); ›Du fährst zu oft nach Heidelberg‹ (1978); ›Fürsorgliche Belagerung‹ (1979); im Fischer Taschenbuch Verlag: ›Mein Lesebuch‹ (Bd. 2077).

Manfred BOSCH, geb. 1947 in Bad Dürrheim, Autor und Publizist, Mitarbeit bei Zeitungen, Zeitschriften und beim Funk. Mitglied des VS. Lebt bei München.
Buchveröffentlichungen u. a.: ›Für wen schreibt der eigentlich? Gespräche mit lesenden Arbeitern‹ (1973, zusammen mit K. Konjetzky als Herausgeber) und ›Kulturarbeit‹ (1977 als Herausgeber).

Peter O. CHOTJEWITZ, geb. 1934 in Berlin, Autor und Rechtsanwalt. Mitglied des VS. Lebt in Haunetal-Kruspis.
Zahlreiche Buchpublikationen und Veröffentlichungen in Zeitungen, Zeitschriften, beim Rundfunk und Fernsehen. Letzte Buchveröffentlichungen: ›Die Herren des Morgengrauens. Romanfragment‹ (1978); ›Der dreißigjährige Friede. Ein biografischer Bericht‹ (1977); ›Durch Schaden wird man dumm. Erzählungen aus zehn Jahren‹ (1976).

Christa DERICUM, geb. 1932 in Rheinsberg, 1961 Dr. phil., arbeitete als Journalistin, Rundfunkredakteurin, Verlagslektorin und Übersetzerin. Seit 1968 freie Autorin. Themenschwerpunkte: Demokratiegeschichte und Theorie des Anarchismus. Lebt in Weiler/Allgäu.
Zahlreiche Buchveröffentlichungen, u. a.: ›Burgund und seine Herzöge‹ (1966); kulturhistorische Reiseführer ›Belgien-Luxemburg‹ (1971) und

›Holland‹ (1973); ›Maximilian I. – Kaiser im Heiligen Römischen Reich Deutscher Nation‹ (1979); in Vorbereitung: ›Florian Geyer und der große Bauernkrieg in Deutschland‹ (1980). Herausgeberin von ›Alfred Weber, Haben wir Deutschen seit 1945 versagt?‹ (1979).

Axel EGGEBRECHT, geb. 1899 in Leipzig, 1918 schwer verwundet. Studium und verschiedene Berufe. Seit 1921 in Berlin, 1923–24 in Moskau. Seit 1925 Mitarbeit an der *Weltbühne, Literarischen Welt* und vielen Zeitungen. 1933 Gefängnis und Konzentrationslager. Seit 1935 Mitarbeit an Filmdrehbüchern. 1945 Mitbegründer des Senders Hamburg. Seit 1949 wieder freier Schriftsteller. Carl Ossietzki-Medaille 1979. Mitglied des VS und des P.E.N. Lebt in Hamburg.
Autor zahlreicher Bücher, vieler Hör- und Fernsehspiele. Zuletzt: ›Der halbe Weg‹, Autobiographie (1975); ›Die zornigen alten Männer‹ (1978).

Bernt ENGELMANN, geb. 1921 in Berlin, Abitur, Arbeitsdienst, Luftwaffe, Konzentrationslager Dachau. Nach 1945 Studium, Journalist, u.a. Sonderkorrespondent des NDR-Fernsehens und des *Spiegel.* Lebt als freier Schriftsteller in Rottach-Egern. Seit 1977 Bundesvorsitzender des VS.
Autor zahlreicher Bücher, u.a. ›Preußen. Land der unbegrenzten Möglichkeiten‹ (1979); ›Einig gegen Recht und Freiheit‹ (1975; Fischer Taschenbuch Bd. 1838); ›Wir Untertanen‹ (1974; Fischer Taschenbuch Bd. 1680); ›O wie oben‹ (Fischer Taschenbuch Bd. 1454).

Dieter FRINGELI, geb. 1942 in Basel, Dr. phil., Redaktionsmitglied der *Basler Zeitung.* Präsident des Deutschschweizerischen P.E.N.-Zentrums. Lebt in Basel.
Zahlreiche Buchveröffentlichungen, zuletzt: ›Dichter im Abseits. Schweizer Autoren von Glauser bis Hohl‹ (1974); ›Ich bin nicht mehr zählbar. Gedichte‹ (1978); ›Reden und andere Reden. Politik und Sprache‹ (1979).

Martin GREGOR-DELLIN, geb. 1926 in Naumburg/Saale, Schriftsteller, Mitglied des VS und seit 1976 Generalsekretär des P.E.N.-Zentrums Bundesrepublik Deutschland. Lebt in Gröbenzell bei München.
Autor und Herausgeber zahlreicher Buchveröffentlichungen, u. a. der Romane ›Der Kandelaber‹ (1962) und ›Föhn‹ (1974); ›Das Riesenrad. Erzählungen‹ (1976); ›Im Zeitalter Kafkas. Essays‹ (1979).

Anton-Andreas GUHA, geb. 1937 in Katharinenhütte/CSSR, studierte Germanistik, Geschichte, Englisch, Soziologie und Psychologie. Seit 1967 Redakteur bei der *Frankfurter Rundschau.* Lebt in Wiesbaden.
Im Fischer Taschenbuch Verlag veröffentlichte er ›Sexualität und Pornografie. Die organisierte Entmündigung‹ (1971; Bd. 6153); ›Die Neutronenbombe oder: Die Perversion menschlichen Denkens‹ (1977; Bd. 2042); in Vorbereitung: ›Der Tod in der Grauzone. Ist Europa zu verteidigen?‹

Gert HEIDENREICH, geb. 1944 in Eberswalde, freier Journalist und Schriftsteller. Lebt bei München.
Veröffentlichte Erzählungen, Kindergeschichten und Lieder in zahlrei-

chen Anthologien. Theaterstücke und Hörspiele: ›Aussage‹ (1969); ›Die gestiefelte Nachtigall‹, eine Revue zum Berufsverbot (S. Fischer 1976); ›Abriß. Eine Operette in Grund und Boden‹ (S. Fischer 1977); ›Strafmündig‹ (S. Fischer 1979).

Frederik HETMANN (= Pseud. f. Hans-Christian Kirsch), geb. 1934 in Breslau, Autor, Übersetzer, Herausgeber. Mitglied des VS und des P.E.N. Lebt in Nomborn/Westerwald.
Im Fischer Taschenbuch Verlag gibt er folgende Bände heraus: ›Kindergeschichten aus Irland‹ (Bd. 1919); ›Sagen aus Irland‹ (Bd. 1959); ›Irische Märchen‹ (Bd. 1225); ›Irische Gespenstergeschichten‹ (Bd. 1716); ›Irische Lieder und Balladen. Texte und Noten‹ (Bd. 2954); ›Keltische Märchen‹ (Bd. 1593); ›Englische Märchen‹ (Bd. 1726); ›Zaubermärchen aus Wales‹ (Bd. 1895); ›Kindergeschichten der Indianer‹ (Bd. 2818); ›Indianermärchen aus Kanada‹ (Bd. 2806); ›Indianermärchen aus Mexiko‹ (Bd. 2824); ›Nordamerikanische Märchen‹ (Bd. 1390); ›Märchen des schwarzen Amerika‹ (Bd. 1497); ›Dämonengeschichten aus den Alpen‹ (Bd. 1827).
Ebenfalls im Fischer Taschenbuch Verlag erschienen: ›Rosa L. Die Geschichte der Rosa Luxemburg und ihrer Zeit‹ (Bd. 2132), ›Rosa Luxemburg. Ein Leben für die Freiheit. Reden, Schriften, Briefe. Ein Lesebuch‹ (Bd. 3711). In Vorbereitung: ›Hans-Christian Kirsch, Bildung im Wandel. Schule gestern, heute und morgen‹.

Harald IRNBERGER, geb. 1949 in Wolfsberg/Kärnten, lebt als Journalist und Schriftsteller in Wien. Derzeit ist er Chefredakteur der Wiener Zeitschrift *Extrablatt*.
Buchveröffentlichungen: ›Die Terrormultis‹ (1976); ›SAVAK oder: Der Folterfreund des Westens‹ (1977; rororo Bd. 4182); ›Sieg in deutscher Nacht‹, Satiren und Erzählungen (1978).

Uwe KAMMANN, geb. 1948 in Bünde/Westfalen, studierte nach Zeitungsvolontariat Germanistik und Romanistik (M.A.), 1977 Lokalredakteur bei der *Rheinischen Post*/Düsseldorf. Seit 1978 Redakteur beim Informationsdienst *epd/»Kirche und Rundfunk«* in Frankfurt.

Ulrich KLUG, geb. 1913 in Wuppertal-Barmen, Dr. jur., Professor an der Universität Köln. Leiter des Kriminalwissenschaftlichen Instituts. Staatssekretär a. D., Justizsenator a. D. Lebt in Köln.
Autor zahlreicher rechtswissenschaftlicher Monographien und Kommentare mit Schwerpunkt auf Rechtsphilosophie, Strafrecht und Bankrecht, u. a. ›Juristische Logik‹ (1951; 4. Aufl. i. Vorber.). Er ist Mitherausgeber der Zeitschriften *Archiv für Rechts- und Sozialphilosophie*, *Rechtstheorie* und *Theory and Decision*.

Dieter LATTMANN, geb. 1926 in Potsdam, Schriftsteller. Mitglied des VS und des P.E.N., Bundestagsabgeordneter von 1972 bis 1980. Lebt in seinem Wahlkreis Oberallgäu, in München und Bonn.
Er ist Autor zweier Romane, ›Ein Mann mit Familie‹ (1962) und ›Schachpartie‹ (1968), eines Weltreisebuchs ›Mit einem deutschen Paß‹ (1964) und Mitverfasser von ›Die Literatur der Bundesrepublik Deutschland seit 1945‹. Zuletzt erschien sein Erfahrungsbericht ›Die

Einsamkeit des Politikers‹ (1978). Im Fischer Taschenbuch Verlag gab er ›Das Anekdotenbuch‹ (1979; Bd. 2445) heraus.

Marie MARCKS, aufgewachsen bis 1945 in Berlin, Ausbildung an der Privaten Kunstschule ihrer Mutter Else Marcks in Berlin, Architekturstudium in Berlin und Stuttgart. Lebt seit 1948 als freie Graphikerin in Heidelberg. Seit 1965 zeichnet sie Karikaturen für die *Süddeutsche Zeitung*, für *betrifft: erziehung*, gelegentlich für *Die Zeit*, *Stern*, *Vorwärts* u. a. Zeitschriften.

Buchveröffentlichungen: (u. a.) ›Weißt du, daß du schön bist?‹; ›Ich habe meine Bezugsperson verloren‹; ›Alle dürfen, bloß ich nicht‹; ›Euch geht's zu gut‹; ›Immer ich!‹; ›Krümm dich beizeiten!‹; ›Vatermutterkind‹; ›Die paar Pfennige‹; ›100 × Bürgerrecht‹ (zusammen mit Rolf Lamprecht); ›Reinbeker Bilderbogen‹.

Angelika MECHTEL, geb. 1943 in Dresden, freie Schriftstellerin, Mitarbeiterin bei Zeitschriften (*Publikation* und *Simplicissimus*). Mitglied des VS und des P.E.N.

Buchveröffentlichungen u. a.: ›Die feinen Totengräber‹, Erzählungen (1968); ›Friß Vogel‹ Roman (1972); ›Hochhausgeschichten‹, Erzählungen (1972); ›Wir sind arm, wir sind reich‹, Roman (1977); außerdem Kinderbücher (u. a. ›Kitty Brombeere‹) und Dokumentationen (u. a. ›Alte Schriftsteller in der Bundesrepublik‹).

Egon LUTZ, geb. 1934 in Bayreuth, Redakteur, Bundestagsabgeordneter seit 1972. Mehrere Jahre Redakteur der Gewerkschaftszeitung *druck und papier* und geschäftsführendes Hauptvorstandsmitglied der IG Druck und Papier, seit 1965 Redakteur bei den *Nürnberger Nachrichten*. Lebt in Nürnberg und Bonn.

Mitverfasser von ›»Terroristen-Sympathisanten?« im Weltbild der Rechten. Eine Dokumentation‹ (1977; zusammen mit Luise Rinser, Bernt Engelmann und Horst Herrmann).

Reinhold NEVEN DU MONT, geb. 1936 in Köln, studierte Soziologie, Literaturwissenschaft und Neuere Geschichte. Dr. phil. Verleger und alleiniger Geschäftsführer des Verlages Kiepenheuer & Witsch, Köln. Lebt in Forsbach.

Mitverfasser von ›Partnerschaft im Buchhandel‹ (1976; zusammen mit Hans Zopp, Ernst Greiner und Peter Recht).

Luise RINSER, geb. 1911 in Pitzling/Obb., studierte Pädagogik und Psychologie. Ab 1935 Volksschullehrerin, 1939 aus politischen Gründen entlassen. 1941 das erste Buch, der autobiographische Roman ›Die gläsernen Ringe‹. Wegen Gegnerschaft zur nationalsozialistischen Herrschaft Schreibverbot, Gefängnis und drohendes Todesurteil. – Freie Schriftstellerin. Mitglied des VS und des P.E.N. Lebt in Rocca di Papa bei Rom.

Ihre Romane, Novellen, Essays, Reise- und Tagebücher sind bei S. Fischer und im Fischer Taschenbuch Verlag erschienen, u. a.: ›Baustelle‹ (1970; Fischer Taschenbuch Bd. 1820); ›Grenzübergänge‹ (1972; Fischer Taschenbuch Bd. 2043); ›Der schwarze Esel‹ (1974; Fischer Taschenbuch Bd. 1741); zusammen mit Isang Yun ›Der verwundete

Drache. Dialog über Leben und Werk des Komponisten‹ (1977) und ›Kriegsspielzeug‹ (1978).

Hella SCHLUMBERGER, geb. 1943 auf Gut Denkhaus, Krs. Arnswalde/Pommern, Dr. phil. Freie Journalistin. Vorsitzende der ›Bayrischen Initiative Rundfunkfreiheit‹. Lebt in München.
Mitverfasserin von ›Die Technik des politischen Rufmords‹ (1974; zusammen mit Kurt Hirsch); ›Schöne, heile Arbeitswelt. Methoden und Manipulationen der Werkpresse‹ (1976; zusammen mit Monika Held); ›Aufdeckung einer Verschwörung. Die Spinola-Aktion‹ (1976; zusammen mit Günter Wallraff). Sie ist Herausgeberin von ›Was ist mit unserem Rundfunk los?‹ (1976) und ›Was ist, wer will, wem nützt Kabelfernsehen?‹ (1978)

Wolf Peter SCHNETZ, geb. 1939 in Regensburg. Dr. phil. 1968–1973 Kulturdezernent in Regensburg, seit 1973 Dezernent für Kultur und Freizeit in Erlangen. Mitglied zahlreicher kulturpolitischer Einrichtungen und Institutionen, im VS und im Freundeskreis des P.E.N. Lebt in Marloffstein.
Veröffentlichungen von Lyrik und Prosa sowie von kulturpolitischen und -theoretischen Beiträgen in zahlreichen Zeitschriften und Anthologien. Er ist u. a. Verfasser der Biographie ›Oskar Loerke‹ (1967) und Herausgeber von ›Über das Spiel hinaus. Freizeitträume der Zukunft‹ (1973).

Eckart SPOO, geb. 1936 in Mönchengladbach, Journalist. Seit 1970 Bundesvorsitzender der Deutschen Journalisten-Union (dju) in der IG Druck und Papier. Mitglied des Deutschen Presserates. Lebt in Hannover.
Als Autor und Herausgeber an zahlreichen Buchveröffentlichungen beteiligt, u. a. an ›Die Tabus der bundesdeutschen Presse‹ (1971); ›Fetisch Eigentum‹ (1972); ›Unser Faschismus nebenan‹ (1975; zusammen mit Günter Wallraff).

Klaus STAECK, geb. 1938 in Pulsnitz/Kreis Kamenz, studierte Rechtswissenschaft. Seit 1969 Rechtsanwalt in Heidelberg. Wurde bekannt durch seine politischen Plakate. Lebt in Heidelberg.
Autor und Herausgeber zahlreicher Buchpublikationen, u. a. ›Pornografie‹ (1971); ›Die Kunst findet nicht im Saale statt‹ (1976); ›Der Bonner Bildersturm‹ (1976; zusammen mit Dieter Adelmann); ›Eine Zensur findet gelegentlich statt‹ (1977; zusammen mit Dieter Adelmann). Mitherausgeber der ›Briefe zur Verteidigung der Republik‹ (1977; zusammen mit Heinrich Böll und Freimut Duve) und ›Briefe zur Verteidigung der bürgerlichen Freiheit‹ (1978; zusammen mit Heinrich Böll und Freimut Duve).

Klaus STILLER, geb. 1941 in Augsburg, studierte Germanistik und Romanistik. Freier Schriftsteller und Übersetzer. Mitglied des VS und des P.E.N. Lebt in Berlin.
Zahlreiche Buchveröffentlichungen, u. a. ›Die Absperrung‹ (1966); »›H‹« (d. i. eine Hitler-Parodie) (1970); ›Tagebuch eines Weihbischofs‹ (1972); ›Die Faschisten‹, italienische Novellen (1976) und ›Traumberufe‹, Satiren (1976; Fischer Taschenbuch Bd. 2096).

Klaus VÖLKER, geb. 1938, seit 1969 Dramaturg am Schauspielhaus, dann am Theater am Neumarkt in Zürich, von 1975 bis 1978 am Basler Theater. Seitdem am Theater der Freien Hansestadt Bremen. Hervorgetreten auch als Schriftsteller, Herausgeber und Übersetzer. Lebt in Bremen.

Er ist Autor u. a. von ›Bertolt Brecht. Eine Biographie‹ (1976); einer Brecht-Chronik (1971); ›Frank Wedekind‹ (1965); ›Faust. Ein deutscher Mann‹ (1975) und von ›Irisches Theater‹, Bd. I: ›Yeats und Synge‹; Bd. II: ›Sean O'Casey‹ (1967/68).

Ulrich WALBERER, geb. 1938 in Hamburg, studierte Literatur- und Theaterwissenschaften, Geschichte, Psychologie und Philosophie. Dr. phil. Redakteur an verschiedenen Zeitungen. 1974 bis 1979 Gastdozentur für Neuere deutsche Literatur an der Hokkaido University in Sapporo/Japan. Danach Lektor in einem Frankfurter Verlag. Lebt in Frankfurt.

Er ist Autor zahlreicher Kritiken, Aufsätze, Vorträge und Rundfunkfeatures.

Carna ZACHARIAS, geb. 1948 in Göttingen, studierte Philosophie und Germanistik, besuchte die Deutsche Journalistenschule in München und ist seit 1972 Feuilleton-Redakteur bei der Münchner *Abendzeitung*. Sie lebt in München.

Verzeichnis der Karikaturen

„Nie ist der Mensch seit den Sklavenzeiten so erniedrigt worden, wie in diesem Jahrhundert.“

Stefan Zweig

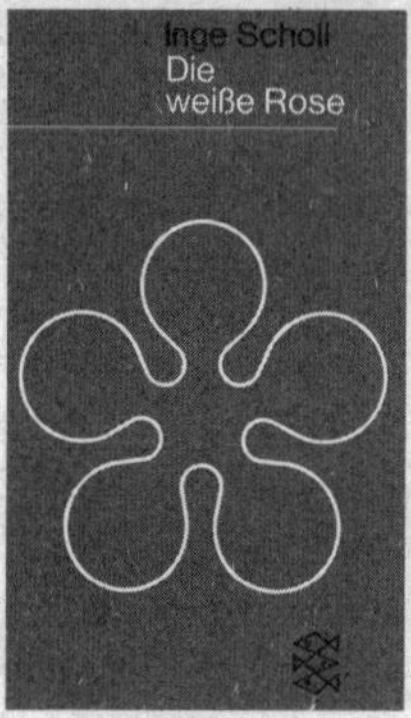

Joel König David
Aufzeichnungen eines Überlebenden
Band 2196

Inge Scholl
Die weiße Rose
Band 88

Anne Frank
Das Tagebuch der Anne Frank
Band 77

Luise Rinser
Gefängnistagebuch
Band 1327

Albrecht Goes
Das Brandopfer
Erzählung. Band 1524

Jerzy Andrzejewski
Warschauer Karwoche
Ein dokumentarischer Roman.
Band 1944

Ilse Aichinger
Die größere Hoffnung
Roman.
Band 1432

Fischer Taschenbücher

Im Kreuzfeuer: Der Fernsehfilm Holocaust

Eine Nation ist betroffen

INFORMATIONEN ZUR ZEIT

Herausgegeben von
Peter Märthesheimer / Ivo Frenzel

Fischer

Band 4213

Fischer Taschenbücher

Arthur Janov

Anatomie der Neurose
Die wissenschaftliche Grundlegung der Urschrei-Therapie.
269 Seiten, Broschur
Fischer Taschenbuch Band 6322

Das befreite Kind
Grundsätze einer primärtherapeutischen Erziehung.
333 Seiten, Broschur
Fischer Taschenbuch Band 6345

Revolution der Psyche
Anwendungen und Erfolge der Primärtherapie.
294 Seiten, Broschur

Der Urschrei
Ein neuer Weg der Psychotherapie.
476 Seiten, Broschur
Fischer Taschenbuch Band 6286

S. Fischer

Fischer Taschenbuch Verlag